持続可能な未来の探求：
「3.11」を超えて

グローバリゼーションによる社会経済システム・文化変容と
システム・サステイナビリティ

河村哲二・陣内秀信・仁科伸子 編著

河村哲二／サスキア・サッセン／スナンダ・セン／陣内秀信／スワタナ・タダニティ
アルマンド・モンタナーリ／ダルコ・ラドヴィッチ／舩橋晴俊

御茶の水書房

はしがき

　本書は，法政大学サステイナビリティ研究教育機構「総合研究プロジェクト」による第 1 回国際シンポジウム「持続可能な未来の探求——「3．11」を超えて」(2011 年 11 月 20 日（日）9:20 – 17:30，会場：国連大学ウ・タント国際会議場）による報告と議論をもとに編纂されたものである。日本は，この間，経済グローバル化に翻弄され，バブル経済とその崩壊に続き，1990 年代の大型金融破綻と経済停滞によって「失われた 20 年」を過ごし，さらに 2008 年秋からとみに深刻化したアメリカ発のグローバル金融危機のショックに見舞われた。その影響さめやらぬなか，「千年に一度」の東日本大震災・津波被災と未曾有の福島原発危機が発生し，まさに「二重の危機」となった。日本は，そこからの再生という大きな課題に直面しながら，すでに 3 年を経過しようとしている。本シンポジウムは，日本のそうした「二重の危機」からの再生という課題にも大きく焦点を当てながら，グローバリゼーション・ダイナミズムによる社会経済システムの変容と転換のインパクトのもとで，グローバルに解決を迫られている持続可能な「社会経済システム」の再建という人類的課題の総合的解明を目指す，法政大学同研究教育機構の総合研究プロジェクト（「グローバリゼーションによる社会経済システム・文化変容とシステムサステイナビリティの総合研究」）の一環として，グローバリゼーションと地域の複眼的視点からその現状と再生への展望を探ることを目的として開催された。

　法政大学サステイナビリティ研究教育機構（通称「サス研」）は，文部科学省「教育研究高度化のための支援体制整備事業」として，2009 年 9 月に設立され，「持続可能な地球社会の構築への貢献」という法政大学の全学的理念と目的の実現にそって，地域コミュニティの再生・環境と両立しうる持続可能な社会経済システムのグローバルな再建という人類的な課題の実践的研究に学際的・総合的に取り組むとともに，学内外，海外との研究教育活動の

連携を推進する全学横断的な研究教育・支援機構として，法政大学の研究・教育の高度化をはかることを使命として，各種研究活動と各種事業を展開してきた。「総合研究プロジェクト」は，そうした研究活動の全体を統括する同機構発足当初，「教育研究高度化のための支援体制整備事業」として5分野（①生命化学・生活環境の改善，②循環環境化学，③都市・地域デザイン，④社会システム，⑤経済・経営・福祉）の文理融合，学際的研究プロジェクトとしてスタートし，その後，文部科学省科学研究費「新学術領域」，私立大学戦略的研究基盤形成支援事業への申請を経て，「グローバリゼーションとシステム・サステイナビリティ」を総合テーマとする，3領域研究グループ（「政治・経済」，「社会・文化・地域・コミュニティ」，「環境サステイナビリティと制御可能性」）のもとに36研究班（学内160名余，学外・海外を加えて総勢240名余）と震災・原発特別研究班（7チーム）を擁する文理融合・学際的・国際的総合的研究プロジェクト構想に発展を遂げた。

　学外の大型資金は，残念ながら，プロジェクトが「巨大である」といった理由で不採択となり，諸般の事情で，法政大学サステイナビリティ研究教育機構は2013年3月末をもって解消されることになったが，本書で刊行する同研究機構の第1回国際シンポジウムは，そうした同研究機構が推進を図った「総合研究プロジェクト」の「持続可能な未来の探求」という全体的な課題を，海外からの有力メンバーを招聘して多面的に議論し，将来に向けての展望を探るべく企画された。今回の刊行に到るまでさまざまな事情で大分時間が経過してしまったが，同シンポジウムそのものも，大きな曲折を経て実現された。

　本シンポジウムは，この間の，とりわけ経済グローバル化の一つの帰結として生じたグローバル金融危機・経済危機の世界的な影響が大きく顕在化する中で，グローバリゼーションのインパクトのもとで世界的に生じている社会経済・文化・政治変容に対し，いかに「持続可能な未来」を探求すべきかを総合的に議論する場として企画された。もともと2011年3月16日に開催を予定していたが，直前の3月11日の東日本大震災・大津波災害と，それに続いて翌日12日に急速に深刻化した福島原発危機のため，延期を余儀な

くされた。パネリストの一人，イタリアのモンタナーリ教授は，訪日のために空港に向う途中で何とか延期の連絡がついたような状態であった。その後，「3. 11」の持つ非常に深刻な意味が明らかになり，日本の「二重の危機」とそこからの再生という問題が「持続可能な未来の探求」の大きな焦点として浮上した。その点を織り込みながら，再度企画を推進し，同年11月20日にようやく開催が実現された。再度の招請にもかかわらず，当初に予定した海外からの招聘講演者全員，多忙なスケジュールの合間をぬってご参加いただくことができた。シンポジウムの当日は，会場が満席となる多数の参加を得て，活発な議論が展開された。会場を含め，学問的なディシプリンもそれぞれ異なる論者によって幅広い論点に亘る議論を通じ，まさに学際的かつ総合的な国際シンポジウムが実現された。

本シンポジウムで議論された論点と内容は多岐にわたるが，全体として共通に明らかになったのは，「グローバル」対「ローカル」の関係こそが，グローバリゼーション・ダイナミズムにおける最大の対抗軸であることである。一方でグローバルなレベルで大きく進行するグローバリゼーションとそれがもたらしている危機のインパクトによって，各国・各地域の既存の社会経済・文化・政治に対して大きな解体と変容の圧力が加わっている。それに対し，数百年といった長期・歴史的な関係を原型的ベースとする「ローカル」レベルでの摩擦・抵抗・対抗的動きが，それぞれ各国各地域のナショナル，サブナショナルなレベルでの大きな変容の帰趨を決定づけ，グローバリゼーションの方向も左右してゆくというダイナミズムの問題である。ナショナルな国民国家レベルの役割や意義も，そうした文脈の帰趨によって大きく左右される。社会経済・政治・文化的危機を超えて，いかに「持続可能な未来」を実現してゆくか，そこでの重要な視点として，とりわけ長期・歴史的に培われてきた「ローカル」の持ついわば「原型的」な意義と可能性が非常に重要な意味を持つ。こうした問題は，グローバリゼーションインパクトの下で，世界中に幅広く共通して見て取れるダイナミズムである。

本シンポジウムによる議論で，「持続可能な未来」の再生にとって重要なこうした方向性の基本が示されたと思われるが，とりわけ，グローバル金融

危機・経済危機による現在のグローバル・システムそのもの危機は，そうした「グローバル」と「ローカル」の対抗関係と「ナショナル」レベル問題の重要性をさらに大きく顕在化させているといってよい。とりわけ「日本の「二重の危機」からの再生にとって，まさにその点が非常に重要である。実際には，「3.11」以降，現在にいたるまで，大震災・津波被災地の再生は遅々として進まず，福島原発危機は，政府の「収束宣言」にもかかわらず依然として非常に危い状況が続いている上に，とりわけ放射能汚染地域の再生問題にはほとんど展望が見えない。民主党政権下での大きな混乱を経て，今は，安倍政権による日本経済再生の「3本の矢」の推進が耳目を集めている。しかし，第3の「新成長戦略」では，経済グローバル化戦略への追随以外明確な展望は見えない。それは，グーバリゼーション下の日本の中央政府の立ち位置を示すものといえようが，大震災津波被災地，さらには放射能汚染地域を含め，疲弊した「地域再生」とそれによる日本経済の再生への戦略としてははなはだ疑問といわざるを得ない。2020年に開催が決まった東京オリンピックも，東京の中の「ローカル」を無視し，さらに疲弊した地方を置き去りにして，「グローバル・シティ」東京をさらに肥大化することにならないことを切に願うものである。

　いずれにしても日本「再生」の具体的な施策については，さらに総合的・学際的な研究と解明を要することは言を俟たない。本書第3部には，そうした方向で構想され，組織された法政大学サステインビリティ研究教育機構「総合研究プロジェクト」の概要が示されている。むろんこれは，法政大学においてさまざまに推進されている各種研究活動をベースとして組織された研究体制という性格が強い。その意味で，単なる一つの例ではあるが，しかし，一度は実現を目指し，3年にわたり活動した具体的研究プロジェクトとして，今後のより包括的な，総合的・学際的な研究を組織し，推進する上での参考としていただければ幸いと考え，その概要のみ公表することにした。

　本シンポジウムの開催に当たっては，事前の各種の準備作業や，さらに当日の会場整理や進行の補助など，旧サス研の事務方，およびプロジェクトマネージャー，リサーチ・アドミニストレーター，リサーチ・アシスタントの

はしがき

若手の面々に全面的なサポートを受けた。こうした支援無しには，本シンポジウムの実現は不可能であった。大いに感謝したい。法政大学からは，本シンポジウムの開催に必要な各種経費の補助をいただいた。心から感謝したい。本シンポジウムの意義をご理解いただき，後援いただいた朝日新聞社にも謝意を表したい。最後に，本書の編集と出版の労を執っていただいた，御茶の水書房の橋本盛作氏に，心からの謝意を表したい。

2014年3月11日

編　者

持続可能な未来の探求:「3.11」を超えて

目 次

目　次

はしがき　i

〈第 1 部　持続可能な未来の探求〉

第 1 章　グローバリゼーション下の日本の「二重の危機」と再生への課題　　　　　　　　　　　　　　河村哲二――5

　　はじめに　5
　　1　経済グローバル化と「百年に一度」のグローバル金融危機・経済危機　7
　　2　グローバル化のダイナミズムと日本の社会経済的変容　13
　　3　日本の持続可能な未来への再生への課題と展望　22

第 2 章　領土，権威，諸権利　サブナショナルとグローバリゼーション　　　　　　　　　　　　　　サスキア・サッセン――33

　　1　国民国家の部分的な脱集合化　35
　　2　規律化体制としての債務　42
　　3　グローバルな機能分業における領土の位置づけの変容　48

第 3 章　最近の危機におけるグローバル経済の持続可能性：非主流経済学派の視角　　　　　　　　　　　　　　スナンダ・セン――57

　　1　グローバル経済危機と 2008 年大不況　58
　　2　主流派経済学批判：代替的な見解　59
　　3　危機の解釈とポスト・ケインジアンによる定式化　60
　　4　危機への対応　61
　　5　結論　62

第 4 章　縮小時代の地域資産を活かした創造的な環境づくりへの戦略　　　　　　　　　　　　　　陣内秀信――65

　　1　シュリンキング・シティに向かう社会状況　65
　　2　可能性を秘めた二つの地域　66
　　3　墨田江東地域――蘇る「水の都市」　67
　　4　日野――「農ある風景」の再評価　70

第5章　『足るを知る経済』の思想とグローバリゼーション下の持続可能な開発：タイのケース——スワタナ・タダニティ——73

1　序論　73
2　グローバリゼーション下の持続可能な発展　74
3　グローバリゼーション下の持続可能な発展のための方法としての「足るを知る経済」　75
4　足るを知る経済の適用　79
5　2011年，バンコクを襲った大洪水　83
6　結論　84

第6章　沿岸都市地域における持続可能な開発——アルマンド・モンタナーリ——85

1　はじめに　85
2　沿岸地域　88
3　都市：科学的論争（1970〜1980年代）　90
4　環境資源の論争の中心としての都市域　93
5　都市化のプロセス：市場経済と中央政府の計画　96
6　多国間の学際的な研究：1970年代〜1980年代におけるローマと東京　98
7　持続可能な未来の道具としての都市モデル　102
8　結論　107

第7章　ラディカル・リアリズム：エコ・アーバニティに向けて——ダルコ・ラドヴィッチ——113

1　世界都市　113
2　スペクタクル　114
3　アンチ・スペクタクル　116
4　都市の抵抗　118
5　マルチサイズ　121

第8章　公共圏の豊富化を通しての制御能力の向上——舩橋晴俊——131

1　社会制御能力の把握のための基本的視点　131
2　福島原発震災に露呈している日本社会の意志決定の欠陥　133
3　制御可能性をいかにして確立するか　140
4　制御能力の高度化のために考えるべき問題は何か　145
5　結び　146

〈第2部　パネルディスカッション　二重の危機の克服と持続可能な未来の再生〉

　Ⅰ　司会者およびパネラーの紹介 ――――――――――― 151

　Ⅱ　パネル・ディスカッション
　　　「『二重の危機』の克服と持続可能な未来の再生」――――― 165

〈第3部　未来への研究構想〉
法政大学サステイナビリティ研究教育機構総合研究プロジェクト
「グローバリゼーションによる社会経済システム・文化変容とサステイナビリティの総合研究」

　1．総合研究プロジェクトの学術的背景 ――――――――― 211

　2．主要研究領域（グループ1～3）の研究課題および
　　　その相互連関と総合研究プロジェクトの研究組織 ―― 223

　3．主要研究分野および個別研究班の研究課題と
　　　内容一覧 ――――――――――――――――――― 231

　人名・地名・重要事項索引　273

　著者・訳者紹介　279

持続可能な未来の探求:「3.11」を超えて

グローバリゼーションによる社会経済システム・文化変容とシステム・サステイナビリティ

〈第1部　持続可能な未来の探求〉

第1章　グローバリゼーション下の
　　　　日本の「二重の危機」と再生への課題

河　村　哲　二

はじめに

　1990年代以降とみに顕著となったグローバリゼーションは，各国・各地域の政治，経済，社会，さらに文化面まで，非常に広範な分野におよぶ特徴的な現象として，その実態や影響，賛否をめぐり世界的に大論争を巻き起こし，多方面からの多様な研究蓄積を生んできた。グローバリゼーションのダイナミズムは，とりわけ，中国などBRICs諸国やアジアなど新興諸国の顕著な経済発展の促進を含む，グローバルな経済成長の枠組みを出現させる一方で，資源制約や地球環境問題の深刻化，地政学的な政治軍事的危機を伴い，大きな問題として幅広い反グローバリズムの潮流も生んできた。さらに，「百年に一度」とされ，現在EU・ユーロ危機で「第二幕」を迎えているグローバル金融危機・経済危機の衝撃が，社会経済システム・政治システムの限界を大きく顕在化させるとともに，グローバリゼーションそのものにも大きな転換を迫るものとなっている。

　日本も，そうしたグローバリゼーションの進展に翻弄され，バブル経済の崩壊後は「失われた20年」として，経済停滞と社会経済的な疲弊の問題に直面するなかで，さらに，2008年秋のいわゆる「リーマンショック」前後からとみに深刻化した，グローバル金融危機・経済危機によって深刻な影響を受けた。そうした影響から十分に脱却できないまま，「3.11」として，「千年に一度」とされる東日本大震災・津波被災とチェルノブイリ事故に匹敵する深刻な福島原発危機と放射能汚染に見舞われた。その意味で，日本は，「二重の危機」に直面している。日本の危機は，ここ20〜30年間，顕著に進行し

てきた経済グローバル化のインパクトによって生じた社会・経済の大きな変容によって、大きく加重されている。とりわけ今回の大震災・津波被災と原発危機の中心となっている東北は、「グローバル成長連関」と連関しながら、量産拠点の海外移転に伴う産業空洞化・産業集積の再配置と企業と雇用の制度不備の拡大と並行しつつ、東京を軸とするグローバル・シティ機能への依存の拡大と農村をはじめ地域とローカル・コミュニティの疲弊（高齢化、限界集落、シャッター商店街の拡大等）が進行し、それが、津波被災と原発危機問題をより深刻化にしている。

　他方では、「二重の危機」に対処すべき日本国家の中枢機構は、グローバル化に翻弄され、「バブル経済」崩壊後の「失われた20年」とグローバル金融危機・経済危機による厳しい財政危機のもとで、その統治能力の限界を顕わにしている。それは、明治以来、現在に至る国民国家日本の社会経済・国家のあり方の根幹の問題をも顕わになっている。日本の中央政府の統治能力にも深刻な疑念を生み、戦後にかぎらず、明治以来の社会経済・国家システムの基本的なあり方全体が鋭く問い直される事態となっている。その意味で、日本の「二重の危機」は、「システム・サステイナビリティ」の危機を集約的に示す事態となっている。日本の「二重の危機」からいかに再生するのかという問題は、曲折を経ながら現在に到っている、日本の近代化プロセスを通じた近代国家・経済システムの現状そのものにも深刻な反省を迫るものとなっている。「二重の危機」を超えて、被災地の復興・再生を図り、原発危機から社会経済の再生を果たし、持続的な未来を開くのか、いかに長期を要するとしても持続可能な未来に向けた日本の社会経済・政治システム全体の再生を図るのかが鋭く問われている。

　この点に関連して、この間のグローバリゼーションのプロセスで明らかになってきている社会経済・国家システムの変容と転換の重要なダイナミズが展開されてきていることが大きく注目される。企業・金融・情報のグローバル化と政府機能の新自由主義的転換を主要経路するグローバリゼーションのインパクトに対し、各国・各地域の既存諸条件との軋轢や対抗がせめぎ合う中で、新たな制度形成・システム形成がグローバル、ローカルに進行すると

いう，グローバリゼーションの「ハイブリダイゼーション」ダイナミズムが展開されてきていることである。日本の「二重の危機」からの復興と再生への途は，国民国家の呪縛を超えて日本の近代化のプロセスで社会の中に埋もれ毀損された数百年間－せめては戦後数世代－に培われた，地域に根差す生活圏と生活価値の「よいもの」－しかも閉鎖的な因習を打破したグローバルに開かれた－をベースとして，日本の社会経済・国家システムの現状を根本から組み替えることにあるのではないか？　とりわけ，「衣」・「食」・「住」・「職（生業）」・「文化」を統合した社会の基本単位である「字・大字」のレベルを基盤とした社会経済の持続可能な再生にこそ，もっとも基本的な展望があるのではないか？　こうした方向が大きく浮かび上がってきている[1]。それこそが，「二重の危機」に直面するわれわれが，固有の社会経済的歴史と風土に根差しつつ，「持続的未来の再生」に向けて，グローバルに発信すべき未来への提起となるものである。そうした視点から，以下，この間のグローバリゼーション・ダイナミズムとの関係を中心として論じ，そうした方向での社会経済・政治システムの再生の持つ意味を探りたい。

1　経済グローバル化と「百年に一度」のグローバル金融危機・経済危機

（1）グローバリゼーションの諸相と危機

　この間の30年間，世界的に大きく進展してきたグローバリゼーションは，各国・各地域の政治，経済，社会，さらに文化，思想面まで，非常に広範な分野に及ぶ特徴的な現象として，その実態や影響，賛否をめぐり世界的に大論争を巻き起こし，多方面からの多様な研究蓄積を生んできた（全体的な要約および概観として，D. Held, 2005, D. Held and A. McGrew, 2003, 2007 など）。グローバリゼーションとは，ごく一般的にとらえれば，経済・社会・政治・文化のあらゆる活動が，ますます国境を超えて拡がり，一国・一地域の事象が国境を超えて互いに影響しあう関係が，飛躍的に高まってきている現象と定義できる（こうした一般的定義は，かなり早期から明らかにされている。とくに，Giddens, 1991; Sassen, 1996; Steger, 2003 など）。それは，企業・

金融・情報のグローバル化と政府機能の新自由主義的転換を主要経路として顕著に進行し，まさにグローバルな規模で，各国・各地域の経済・社会・政治のあらゆる面で，システム転換と変容を促す大きなインパクトを与えてきた。その影響は，文化・思想にまで及び，パラダイム転換を促すものとして作用してきた。

　経済面に注目すれば，企業システムや経営組織，会計制度，金融制度・金融市場，さらには労使関係・労働市場にも，実態・制度両面から大きな転換と変容を生じてきた。また，世界的に周辺領域までも市場関係の浸透度合いが大きく高まり，近代国民国家と国民経済的枠組みの相対化を進行させ，政府機能についても，市場主義の拡大に伴って新自由主義への転換の趨勢が強まり，財政・税制，「福祉国家」・社会保障制度，経済開発戦略や産業政策など既存のシステムの転換や制度変容を生じてきた。さらに，IMF，WTOなど国際機関や地域経済統合（FTAやEPA等を含む）その他の国際協定の複雑な動向と連動しながら，世界的な産業集積・国際分業関係の変化と国際資金循環構造の変容を伴って，世界的に，国際通貨・金融システム，世界的資金循環構造や決済システム，国際分業関係，通商システムの変容と転換を進行させてきた。そのプロセスで，とくに1990年代以降，とりわけアメリカおよびニューヨーク金融ファシリティを軸として，グーバリゼーションの結節点となる「グローバル・シティ」の都市機能と都市間ネットワークの発展を伴いながら，EU，日本などの中心部経済だけでなく，新興経済諸国・地域を結んだ，グローバルな規模の「経済成長の連関」（＝「グローバル成長連関」，河村哲二『現代経済の解読』(新版，御茶の水書房，2013年など) が形成され，世界的に経済成長・経済開発を促進する世界的フレームワークが出現した。それが，「グローバル成長連関」である。

　そうした経済成長のグローバルな連関の活発な作用が，イギリス・ヨーロッパや日本や，その他の周辺諸国・地域の経済成長をもたらし，またとくにこの間の新興経済地域（とりわけ中国）の工業化と経済発展を加速させる中心的な関係となって，金融的，実体経済的にこの間の世界経済の経済成長の「エンジン」となった。なかでもアメリカは，国際基軸通貨ドルとグロー

バル金融センターであるニューヨークの金融ファシリティを有し，企業・金融・情報のグローバル化と新自由主義的な政府機能の転換を主導するとともに，この間世界的な政治軍事面の「秩序提供者」——功罪両面あるが——としてグローバリゼーションの展開の世界的な「舞台」を形成する中心的な役割を果たし，そうしたグローバル成長連関の中核を占めて，自らの高い経済成長を実現し，かつ世界経済の拡大を牽引した。

　一面では，そうした経済グローバル化を通じた世界的な経済成長の加速は，各国・各地域内や各国・各地域間の「格差」の顕著な拡大や，アフリカ等の崩壊国家の問題，地域紛争・テロリズムの問題など，政治・軍事的な危機を生じる大きな元凶との批判（Stiglitz, 2003 その他）が提出され，反グローバリズムの潮流も幅広く現れた。同時に，新興経済諸国の経済発展の加速を含む世界的な経済成長は，気候変動やその他の地球環境問題や資源制約をグローバルに拡大した。とくにこの間出現した「グローバル成長連関」が大きく作用することにより，アメリカ，EU，日本等の先進諸国・地域だけでなく，とりわけ中国その他「世界の成長センター」として登場したアジア，さらにインド，ロシア，ブラジル，その他の新興工業地域の工業発展と経済開発が大きく進み，そのなかで地球温暖化など気候変動問題など地球環境問題や，資源制約の問題を非常に深刻化させた。そうした問題については，すでに80年代から国連のブルントラント委員会（「環境と開発に関する世界委員会」WCED）など，「持続可能な開発」(sustainable development)，「持続可能な成長」(sustainable growth) の概念が提起され，幅広い議論が繰り広げられ，実際にも，地球温暖化問題と気候変動枠組み条約に見られるように，各国・各地域内の個別的対策にとどまらず，グローバルな対処の枠組みの構築も，理論的・実際的に様々に模索され一定の進展をみせてきた。また，世界経済の新たな「成長連関」そのものの問題点としても，すでに2000年代半ばにはその持続可能性に対する疑問——主としてアメリカの大幅な経常収支赤字構造とグローバル・インバランスの問題（Labonte, 2005 など）——が提起されてきた。

　しかし，今や，2007年春から始まり2008年秋の「リーマンショック」前後

から急速に深刻度を増した「第一幕」に続いて，EU・ユーロ危機により「第二幕」を迎えている「百年に一度」とも形容される (Greenspan, 2008)，グローバル金融危機・経済危機は，社会経済・政治システムそのものの持続可能性（「システム・サステイナビリティ」）に深刻な問題を突きつけ，またグローバリゼーションそのものにも大きな転換を迫る事態を生じている。

今回のグローバル金融危機・経済危機は，とりわけその「成長のエンジン」であった金融システムの制度不備と機能不全を通じて，「グローバル成長連関」そのものの危機に発展したものであったが，その「第一幕」に対しては，アメリカ，日本その他の中央銀行による非伝統的緊急対策・異例に大規模な政府財政支出の発動（2008年11月：G20声明から本格化）が，金融・経済恐慌（「世界大恐慌」型の累積的縮小＝デフレスパイラル）をかろうじて食い止め，2010年頃からは回復に向かうかに見えた。もともとこれは，「市場の失敗」を国家が代替して支えるということで，「市場の危機」に国家が登場する戦後現代経済の特徴を示すものであったが，危機の本質的関係そのものは解消されていない。むしろ，今や，アメリカ，日本，およびヨーロッパ諸国の累増した巨額の財政赤字と国家債務問題に振り替わり，ギリシャ危機・PIIGS諸国を焦点にしたEUの政府債務危機・ユーロ危機によって，危機の「第二幕」が進行している。極端な金融緩和は食料・資源価格高騰と中国等の新興経済のバブルを生み，EU・ユーロゾーンの経済の減速と金融不安を通じて，その崩壊の危機が高まっている。こうした事態は，グローバルな政治・経済システムの「システム」そのものが深刻な危機に陥いって，その「システム・サステイナビリティ」そのものが鋭く問われるに到っている。そうした事態とみる必要がある（以上についてやや立ち入った議論は，さしあたり河村他著，2013序章，第2章をみよ）。

それは，現代資本主義の危機管理機能の限界が顕わになっている事態である。グローバルな市場経済の暴走を制御し，経済システムの安定化と社会再生を実現するには，現代資本主義の国家機能には大きな限界があることが顕在化している。その意味で，グローバル危機からの再生の軸は，「国家対市場」の構図では捉えきれない事態が進んでいると言ってよい。グローバル資

本主義の基本的ダイナミズムの本質は,「市場対コミュニティ」の対抗関係にあることを捉えれば,社会経済システムの真の再生の鍵となるのは,民間・ローカル(地域)の自立的再生にあり,その最も基礎となるのはコミュニティである。グローバル金融危機・経済危機は,その点をグローバルな規模で明らかにしているといってよい。

(2) 大震災・津波被災,福島原発危機による日本の「二重の危機」

そうした中で,日本を襲った「3.11」すなわち,東日本大震災・津波災=数百年～千年に一度(869年の貞観地震以来の規模とされる),史上最大級の自然災害(M9.0と大津波)とチェルノブイリ超級(レベル7)福島原発危機は,二万人の犠牲者,数十万人の避難民,首都圏全域からさらに全国に拡大した電力不足,サプライチェーンの寸断とグローバルな影響(4月自動車生産の急減,電機その他)など,甚大な被害をもたらした。

東日本大震災・津波被災そのものは,数百年ないし千年に一度の大自然災害であるが,それは,単なる「天災」を超えた問題となっている。(図1-1)

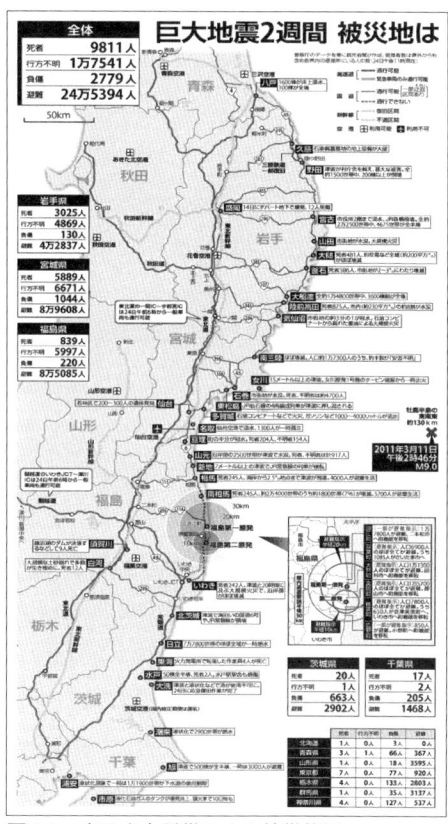

図1-1 東日本大震災による被災状況
出所)読売新聞社 http://www.imart.co.jp/tohokuhisachii-jyouhou-p.1.html

第1に,中央集権的な国家行政機構の問題がある。今回も,日本の政府中枢の対応は混乱を極め,明確な復興構想を欠いたまま,大震災・津波被災地の復旧でも大きく遅滞が目立つ

つともに，復興の方向はまったく定まっていない。福島原発危機の収束と処理についても，汚染水問題など「冷温停止」そのものが非常に危うい基礎の上にあり，ましてメルトダウンした原子炉の解体処理の見通しは立っていない。広範な放射能汚染地域の除染問題も，ほとんど進展を見せていない。福島原発危機も，「想定外」の大津波が原因というより，根幹には，戦後日本の電力エネルギーシステムの問題がある。もともと，原子力発電は，核技術＝軍事と結合した巨大技術（第二次大戦と戦時の国家兵器開発により，社会経済・国家システムと一体化して実用化された巨大技術であり，戦後日本の「国策・民営」システムには大きな限界があることを示した事態であった（後述）。

　第2に，とりわけ日本の財政問題は危機的状況にある。すでに，80年代経済グローバル化に翻弄され，繰り返された財政による経済の下支えは，いたずらに「失われた20年」として経済停滞と社会経済的疲弊を脱しえないまま膨大な政府債務の累積を招いてきた。「第一の危機」に対する景気対策が財政赤字を積みました上，瓦礫撤去，インフラ復旧，産業・農業再建，地域復興・再建といった震災・津波被災地の再生と，さらにおそらく今後数十年にもわたる放射能除染，被害補償などを含めた福島原発危機の処理を含めると，数百兆円にものぼる膨大な復旧・復興経費が見込まれる。

　こうした今回の大震災・津波被災と原発危機への対処とそこからの復興・再生の道筋に関する混乱が顕在化させた問題は，日本の戦後，さらには近代化プロセス全体の問題が横たわっており，そこに「二重の危機」の本当の意味があり，そのあり方の根本的な見直しが必要となっている点が強調されてよい。日本の近代化プロセスによって作り上げられてきた社会経済・国家システムの現状そのものが，「二重の危機」の問題をより大きく加重している。しかも，それは，グローバル化のなかでグローバル金融危機・経済危機を引き起こしたグローバルな規模の，より大きな構造とメカニズムが作用するなかで生じている「危機」である。東北被災地の本当の復興・再生は，そうした大きな構造とメカニズムとの関係を抜きにはあり得ない。いいかえれば，日本の「二重の危機」は，日本の近代化・経済発展プロセスとグローバ

ル化のインパクトの問題を集中して顕在化させ，明治以来の日本の近代化・工業化プロセスがトータルに問題となっている。そうした点が明確となっているなかで，持続的未来の再生に向けた社会経済，政治・国家システムの組み替えの核心として，今や大きく問われるに到っているのは，近代化の「再帰」(ギデンズ)メカニズムを超えて，伝統的生活価値の復活などライフスタイル・生活価値の転換の問題である。それは，理論や思想面でも大きなパラダイム転換を伴うものである。そうした日本が直面している課題は，とりわけ，今回の震災・津波被災と福島原発危機の中心地となった東北において集約的に顕在化している。しかもそれは，被災地・日本だけにとどまるものではなく，グローバル金融危機・経済危機のもと，環境問題の深刻化，国際紛争の激化，崩壊国家など，社会経済システムの危機に直面し，その意味で同様の「二重の危機」にある各国・各地域に共通する課題であるといってよい。

2　グローバル化のダイナミズムと日本の社会経済的変容

(1) グローバル化のダイナミズムとそのインパクト

　この間，とりわけ，90年代に顕著に現れた，グローバリゼーションのダイナミズムをもたらしてきた最大の震源は，1970年代を境に戦後アメリカの「持続的成長」のシステムが限界に達し，それに対応したアメリカの主要企業・金融の動向と政府機能の転換であったといってよい。より大きくみれば，それが，戦後パックス・アメリカーナの政治経済秩序の衰退と転換というグローバルな規模の大きな変容の圧力を生んできた。戦後アメリカーナの中心を占めたアメリカの，戦後の持続的成長のシステムは，ごく単純化してとらえれば，第二次大戦を経て圧倒的な政治・軍事経済的優位を確立したアメリカが主導した世界的政治・経済体制（IMF＝ドル体制，GATT自由貿易体制，政治軍事体制）を大きな枠組みとして，「成熟した寡占体制」，アメリカ型大量生産体制，伝統型労使関係を特徴とする戦後企業体制を中核とし，「軍産複合構造」，「福祉国家」，「ケインズ主義」政策を柱とした政府の経済管理機能が補完した国内経済を中心としたシステムであった。しかし，それ

は，戦後企業体制の内在的問題を大きな原因としながら内外の要因が複合して1960年代末から行き詰まり，70年代にはシステムとしての機能不全を起こして，大きな限界に達した。

　その結果，企業，金融が，それまでの持続的成長期の制度構造から脱して，生き残りをかけて，それぞれのロジックに従って，情報グローバル化と相互促進的にグローバル化を展開した。それに伴って政府機能も大きく転換した。戦後のケインズ主義に代表される管理主義的政府機能から，「レーガノミックス」を画期として，企業・金融・情報のグローバル化を後押しする「新自由主義」的機能に転換することになった。こうして，アメリカ経済はグローバル資本主義化の動きを強めた。企業・金融・情報のグローバル化と新自由主義的転換を主要経路とするグローバル資本主義化のダイナミズムが大きく作用し，その総合的帰結として，1990年代ごろから姿を現したのが，アメリカ――新興経済の連関を重要な軸としながら，アメリカ自身も，またグローバルな規模でも経済成長を促進する「グローバル成長連関」であったのである[2]。

　それは主に，次の2面の発展が有機的に結合したグローバルな規模の経済成長の構造とメカニズムであった。①「グローバル・シティ」機能――グローバル企業・金融機関の本社の経営管理・開発・企画機能の集積とそれを支える専門サービス，その他住宅などを含む都市機能が集積した都市空間とその機能――と，そのグローバル・ネットワークの重層的発展[3]と，②グローバル金融センターであるニューヨークの金融ファシリティを結節点とし，米ドルの国際基軸通貨性に支えられたグローバルな資金循環構造の出現[4]。

　アメリカ経済そのものの経済成長の仕組みも，そうした「グローバル成長連関」にシフトした。戦後企業体制を軸としたそれまでの国内的成長連関に代わって，「グローバル・シティ」連関が，アメリカ国民経済の成長の要として発展した（図1-2）。グローバル金融センター・ニューヨークには，何よりも金融機能が集積し，また，「成長するアジア」のゲートウェイであるロサンゼルス，あるいは世界最大のIT集積を要するサンフランシスコ＝シリコンバレーのような中核都市にはグローバル企業の本社機能（グローバル事

業展開の統括と経営企画・管理機能、研究開発など)が集積し、法務、会計、金融、コンサルタント、情報、人材派遣などの専門ビジネスサービス、さらにはショッピングセンターや商業施設、レストラン、アミューズメント、エンターテインメントが集積し、都市機能の拡大と関連した公共施設、インフラ建設や住宅建築なども拡大していった。

ビジネス関連の専門職ばかりでなく、建設・建築労働者や、都市機能を支える雑多な職務が増大し、それを目指して、全米や中南米

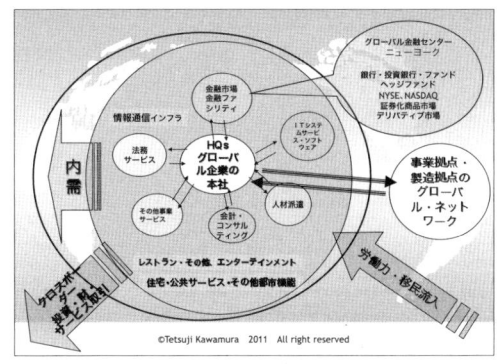

図1-2　「グローバル・シティ」の概念図

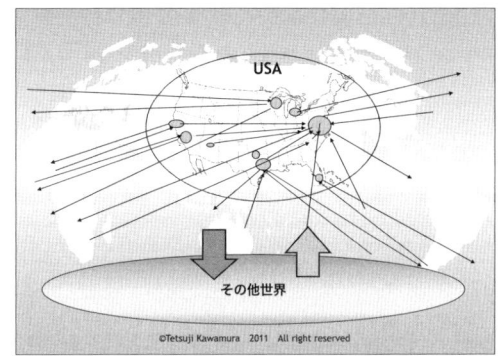

図1-3　アメリカ系グローバル企業・金融機関のグローバル化の構図

等やアジアなど世界的な労働力・移民流入が進んだ。グローバル・シティ機能は、グローバル企業・金融のグローバルな利益・所得形成が支え、内需拡大をリードする。こうしたグローバル・シティ連関が、グローバル資本主義化時代のアメリカの経済拡張の中心的な場となった（以上については、河村、2012でほぼ同趣旨で論じている。（図1-3）

同時に、国民経済としてみるとアメリカは、企業のグローバル化によるオフショアリング・グローバル・アウトソーソングを通じた巨額の財・サービス輸入を中心として、巨額の経常収支赤字を抱えることになったが、国際基軸通貨ドルを擁するアメリカには、国際決済が集中するグローバル金融センター・ニューヨークの金融機能を軸として、アメリカを軸とするグロー

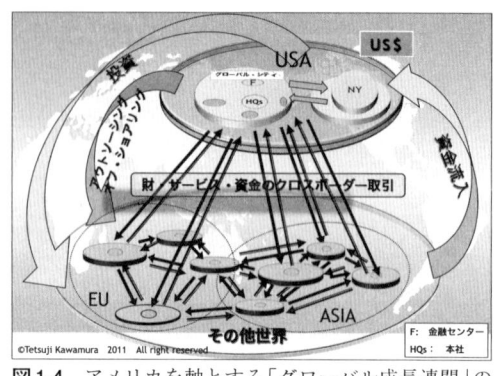

図1-4 アメリカを軸とする「グローバル成長連関」の構図

バルな資金循環構造が出現(「新帝国循環」)することになった。国際基軸通貨ドルによる国際決済機能とニューヨークの金融ファシリティ・金融市場を通じて,集積するドルを原資に,アメリカの銀行は膨大な信用創造が可能であり,そこにゴールドマン・サックスなど投資銀行,さらには各種機関投資家・ファンド,さらにヘッジファンドが関与し,銀行借り入れ(レバレジッド・ファイナンス)を膨張させ,デリバティブと金融工学を駆使した投機操作を含む金融膨張を拡大した。こうして,「ファイナンシャライゼーション」と金融市場の「カジノ化」が大きく進行し,同時に,ニューヨークを中心とするこうした金融膨張を,拡大の「エンジン」として,グローバルな規模で投資が拡大しながら,アメリカを軸とする世界的資金循環構造(「新帝国循環」)が形成され,グローバルに経済成長を加速する「グローバル成長連関」が出現した(図1-4)。

1990年代の異例の「平時最長」の長期好況と「ITブーム」のバブル的発展と崩壊,それに代わる2000年代の「住宅ブーム」が,「サブプライム・ローン問題」を伴いつつバブル的に発展するというこの間の20年間の一連のアメリカ経済の展開は,アメリカの経済成長の構造とメカニズムがこうした「グローバル成長連関」に大きくシフトしたことによるものとみることができる[5]。しかし,金融市場の「カジノ化」(投機操作の発展)と証券化メカニズムを中心とする金融システムの欠陥と制度不備を根本的な原因として,サブプライム危機からアメリカ発のグローバル金融危機・経済危機に発展し,「グローバル成長連関」そのものを危機に陥れた。そこに,現在も進行中のグローバル金融危機・経済危機が「百年に一度」とされる本当の意味がある。同じく1930年代の「世界大恐慌」の再来が議論されているが,そのダイナミズムは

大きく異なっているとはいえ，今や，グローバル金融危機・経済危機によって，そうした「グローバル成長連関」そのものが危機に陥っていることが事態の本質である。

（２）経済グローバル化と日本の社会経済的変容

そうしたグローバル金融危機に大震災・原発危機が加わった。震災・原発危機による東北被災地の問題は，この間の経済グローバル化による産業的・社会経済的変容の上に，「百年に一度」のグローバル金融危機・経済危機の打撃が加わったことで，問題が大きく加重さ

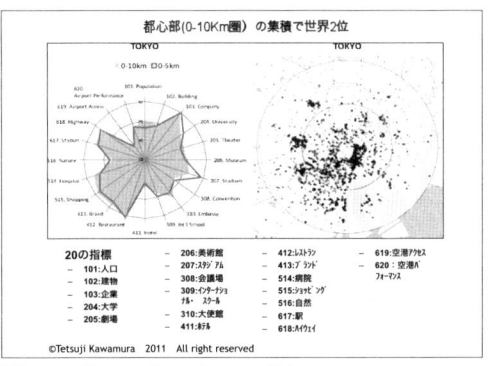

図1-5　グローバル・シティ東京
出所）http://www.mori-m-foundation.or.jp/research/project/8/index.shtml

れているのであり，その意味で，東北の震災・津波と原発危機被災地が抱える問題は，戦後日本の国家システム・社会経済システムの限界とグローバル化（およびその危機）が引き起こしている日本の「二重の危機」の諸問題を集約的に顕在化させているといってよい。

この間の経済グローバル化のダイナミズムの作用は，「グローバル成長連関」への日本経済の依存の拡大を軸として，日本経済の編成を大きく変容させてきた。第1に，グローバル・シティ機能を拡大する東京・首都圏への一極集中が大きく加速した（図1-5）。

その反面，地方経済の疲弊が進んだ。企業のグローバル化の進行によって，製造業の量産工場の海外移転が加速した。産業空洞化が言われて久しい。主要製造企業の量産工場の海外移転が加速し，それに伴い，製造のサプライチェーンを担うサプライヤーの製造拠点の海外移転も加速し，東京を筆頭に，「グローバル・シティ」には本社機能が集積し，国内拠点は，基本設計開発機能，基礎技術・要素技術開発機能にシフトする。そうした機能は，グロー

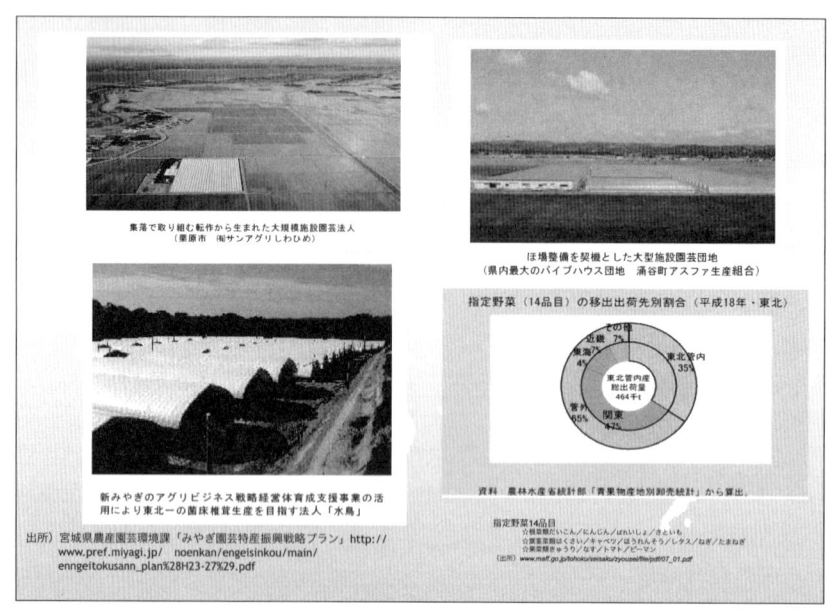

図1-6　近郊農業化・園芸農業化（宮城県の例）とグローバルシティ東京・首都圏への依存

バル・シティ機能をますます拡大してきた東京・首都圏や，またそのサブ的機能によるミニ・グローバル・シティ化する地方中核都市に集積する。

　その反面，周辺的地域経済は疲弊する。人口構成や職種構成にも大きな変化を生じた。量産製造拠点の海外移転に伴い，生産機能はますます基幹部品や高機能部品に限定されてゆくが，こうした生産は雇用量が低く，人材にも偏りがある。雇用は，高度専門職（技術者，エンジニア）や関連したビジネス専門職〔法務，会計，IT・システムエンジニア，その他のビジネスサービス〕に限定され，製造関連の現場作業の雇用は減退する。とりわけ技能水準の高度化の可能性の高い若年層は，高等教育や職業訓練機会や，あるいは雇用機会そのものを求めて，首都圏や大都市圏・地方中核都市に移動する。高度専門職・専門ビジネスサービスだけでなく，グローバル・シティ，サブ・グローバル・シティ機能の集積は，娯楽・歓楽街の拡大や，住宅建築，公共施設〔各種公共施設の建設・維持管理，清掃，ビルメンテナンスなどを含む〕などの都市機能の拡大による雑多な職務が拡大する。その反面，地域コミュ

ニティは高齢化と過疎化が進行し，限界集落や耕作放棄地が広がる。地理的な関係や集積の不完全でサブ的なミニ・グローバル・シティ機能から外れてくる地方の中小都市は，所得・需要が減退して衰退しいわゆる「シャッター商店街」が拡大する。農業も，大きな変容を免れない。農産物市場がますます東京・首都圏や大都市圏への依存度を高め，近郊農業化や園芸農業化が進行する一方，保守政治の集票システムと関連した中央政府の農業保護政策を通じたコメ依存が日本農業の中心を占める趨勢が進んだ（図1-6）。

　他方，こうした趨勢により，ますますローカル・コミュニティの空洞化と衰退と地域経済の疲弊を通じて，地方経済は，「グローバル・シティ」東京・首都圏などとの関係強化で高速道路・新幹線，空港，港湾施設などの建設，その他各種の公共事業への依存を強める。

　この関連では，ますます「グローバル・シティ」機能の集積を加速する東京・首都圏の電力需要と関連した原発問題は，そうした側面をより強く現している。過疎地の原発支出（直接および交付金等）・関連職への依存。「原子力ムラ」＝「政・官・財・学・マスメディア」一体の構造が原発を推進／過疎化地域の原発依存は，実はこうした趨勢のロジックを体現しているといってよい。

　東京・首都圏および大都市圏・地方中核都市への集中，地方経済の疲弊と衰退，農業の近郊農業化・園芸農業化と高齢化・過疎化，ローカル・コミュニティの衰退という趨勢は，むろん一面では，高度成長期から加速されてきたものであるが，グローバル化のダイナミズムの作用が強まるグローバル化の時代と，輸出量産工場を軸とした輸出主導型の高度成長期モデルとは大きく異なるダイナミズムが作用しているといってよい。

　この間，バブル経済とその崩壊後の「失われた二〇年」と企業・金融が主導するグローバル化によって疲弊した地方経済は，高速道路，新幹線，港湾施設の建設など，公共投資への依存をますます高めてきた。原発はその典型である。福島原発は，グローバル・シティ機能の日本最大の集積地として膨張する東京・首都圏の電力の重要部分を支えたが，立地する双葉郡やその周辺地域は高齢化や過疎に悩まされてきた地域であった。

その一方でいわゆる「原子力ムラ」(中央官僚・学者・政治家・マスメディアが一体化した原発推進の複合体)は安全神話を説き，福島原発危機直前まで，日本の電力需要の50％までを原子力発電に依存するグローバル成長に沿ったシナリオを強力に推進してきた。日本の「二重の危機」が日本の社会経済・国家システムそのものに根本的な組み替えを要することを，今回の原発危機に典型的に示していると言ってよい点であろう。

　この問題は，日本の安全保障体制の現状という問題も絡み，沖縄問題を含め，実に広範に及ぶが，問題の核心は，国民経済全体の電源を原子力発電に依存するという原発問題の本質にあるのは，核・原子力技術が，軍事と結合した現代の巨大技術であることである(Zachary, 2007, Irwin, 1946, Hounshell, など)。アメリカでは，第二次大戦期の実用化開発の当初から国家軍事プロジェクトとして推進され，核兵器体系を軸にした核技術は，国家安全保障と軍事戦略と一体の国家管理下にあるが，日本では国策・民営として推進されてきた。それは，脱軍事化を建前としながら核抑止のロジックを潜在化させた戦後日本の国家のあり方そのものによるものであるが，今回のその限界が顕著に現れたといってよい[6]。発送電一体・地域独占による電力供給体制と，原子力関係の政・官・学・企業が一体となった「原子力ムラ」は，再生可能エネルギー，分散化システムの推進を妨げてきたといいうる。福島原発危機は，その矛盾と限界を大きく顕在化させている事態である[7]。

　確かに，東京・首都圏への集中や，過疎化・高齢化の問題は，日本の高度成長からあった問題であり，日本の地方の社会経済を大きく変容させてきた。しかし，1970年代を境にして大きく進んできたグローバル化とは大きく位相を異にすることも確かである。いずれにしても，高度成長期に相対的に「開発」が遅れた東北に問題はかなり集約的に進行してきた。

(3) 東日本大震災・津波被災と福島原発危機が開示した問題

　こうした事態が進行するなか，日本は，2011年「千年に一度」の大震災・津波被災と原発危機に見舞われた。日本は，グローバル金融危機・経済危機と合わせて，まさに「二重の危機」に直面することにいなった。東日本大震

災はマグニチュード9.0の史上最大級の大地震であり，869年の貞観地震以来とされる数百年～千年に一度の大津波被災をもたらした。膨大な被災と社会経済への打撃，行方不明者を含め2万人余，避難者数十万人に及ぶ膨大な数の犠牲者・被災者と地域の壊滅的な打撃を生じた。加えて，福島原発危機と放射能汚染は，それまで最悪の原発事故であるチェルノブイリをも超えかねない深刻な事態を生んでいる。大震災・津波被災，原発危機は，自動車・電機その他，日本のグローバル企業のサプライ・チェーンを寸断し，国内・海外工場で大幅な減産を余儀なくした[8]。重要部品等の生産停止や大幅な減産の影響はグローバルに及び，日本経済のみならず，アメリカ経済の回復にも暗雲を生じた。

しかし，日本の国家中枢と社会経済的な混乱が拡大したことが，最大の問題であった。深刻な原発危機・放射能汚染の拡大に対しても，場当たり的対応や情報隠蔽が拡大し，中央政府レベルの組織体制の不備と，自民・民主，その他，党利党略優先の政治プロセスばかりが目立つ事態となった。震災・津波被災と原発危機からの復興・再生構想も混迷を続け，震災後1年8ヶ月を経た現時点でも，ほとんど方向性さえ曖昧である。続いてみるように，そこには，「第1の危機」ですでに限界が顕わになった企業・金融のグローバル化のロジックに対応したグローバル化「成長路線」ばかりが目立ち，それ代わるべき有効な国家・社会経済システムの再生への理念は欠けている。しかも，現地の聴き取り調査から見えてくるのは，市町村のさらに下にある「字・大字」レベルで復興・再生に向けた自助努力の動きは幅広くあるが，本来，復旧・復興・再生の最も基本をなすはず日々の暮らしに密着した復旧・復興・再生へのニーズと，中央政府・官僚機構から都道府県・市町村まで縦割りに降りてくる各種の措置には，大きな断絶があり，それが大きな遅れを生んでいる。

中央政府レベルでは，財源問題が深刻な制約を与えている。80年代末のバブル経済の崩壊後の「失われた二〇年」で拡大し，「第一の危機」（グローバル金融危機・経済危機）への対応によって大きく深刻化した巨額の財政赤字の累増と国家債務累積は，震災・原発危機対応によって一段と大きく拡大し，

安直な増税論が拡がっているが，無策に過ぎれば財政破綻は目前である。少子高齢化，過疎化による地方の疲弊・ローカル・コミュニティの解体，都市の孤老問題，格差拡大・非正規雇用問題によるワーキングプアと経済停滞があいまった社会保障・年金制度の破綻など，中央主導の復興・再建策は，財源問題から大きく限界を画され，それに加えて，中央主権的な官僚機構の縦割り組織による弊害が目立つ。TPPへの対応，「新成長戦略」，原発危機後のエネルギー政策，地域・地方再生問題どれをとっても，民主党政権下で「決められない政治」が典型的に示したように，政治システムそのものがアポリアから容易には脱却できないままにいる。今や，日本の中央国家機能そのものが大きな限界を露呈し，日本の国家中枢の統治・管理能力そのものが，重大な破綻に瀕しているとってよい。実際には，そこに「二重の危機」によって日本が陥っている最も深刻な事態の本質がある[9]。

3　日本の持続可能な未来への再生への課題と展望

　日本は，今や，「二重の危機」のもと，財政危機，原発問題・電力危機，円高が加わったに産業空洞化のいっそうの進展などの圧力と，また，グローバル金融危機の第二幕で欧米市場の低迷・新興経済への依存の増大といった事態に直面している。

　こうした事態の中で，日本の持続可能な未来に向けた再生はどうあるべきか，その方向が鋭く問われているといってよい。基本的には，以上のような状況の下で，「グローバル資本主義」化の論理では，大ききな限界があると言わざるを得ない。近代化の中で曲折を経つつも日本国家の基本構造となっている，中央集権国家システムと官僚国家，また戦後でいえば，時に「日本株式会社」とも表現された戦後高度成長システム（官民一体の国民経済型経済成長モデル）は，グローバル資本主義化によってすでに機能不全を起こしている。「国民国家日本」の中枢が指向している政・官・財一体の「グローバル化」戦略では，とりわけ地方の社会経済的な疲弊の趨勢の視点から見ると，日本の社会経済的な再生を図るのは非常に難しい事態が広くみられてお

り，「二重の危機」からの日本の社会経済的再生が本当に可能なのかどうかは，はなはだ疑問である。実際にも，現実問題として，グローバル資本主義化に翻弄され続けた日本の「失われた20年」は，そうしたシナリオの限界を実証し続けていると言ってよいであろう。TPP，FTA，EPAなどが端的に示す日本経済の自由化戦略は，基本的には，グローバル企業利害を中心に据えて，それを国家が後押しする新自由主義的ロジックに従ったものであるといえよう。グローバル金融危機・経済危機の直後に，官民一体の原発輸出戦略が追求されたのが最近の例の一つである。これは国内の「地球温暖化問題」を理由とする「原発50％」シナリオによるエネルギー戦略とも対応したものであるが，福島原発危機で全体的には破綻している。

　また，大震災・津波被災地の復興・再生についても，中小企業・地場企業のグローバル・サプライチェーン化による再編や産業立地再配置，農業の大規模化・株式会社化・輸出産業化による再生シナリオ，中小漁港の集約・水産加工産業の集約と大規模化による復興シナリオなど，個々にもこうした「グローバル化」ロジックに沿った構想や方向が数多く見られる。また，より総合的な企業・財界のロジックによる「復興」戦略の典型として，経団連の『復興・創生マスタープラン』や，「未来都市モデルプロジェクト」を軸とした日本経済復興構想がある。これは基本的に，「グローバル成長連関」・「グローバル・シティ」的発展を軸とした日本の経済社会再編路線であり，この間の既存路線の拡大の延長上にある。しかし，こうした方向は，グローバル金融危機・経済危機によって，これまでの「グローバル成長連関」そのものが危機に陥り，大きな構造転化が生じていることについての根本的な省察を欠いたものといってよい。

　そうした点を意識して，一方では，「地域に任せろ」，「現場の声を訊け」，「地域重視の復興再生シナリオ」，あるいは「現場主義による復興」が叫ばれている。しかし，それ自体は正しいとはいえ，そうした方向での復興・再生が行き着く先の具体的ビジョンはあまりはっきりしていなるとは言えない。「現場」や「地域」は，この間の経済グローバル化のインパクトや，あるいはさらに長期で見れば，近代化・資本主義化のプロセスで，断片化され，大き

23

く疲弊し，空洞化し，復興・再生の主体としては弱く，希薄なものになっている。従って，こうした方向で，復興・再生への長期シナリオへのオールタナティブ・モデルの基本視角として提起されるべきなのは，「グローバルに開かれた，衣・食・住・職（生業）・文化が一体となった生活圏・再生産圏の再生」をベースとして近代国民国家日本のシステムを再構築することであろう。グローバリゼーションの中で再定義された，地理的条件・自然条件を含む生活圏と生活価値の体系のロジックを軸に，システム全体を組み直してゆくこと。そしてその最も核となるのは，「衣・食・住・職（生業）・文化」の五点セットの最小単位である「字・大字からの再生」である。「字・大字」で培われた，歴史の風雪に耐えた「現場の知恵」として蓄積されている「よいもの」を核として，その実現を図るシステムを組み上げることである。むろんこれは，地域毎に実に多様な内容を持つが，その鍵となる要素は，キーワード的に言えば，地産・地消型地域経済圏・生活圏，長期的文化・生活価値・生業（なりわい），地場産業・中小企業の再生産圏の再構築と拡大，自然条件・地理条件に根差す農業・伝統食，地方都市機能とそのネットワークの再構築。その基盤となるのは，それぞれのローカル・地域コミュニティ（「字・大字」が基本単位）から，潜在化し，あるいは断片化された暮らし方と知恵を発掘し再生することが最も核となるものである。

　すでに述べてきたようなグローバリゼーション・ダイナミズムの圧力の中で，とりわけグローバル金融危機・経済危機が開示している問題を強く見るならば，社会経済・政治システムの持続可能な再生にとってこうした「オールタナティブ・モデル」がもつ意義は明かであろう。

　第1に，グローバリゼーションに伴う社会・経済のシステムサステイナビリティの諸問題，とりわけ，今回のグローバル金融危機・経済危機が開示している問題の核心は，企業・金融を中心とする市場関係のグローバル化とそれに対する国民国家による対応や規制の限界，つまり，長期的な社会経済システムの持続可能な再生は，「市場の失敗」に対する国家による規制や補完という関係では，真の解決とならないことである。その最も基本的な対抗軸は，「市場のロジック」と「コミュニティのロジック」の対抗関係であるこ

とである。社会経済・政治システムの持続的再生の真の解決の方向は、「近代国民国家」の呪縛から脱却し、リージョン・地域・コミュニティレベルの社会経済の再生とそのグローバルな連関を軸に、社会経済・政治システムを組み上げ直すことにあることが、大きく顕在化してきていることである。実際に、グローバリゼーション・ダイナミズムのもう一つの側面として、「近代国民国家」フレームワークの相対化と流動化と地域・地方の相互連関・相互理解を大きく拡大させている。同時に、情報グローバル化によって、近代以前からの長期歴史的な「埋もれた」生活圏・生活価値が、社会経済関係がさまざまに顕現し、その相互連関と相互理解が飛躍的に、グローバルな規模で進行している。これまでの既存の近代国民国家による総括を超えた、生活圏・生活価値を軸とするローカル・コミュニティ原理のグローバルな関係に開かれた再興とその新たな連関による地方・ローカルの再生と社会経済・政治システムの再建の可能性が大きく開かれてきていると言ってよい。

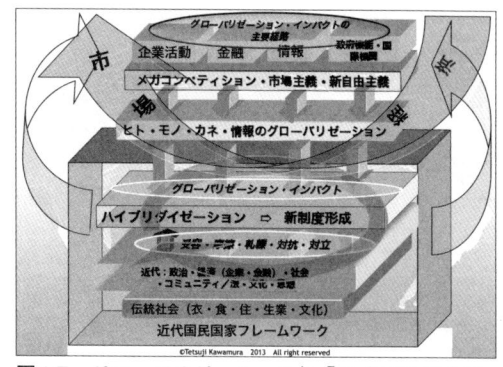

図1-7　グローバリゼーションと「ハイブリダイゼーション」ダイナミズムの構図

　第2に、この問題をより大きなグローバリゼーション・ダイナミズムとの関係で明らかにしておくと、それは、グローバル化インパクトと制度・システム形成のハイブリダイゼーション・ダイナミズムの問題となる。その基本構図は、図1-7に示すが、それはやや一般化して捉えれば、企業・金融・情報のグローバル化と政府機能の新自由主義的転換を主要経路とするグローバル資本主義化のインパクトに対し、各国・各地域の既存の諸条件との軋轢や対抗がせめぎ合う中で、新たな制度形成・システム形成がグローバル、ローカルに進行するという、「ハイブリダイゼーション」ダイナミズムを伴うものである。グローバリゼーションのインパクトは、現地の既存の制度に対し

て，大きな解体圧力を生じるとはいえ，それは単純に既存制度を破壊するのではなく，各国・各地域で，政治的，経済的，社会的，文化的な対抗や抵抗を幅広く生み出す[10]。その結果，グローバリゼーションによる解体圧力と現地の対抗や抵抗が拮抗しながら，結果として政治経済的，社会・文化的に，ハイブリッド化（混合）を通じて，新たな制度とその結合として新システムを形成するというダイナミズムが生じる[11]。そこには，すでにさまざまに論じられているように，伝統的生活価値の復権などライフスタイル・生活価値の転換の問題が大きく浮上しており，さらに文化・思想面でも大きなパラダイム転換を伴うものである。

　グローバリゼーション下の「ハイブリダイゼーション」・ダイナミズムとは，市場ロジックによるグローバリゼーションが既存の社会経済・政治システムとその制度構造に大きな変容圧力を加えることに対し，毀損の過程からさまざまな抵抗，軋轢，対抗運動を拡大する。こうしたグローバリゼーション圧力と各国・各地域の諸条件の「せめぎ合い」が，さまざまなドメインで生じ，その結果，それぞれの部面で新たな「制度」形成が進み，その総合的帰結として，文化・思想変容を伴って，政治・社会・経済システムの転換に帰結する。こうしたハイブリタイゼーションのダイナミズムの文脈で見れば，この間の市場経済のロジックによるグローバリゼーション・ダイナミズムに対して，長期歴史的な生活圏・生活価値に根差す制度・システム形成の可能性がある。そこに東北の大震災・津波，福島原発危機の被災地の復興と再生の長期的な展望を見る必要があるとともに，日本全体の「二重の危機」からの真の解決の方向がある。

　とりわけ強調されるべき点は，長期的に見ると，こうした方向は，さらにもう一方で，企業・金融を中心とする市場関係のグローバル化とそれに対する国民国家による対応や規制という「国民国家」フレームワークを超えた新たなグローバル・ガバナンス機構の形成を強く要請している。それはいわば「市場対国民国家」という枠組みを超えて，グローバリゼーションのもう一つ重要な側面である。企業・金融・情報グローバル化と政府機能の新自由主義的転換というグローバル資本主義化による変容や解体圧力に対し，ローカ

ル・コミュニティのレベルでの社会経済的対応とそのグローバルな連関の発展が，もう一つのモメントとして強く作用していることを重視するものである。その結果，グローバル資本主義化のインパクトによる各国・各地域の政治・経済・社会システムの変容と新たな制度・システム形成のダイナミズが大きく作用し，市場経済のロジックとローカル・コミュニティの対抗関係の中で出現してきた各国・各地域の近代国民国家のあり方そのものに，大きな変容と転換を促すダイナミズムとして現れているのである。

　一方，国民国家システムそのものは，グローバリゼーションのダイナミズムのもとで，そうした方向で社会経済的な再生を図る上でも，またそれを大きく阻害する面でも非常に大きな役割を果たす。「衣・食・住・職・文化」が一体となった基本的生活圏・再生産圏という関係は，「字・大字」レベルに実体がある。近代国民国家では，抽象化されて国民国家として擬制的に総括されて表象されている。そのあいだにある中間組織は，企業であれ，協同組合であれ，地方自治体であれ，パーシャルな機能主義的な存在である。したがって最も重要なのは，紆余曲折を経ながら展開してきた日本の近代化・資本主義化のプロセスの中で，市場経済ロジックを体現する資本主義企業とその利害を軸とした中央政府・地方自治体の機能によって毀損され，あるいは断片化され，潜在化させられてきた，「衣・食・住・職・文化」が一体となった基本的生活圏・再生産圏を，「字・大字」レベルから再興することが不可欠であることである。産業的には，地場産業は，グローバル企業の下請け組織されるのではなく，農業・水産業・林業は，「グローバル・シティ」東京やグローバル市場を指向するのではなく，地場の連関を軸として再生産圏を生活圏と連関させて作り直す。それを核として，国家システム・社会経済システムをいわば下から組み変え直すことが強く求められているといえよう。それこそが，近代国民国家の呪縛とナショナリズムの呪縛から脱却し，グローバルに開かれた社会経済を再興する道となるはずである。

　総合的に見れば，「二重の危機」から抜け出す基本戦略は，グローバルに開かれた「衣・食・住・職・文化」が一体となった基本的生活圏・再生産圏の再生にある。数百年の風雪に耐えた字・大字を基礎単位とした本当のロー

カルの再生こそがその基盤である。そこに埋もれている「良いもの」を核にしていく。これは，全国，掘り起こせばいくらでもある。鍵となる概念は，地産地消型経済圏，長期的文化・生活価値，自然条件・地理条件に根ざす農業・伝統食，住居と林業および地場産業・中小企業の再生産圏・生活圏あり，当然に，地産地消型エネルギーも含まれる。むろん，地域ローカル・コミュニティの閉鎖性や「因習」は打破し，グローバルに開かれた，世界の地域・ローカルの問題と通底する普遍性をもつ「よいもの」を核にしなければならないことは言うまでもないが。こうした復興・再生の方向こそ，「日本」という領域の広がりのなかで，それぞれに固有の自然風土と歴史の累積に培われた生活価値と文化を基盤にもちながら，近代国民国家形成とその変遷のプロセスで破局も経験したわれわれが，近代国民国家の枠組みを超えて，グローバルに発信すべき持続可能な未来への提起となるはずのものである[12]。

●注
1) こうした視点から，三陸の港町・漁村からの東北被災地復興への展望を論じたものとして，河村哲二・岡本哲志・吉野馨子編著『「3.11」からの再生――三陸の港町・漁村の価値と可能性』御茶の水書房，2013年）がある。同書は，東北被災地の復興・再生に向けて，歴史重層的に多面的に形成されてきた東北・三陸海岸の産業都市や港町（釜石や石巻），浜や漁村（「字・大字」レベル）の地場コミュニティ，生活空間・暮らしのあり方の被災前の姿を歴史・実態的に再現しようとする試みとなっている。そこに見出されるのは，遙か歴史的な関係にさまざまに影響を受け，また近代化のプロセスで変容を被り，限界化されまたは断片化され，周辺化されながらも，あるいは，過去の津波被災を乗り越えてきた経験も含め，食と農のあり方・漁業のあり方，なりわいとしての地場産業のあり方やネットワーク，また，住居と居住空間のあり方と山・林との関係，信仰や芸能，祭りが織りなす，多様で豊かな生活空間や暮らしのあり方と生活価値が，それぞれの固有性をもって「字・大字レベル」で連綿と受け継がれてきている姿が浮かび上がっている。本書と合わせて参照されたい。
2) 戦後パックス・アメリカーナの衰退と転換と，アメリカ経済のグローバル資本主義化の経緯と原因にさらに「グローバル成長連関」の出現とその特徴については，すでに各所で論じている。河村，2003，2009など。最新のものとしては，河村他，2013がある。
3) こうしたグローバルシティ機能とそのグローバル・ネットワークの重層的な発展については，1990年代初めにReich, 1991が実質的に提起し，Sassenらが発展させてきた。Reich, 1991, Sassen, 2001, 2006などをみよ。都市とそのネットワークの発展に注目した類似の議論としては，World City論がある。Massey, 2007など。
4) Matsubara, 2005などを含め各種の研究があるが，最近は，グローバル・インバラン

スに関連して論じられている。Obstfeld & Rogoff, 2009 をみよ。008 をみよ。金融危機直前（2007年第2四半期）のグローバル資金循環の構造と危機とその後（2008年・2009年第3四半期）の変化については，経済産業省，2010, pp.8-9 第1-1-1-9図が簡便である。

5）すでに各所で論じてきた点であるが，河村, 2009, kawamura, 2012 などをみよ。

6）こうした点については，各種の詳しい検証や議論が進んでおり，その詳細な検討が必要であるが，さしあたり各『事故調査報告書』，『4つの「原発事故調」を比較・検証する──福島原発事故13のなぜ?』柴田鉄治・横山裕道・堤佳辰・高木靭生・荒川文生・桶田敦・林衛・林勝彦・小出五郎，日本科学技術ジャーナリスト会議編，水曜社，2012年などをみよ。

7）研究史的観点からは，問題の核心は，核・原子力技術が，軍事と結合した現代の巨大技術であることである。アメリカでは，第二次大戦期の実用化開発の当初から，核兵器体系を軸にした核技術は，国家安全保障と軍事戦略と一体の国家管理下にあった。Zachary, 1997, Irwin, 1946 など。日本では周知のように，主に民間電力会社が直接の管理運営を担う，国策・民営で推進されてきた。福島原発危機によって，そうした体制の矛盾と限界が顕わになったと見ることができるが，詳しい検討は，別の機会に譲り，ここでは指摘するだけに止める。河村他編著，2013序章もみよ。

8）大震災・津波と福島原発危機の事態の推移と，被災状況に関しては，多数の報告があるが，さしあたり，内閣府，2011，第2章第1節，第2節をみよ。

9）この点は，ほぼ同趣旨にて，各種の論稿で論じている。河村, 2011, 2012, 2013 などをみよ。

10）反グローバリゼーションの潮流に関する事例的研究は数多いが，こうしたダイナミズムとその具体的事例の代表的研究としては，Mittelman, 2000 などがある。

11）こうしたダイナミズムはすでに，とりわけ企業経営・生産システムの海外移転と現地諸条件によるその変容のダイナミズムを「ハイブリダイゼーション」プロセスとして解明する分析手法として，実態的かつ具体的に解明してきたものであり，その研究成果をもとに発展させてきた分析概念である。最新成果は，Kawamura, ed., 2011 をみよ。また，経営・生産システム移転論として一般化した議論としては，Boyer et al eds, 1998 などがある。

12）こうしたオールタナティブ・モデルが，グローバル化の圧力と産業空洞化危機のなかで，日本の新成長戦略，グローバル競争戦略の核となる意義を持つ点も，補足的に強調しておきたい。河村他編，2013序章1，注6をみよ。

● 参考文献

河村哲二，岡本哲志，吉野馨子編著，2013,『「3.11」からの再生──三陸の港町・漁村の価値と可能性』，御茶の水書房。

河村哲二他編著，2012,『3.11から一年』，御茶の水書房。

河村哲二，2011,「国民国家日本の「二重の危機」と再生への展望」『アソシエ』2011年7月号。

柴田鉄治・横山裕道・堤佳辰・高木靭生・荒川文生・桶田敦・林衛・林勝彦・小出五郎，日本科学技術ジャーナリスト会議編，2012『4つの「原発事故調」を比較・検証する──福島原発事故13のなぜ?』水曜社。

東京電力福島原子力発電所事故調査委員会 [2012]『国会事故調 報告書』徳間書店。
東京電力福島原子力発電所における事故調査・検証委員会 [2012]『政府事故調中間・最終報告書』メディアランド株式会社。
東京電力 [2012],『福島原子力事故調査報告書』http://www.tepco.co.jp/cc/direct/images/121214c.pdf
福島原発事故独立検証委員会 [2012],『福島原発事故独立検証委員会調査・検証報告書』ディスカヴァー・トゥエンティワン。
Boyer Rober, et al, eds.[1998], *Between Imitation and Innovation*, Oxford University Press.
Giddens, Anthony [1991], Consequences of Modernity, Polity.
Held, David [2005], Debating Globalization, Polity.
Held, D. and A. McGrew [2003], *The Global Transformation Reader*, Polity.
Hounshell, David[1996], "The Evolution of Industrial Research in the United States," in Richard S. Rosenbloom and William J. Spencer eds., Engines of Innovation: U.S. Industrial Research at the End of an Era, Harvard Business Press, 1996.
Held, D. and A. McGrew [2007], *Globalization/Anti-Globalization*, Polity
Hounshell, David[1996], "The Evolution of Industrial Research in the United States," in Richard S. Rosenbloom and William J. Spencer eds., *Engines of Innovation: U.S. Industrial Research at the End of an Era*, Harvard Business Press, 1996.
Kawamura Tetsuji[2012], "The Global Financial Crisis: The Instability of U.S.-Centered Global Capitalism," in Kiichiro Yagi, Nobuharu Yokokawa, Hagiwara Shinjiro and, Gary Dymski, eds, *Crises of Global Economies and the Future of Capitalism: Reviving Marxian Crisis Theory*, Routledge Studies in the Modern World Economy, Routledge.
Kawamura, Tetsuji, ed.[2011], *Hybrid Factories in the U.S. under the Global Economy,* Oxford University Press.
Labonte, M., "Is the U.S. Current Account Deficit Sustainable?," U.S. Congressional Research Service, *CRS Report for Congress*, December 13, 2005（http://www.policyarchive.org/handle/10207/bitstreams/2660.pdf）.
Massey, Doreen[2007], *World City*, Polity.
Matsubara, Ryuichiro[2005], "A Critical Point on the Horizon for Interdependent Japan-U.S. Markets", *The Japanese Economy*.
Mittelman, James H.[2000], *Globalization Syndrome: Transformation and Resistance,* Princeton University Press（田口富久治他訳『グローバリル化シンドローム』法政大学出版局, 2002年）.
Obstfeld, Maurice and Kenneth Rogoff[2009], "Global Imbalances and the Financial Crisis: Products of Common Causes," paper prepared for the Federal Reserve Bank of San Francisco Asia Economic Policy Conference, Santa Barbara, CA, October 18-20, 2009, November 2009 (http://elsa.berkeley.edu/~obstfeld/santabarbara.pdf).
Reich, Robert[1991],*Work of Nations*, Vintage Books（中谷巌『ザ・ワーク・オブ・ネーションズ──21世紀資本主義のイメージ』ダイアモンド社, 1991年）。
Sassen, Saskia[2001], *Global City*, Princeton University Press（伊豫谷登士翁・大井由紀・高橋華生子訳『グローバル・シティ──ニューヨーク・ロンドン・東京から世界を読む』筑摩書房, 2008年）.
Sassen, Saskia[2006], *Cities in a World Economy,* 3rd edition, Pine Forge Press.

Sassen, Saskia[1996], *Losing Control?*, Columbia University Press（伊豫谷登士翁訳『グローバリゼーションの時代——国家主権のゆくえ』平凡社，1999年）．
Steger, M.B.[2003], *Globalization*, Oxford University Press.（櫻井公人・櫻井純理・高嶋正晴訳『新版　グローバリゼーション』岩波書店，2010年）
Stiglitz, Joseph.[2003], *Globalization and Its Discontents*, W. W. Norton & Company（鈴木主税訳『世界を不幸にしたグローバリズムの正体』徳間書店，2002年）．
Stewart, Irvin[1946] Organizing Scientific Research for War—The Administrative History of the Office of Scientific Research
U.S. Congressional Research Service, Bill Canis [2011], "The Motor Vehicle Supply Chain: Effects of the Japanese Earthquake and Tsunami," *Congressional Research Service Report* 7-5700, May 23, 2011（http://www. fas. org/sgp/crs/misc/R41831.pdf）．
Zachary, G. Pascal[1999], *Endless Frontier—Vannevar Bush: Engineer of the American Century*, MIT edition, The MIT Press.
and Development , Little, Brown and Company.

第2章　領土，権威，諸権利　サブナショナルとグローバリゼーション

The Partial Re-assembling of Territory, Authority, and Rights

サスキア・サッセン
Saskia Sassen

　本章は，全体として，グローバルなものが，制度やプロセスであろうと，漫然とした慣行や想像の産物であろうと，時を同じくして，いまだ部分的にはナショナルな領土や諸制度を住みかとするナショナルな国家という排他的枠組みを超越しているという命題にそって論じられている。そうした視点でみると，グローバリゼーションは，相互依存の増大や自明にグローバルな制度形成として一般に表現されるものを超えたものとなる。それはまた，歴史的に構築されたナショナルなものを，脱ナショナル化するプロセスも含んでいる。この命題は，国家中心主義的な社会科学に対する，方法論的・理論的な挑戦となる。それは，グローバルとは国家を超えたものという考え方とは，両立しないものではないが，異なっている。そうした国家を超えるという点は，グローバリゼーションを理論化し，研究するより大きな試みにとって必要なものではあるが，議論や解釈を支配し，脱ナショナル化プロセスの研究の必要性を曖昧にしてきた。そうした点から，本章は，われわれがグローバリゼーションと名付けるに至っているものを理解し，表現するために，分析領域を拡張する一つの試みであるといってよい。

　本稿では，不安定な現在の情景のなかで姿を現しているといえそうなものを検討する。それによって，ネイションとナショナルな国家に不可欠な諸側面さえ脱ナショナル化できるが，現行のナショナルな国家とも共存可能な，根本的な変容を捉えることを目指している。そうした根本的な変容は，グローバル対ナショナルという分類では描ききれないものである。私の理解では，特定の時期・空間における国民国家とナショナルな国家の公式の容器が

部分化し，しばしば特殊化し不明瞭になって，分解しつつあることが，現在の変容や不安定性の核心にあるということである（Sassen 2008）。そうした容器が優勢であったのは，歴史的なある特定のプロジェクトに対応したものであったためである。最近では，そうした事態が最もよく当てはまるのは，おそらく，資本主義経済のいわゆるケインズ主義段階で成立したものであろう。それが最強であった時代には，労働者おおび消費者として評価される人口の大きな拡大の上に「経済システム」が築かれたと仮定してみるのが，現局面とは対極的なその段階の特定性を捉える一つの方法である。それは，先進資本主義の現段階とは正反対のものである。過去20年間，インドや中国のような国々において新たに「編入された」中産階級の人々の数を遙かに超えて「排除された」人々が急増してきている[1]。

　本稿の焦点は，排除のある特定の組み合わせと，その結果,「至高の国家領土」がグローバルな市場の土地商品に位置づけ直されていることに焦点を当てる（Sassen 2010）。別の言葉で言えば，それは，ある複雑な範疇——それは，最良の時にはその居住者に権威の正式な諸形態と正式な諸権利をもたらした——から，売買可能な初歩的状態に移行しているということである。主題は，IMF（国際通貨基金）や世界銀行のリストラクチャリング・プログラムを通じた伝統経済の漸進的な破壊が，意外とはいえ文字通り，先進資本主義の新たなニーズのいくつかの基盤を準備したということである。そのなかには，農業，地下水，採鉱などのための膨大な土地の取得が含まれる。極度の金融化（ファイナンシャライゼーション）とシステム危機の時にあって，こうした物的資源への需要の増大は，重要性と認知度を高めてきた。私のより大きな研究プロジェクト（Sassen 2010）のなかでは，これは資本主義のシステム深化の一環であることを論じている——つまり，グローバルな南・北でともに，それぞれ特有の手順で，一定範囲の制度群から人々を排除することを通じて，先進資本主義の機能空間を拡張しているということである。貧困化し，治療法があっても致死的な疾病に罹患して，排除された人々の急増は，そうした新たな段階の一部である。それは，異例でも新しいことでもない。資本主義経済の各発展段階で生じてきたものである。今の時代に特有な

のは，それが生じている公式の諸装置にあり，またさらに，世界のほとんどが公式に主権国民国家に組織されているという文脈で生じているという事実である。

　至高の国家領土から単なる土地に変わってゆくことをとらえる一つの見方は，一度は国民国家の構成の中に収められていた領土，権威，諸権利の各構成要素が，部分的かつ特定の形で，新たな構成に組み直されているとみることである。それは，大規模なものではあるが，解体と再組立なのである。本稿の核となる議論に移る前に，始めに，こうした大きな概念フレームワークを短く論じる。ここでは，至高の領土から商品化された土地への移行の経験論的な検討に限定したい。まずは，より大きな概念フレームワークの簡潔な議論から始めよう。

1　国民国家の部分的な脱集合化

　私が主張するように，もし，グローバルなもののかなりの部分がナショナルなものの内部で構成されているとするならば，グローバリゼーションは，多くの異なった形で，直接に，一つの社会科学の基軸的仮定に関わることになる。それは，ナショナルな領土とナショナルな諸制度は，ナショナルなものである。すなわち，もしあるプロセスや事態がナショナルな諸制度や領土の中にあるならば，それは必ずナショナルなものに違いないという仮定である。こうした仮定は，決して十全にではないが，とくに第1次世界大戦後の歴史の大部分を通じて維持され，またかなりの程度継続している，多くの近代国家の状態を描き出す，しかし，今日では，そうした状態は，部分的にではあるが大きく解体されつつある。また，その解体の範囲も違ってきている。ただし，解体されるといっても，必ずしも消滅するわけではない。むしろ，グローバルなものを形成する一部をなす，脱ナショナル化のプロセスとして，部分的に再構成されているものとみることができる。

　われわれは，こうした命題を，研究プロジェクトとして再定式化することになろう。あるプロセスまたは要素が主権国家の領土内にあり，またナショ

ナルな政策と諸制度に完全に内包されているということであっても，それがナショナルなプロセスや要素であるとは限らない。今日では，それは実証すべき問題である。そうした要素やプロセスは，大部分ナショナルなものである可能性があるが，逆に，その作用範囲を拡大しているグローバルなもののローカル化，および，おそらくさらに難しいが，ナショナルなものにとって内生的なグローバルな要素とは何かを確定するための実証研究が，ますます必要になっている。今日，われわれがナショナルなものとしているものの多くは，ほとんどナショナルとはいえないほどまで変容していよう——ここでは，ナショナルなものは，歴史的産物であるとの理解にたっている。たとえば，こうした問題ついての私自身の研究で，自由民主主義の行政府の特定部署は，権力が著しく増大し，いっそう無責任化して，グローバルなものを構成する要素の一つとなっていることが見出されている。このプロセスの様相の一つは，ある国がIMFプログラムの対象国になると，IMFはその行政府にのみ対応しようとすることである。そうした状態を組み込むことが可能な理論的・実証的研究を展開するのは困難な共同作業となる。

　本稿の議論の位置取りに必要な，より大きな概念空間の見取り図は，部分的で，しばしば高度に専門化した，クロスボーダーな空間と事態の配置が複合したものである。この種の配置は，国民国家や，公式の国家装置の特定の部分品を内部から解体する。また，そうしたプロセスには，国家そのものも含むグローバル空間におけるナショナルな行為主体——進歩的なものも，反動的なものもあるが——に，グローバル空間で新たに実行可能なことがらを創出する諸要因も横たわっている。

　こうした部分的な集合化（アセンブラージ）の拡大も，国家機能の基幹構成要素の脱ナショナル化も，いずれもナショナルな国家の終焉に帰結するわけではない。しかし，それによって，国家内・国家間のガバナンスの個々の構成要素は，伝統的な制度構造(国家内のものであれ，国家間のものであれ)を脱却して，新たな制度構造にシフトすることになる[2]。

　こうしたクロス-ボーダーなシステムは，かつては国民国家や超国家システムの内部の，より拡散した制度領域の一部であった領土・権威・諸権利を

構成する諸要素の特定の集合化へと到る。そこでは，かつては国民国家プロジェクトに確固として内在していた構成ルールの混合化へと向かう趨勢が生じる。また，建設法（Lex Constructionis）のケースのように，かつては公的規制にあったものを民営化することを可能にする。あるいは，ICCやTRIPSのケースのように，国民国家の国境をまたぐ管轄権を構築することを可能とする。こうした新たな集合化は，拡散的な国家秩序の部分的でかつしばしば高度に特化した諸要素を捉え，特定の効用や目的に向かって方向を変えさせるものとなる。これらのシステムが及ぶ範囲がどの程度グローバル性を持つのかとは関係なく，かつて一般的な公共政策であったものの機能を限定するものとなる。その登場と普及は，部分的でありすべてを包括するような重要な発展ではないとしても，いくつかの重大な結果をもたす。それは，なお既存の制度配置——国民国家や超ナショナル・システム——を，非常に不安定にする潜在力をもつものである。それによって，多様な時空の形成と多様な規範的秩序の複合化が促進される。かつては，その支配的なロジックは一元化されたナショナルな空間，時間，規範の枠組みを創出する方向に向かうものであったのであるが。続いて，新たな4つのタイプの新しい集合化（アセンブラージ）によって，そうした構図をみることにしよう。

　第1のタイプは，領土権に関する新しい管轄権の地勢配置の発展に見出すことができる。より公式に捉えられた事例の中にも，今日，ナショナルレベルにある法廷で，超国家的地勢配置の展開に着手できるような，多種多様のナショナルな法的行為がある。よく知られた新裁判所や機関（たとえば，国際刑事裁判所やヨーロッパ人権裁判所）の他にも，そうした事例が示しているのは，かつてはナショナルな国家の力の構築に役立ったナショナルな法的支配の構成要素が，今日では，トランスナショナルな管轄権の形成に貢献しつつあるということである。

　ここではまた，こうしたプロセスの非常に多くがもつ多面性を示唆するもう一つの例として，拷問を手助けするため囚人を第三国に「引き渡す」アメリカのやり方がある。これはまさにナショナルでも非ナショナルでもある領土権のもう一つの例である。管轄権の多様な地勢配置はまた，時間的な次元

を操作することにも利用できる。ナショナルな法制度に紛争を導入し直せば，国際商事仲裁を民間が管轄するよりも，確実に進行を遅らせることができよう。

　新種の領土権に資する特化した集合化の第2のタイプとしては，企業・市場活動のために標準化されたグローバル空間がある。これは，世界中のナショナルな国家の作業によって構築される空間である。これが意味するところは，大部分がナショナルな国家の形成過程で発展した諸権利と保証の法的フレームワーク，さらに一般的には法の支配の構成要素が，非ナショナルな組織化ロジックを強化することが可能であるということである。こうした構成要素が，新しいタイプのトランスナショナルなシステムの一部となるにつれて，旧来のナショナルな国家能力を（破壊していると言うよりは）変容させているのである。法の支配によってナショナルな国家やナショナルな企業力が一度確立されれば，そうした法の支配の基幹的構成要素が，いまや，部分的で，しばしば高度に特化した形で，ナショナルな特定の国家秩序が解体されるのに寄与している。私が展開した方法論の核心（2008：第1章と第9章）は，深い社会変化が，前の時代の諸能力を破壊することなしに起こりうる，ということである。しかし，そのプロセスで，そうした諸能力の結合力は，根本的に変化しうる。新しい組織化ロジックの一部になるからである。

　総合してみると，以上やその他の秩序化の出現は，ひとつの作動空間を作り出すのに寄与している。そうした作動空間は，特有の脱ナショナル化の影響下にある「ナショナル」な各種法システムの，特定の構成要素のなかに一部は組み込まれている（2008：第4章と第5章）。それによって，ナショナルな国家の一部としてではない組織化ロジックの能力と化している。さらに，そのため，しばしば，ナショナルな資本の利害と背反することになる。こうしたとらえ方，経済グローバル化の説明として，グローバル・システムによる国家の退場という通念とは大きく異なっている。実のところ，大きな程度，グローバル企業資本に合わせているのは，政府の行政の側なのである（2008a：第4章）。ここで意味することのキーポイントは，ナショナルな国家が環境，人権，社会正義，公正貿易などに関するグローバルな諸措置の発

展に，協調して取り組むことは可能であるという点である。

　特定分野に特化した集合化の第3のタイプは，金融センターのグローバル・ネットワークの形成に求めることができる。われわれは，グローバル金融市場の一部である各地の金融センターを，より大きなネットワークによって同時に牽引されるような，独特の領土権を構成するものとみることができる。それは，そうしたネットワークのためのローカライズされたミクロ・インフラとして機能する。こうした各地の金融センターは，ナショナルな領土の中にありながら，用語の歴史的な意味で単にナショナルなものと見なすことはできない。また，国民国家の一部である，現実の地域の行政単位（例えば都市）に還元することもできない。全体としては，グローバルでかつ一部電子的な資本市場の重要な構成部分を内蔵している。地域性としてみれば，特定かつ部分的な形で，脱ナショナル化している。その意味では，金融センターは，新しいタイプの複数立地的領土権の構成要素となっているとみることができるし，それは，歴史的国民国家の領土権からは，はっきりと区別されたものとなっている。

　第4のタイプの集合化は，ローカルな活動家のグローバル・ネットワーク，より一般的にはグローバル市民社会の具体的なインフラに見出すことができる。グローバル市民社会は，グローバルなデジタル・ネットワークと，それに関連した仮想世界によって可能となっている。しかし，これは，ローカルな行為主体，組織や理念が，今日姿を現しつつあるグローバル市民社会の中心的な構成要素であることを排除するものではない。活動家のローカルな関与は，さまざまな闘争の目標がどれほど普遍的で地球大のものであるかを問わず，決定的に重要である——総合的に見て，そうしたローカル化された関与が，全体を構成する力を持っている。実際には，グローバル電子ネットワークが，このローカル——グローバル力学の可能性をさらに増進する。資源に乏しく移動できない組織でさえ，地方を軸として，水平型のグローバリティの一部となれる可能性があることを別稿で検討した（2008：第7章）。分散化アクセス，相互接続性，取引の同時性などの新技術の基幹的機能が提供されれば，ローカルで移動できない個人や組織も，グローバルな公共空間の

一部となることができる。それは部分的な主観的な状態であるが，しかしその部分性は，地域の具体的闘争に根差しているからにすぎない。原理上は，移動できない人々は，地球横断的に旅する資源や選択肢のある個人や組織と比べると，この（抽象的）空間を通じてグローバル性を体験する可能性がより高いといえよう。こうしたグローバル性は，先住民の人々が，ナショナルな国家の権威を迂回して，国際公開討議の場で代表権を直接に要求するケース——長期にわたる理念であるが，グローバルな電子ネットワークによって重要な意義をもって可能となったもの——にみられるような，複雑な形を取ることがある。また，世界の熱帯雨林の多様な森林監視活動家のケースのように，もっと初歩的な形をとることもある。こうしたところに，場所性のないデジタル・ネットワークと，深くローカル化した行為主体や利用者との間の特定タイプの相互作用を見ることができる。共通するパターンの一つは，かつてナショナルなものに限定されていた政治活動について，三者構成の越境的管轄権が形成されることである。ローカルな活動家は，ナショナルな国家から権利や保証を獲得するために，グローバルなキャンペーン活動と国際組織を利用することがよくある。今や，彼らは，国内的な闘争に，非ナショナルなあるいはグローバルな場所を組み入れることも選択できる。こうした事例は，デジタルと非デジタルの状態が重層して重なり合うような文脈の中にある，特定タイプの領土権を示すものである。こうした領土権は，一部は特定のサブ・ナショナルな空間にあり，また一部は，何らかの形に特化しあるいは部分的にグローバルな公衆の多様な形として構成化される。

　第3と第4のタイプの領土権は似たように見えるかもしれないが，実際には異なるものである。こうしたローカルな活動家のサブ・ショナルな空間は，先に論じた金融センターのようには脱ナショナル化されてきてはいない。構成化されるグローバルな公衆は，ほとんど制度化されておらず，大部分がインフォーマルなものである。これに対して，国際資本市場は，国内・国際法，および民間のガバナンスシステムを通じて，高度に制度化された空間である。しかし，そうしたインフォーマル性にあって，グローバルな公衆というものは，資源に乏しくあるいは弱体な主体が力を得る空間とみることができ

る。その意味で，こうしたグローバルな公衆を通じて出現しつつある主体性（the subjectivities）は，新たな組織化ロジックのための能力を構成するものなのである。

　立ち現れつつある集合化のこうした4つのタイプは多様であるが，すべて一定の特徴を共有している。第1に，もっぱらナショナルでもグローバルでもなく，それぞれの要素の集合化であること。第2に，この集合化では，しばしば異なる時間的・空間的秩序にあるもの，つまり，速度と領域が異なるものが凝集するものであること。第3に，紛争やわれわれが「前線」効果——明確なルールがなく関わることができるような空間——とみるようなものを含めて，多くの出来事を伴う関わりを作り出すことができること。こうしたことに出会おうと決めれば，他の空間ではたやすくは関われないような紛争を展開する機会が可能となる。第4に，こうした集合化が構成化されるプロセスで，新たなタイプの行為主体の出現か可能となる。こうした新しい行為主体は，かつては旧来の既存行為主体，とりわけナショナルな国家にのみ限定されていた，国境を超えた領域へのアクセスが可能となる傾向となるであろう。最後に，既存の諸能力は，こうした新たな領土権のなかに一体化している異なった時間的順序をもった配列において，新しい組織化ロジックの領域に再配置されることが可能である。こうした出現しつつある集合化は，部分的で，しばしば高度に特化した形ではあるが，ナショナルというものの伝統的な領土権を分解し始める。グローバルなものが内容豊かであったり複数の厳しい条件付けがあったりする場合には，ナショナルな統合的時間・空間領域として歴史的に圧倒的な形で構築されている制度世界にグローバルなものが挿入されると，さまざまなことが生じることになる[3]。

　続く2節では，こうしたより大きな力学のごく特定された側面の一つを検討する。それは脱集合化と新たな集合化の形成の実際のプロセスである。こうしたプロセスは，今の時代を形作る基軸をなすものである。過去数年にわたる私の研究の多くは，ここで議論する脱集合化と再集合化のもとで生じる実際の成立構造（making）に焦点を当ててきた。その点は，詳細に研究してきた（Sassen 2008）が，ここでは，そうした成立プロセスの複雑な経験的事

例の簡潔な検討に止めよう。

2　規律化体制としての債務

　本節と次節で展開される事例は，IMFと世界銀行のリストラクチャリング・プログラムであり，第2には，そうしたプログラムがもつ，新たなグローバル企業回路に組み込むための領域を整え直す効果である[4]。人々の直接・間接的な排除と，多数のグローバル・サウス諸国の不安定化とが，こうした再調整プロセスの基軸的なメカニズムであった。

　概念上の核心となる点は，そうしたプログラムを，単なる銀行取引としてではなく，規律化体制と見ることにある。施策を実施してから数十年で，その体制が，国民国家の特定の構成要素を脱集合化する効果をもったグローバル・サウスの国々の数が増えてきている。これは，意図したものではなく，むしろ，構造的に複雑な，しばしば偶発的な展開として生じた。ここで私が問題とする脱集合化の例は，主権国民国家の正式構成から大きな部分の領土が摘出され，単なる商品形式に変わるということである。こうした領土の摘出には，正式の国民国家の核心にある領土・権威・諸権利の特定の集合を弱体化するという，深刻な追加的な効果がある。破綻国家という用語は，弱体化ししばしば荒廃した国民国家を描き出すには最も一般的な方法であるが，それでは，こうしたプロセスの多くは捉えきれないし，国家の崩壊を，自らの弱点と腐敗の結果として内生的なものと見てしまう。そうした国家は弱体で，ほとんどが腐敗しており，市民の福利にほとんど関心を払ってきていない。しかし，進行中のプロセスは，こうした欠陥や，しばしば犯罪に，解消してしまうことはできない。

　IMFと世界銀行のリストラクチャリング・プログラムを，摘出のロジックとしてみることはたやすい。それはまたそのとおりであり，私自身その点を幅広く主張してきた。しかし，それ以上のものがある。今さらに鮮明に現れつつあるものは，先進資本主義のシステム深化の基盤を与るものであったということである。それが部分的にであれ，問題を引き起こす状態をもたらし

ているのである。例えば，すべての富裕諸国のために，海外農業や，地下水採取，金属・鉱物へのアクセスに利用する目的で，サハラ砂漠以南のアフリカやラテンアメリカ各地の広大な土地が購入されている。それは，弱体化し腐敗した政府と地元のエリートと，システムから事実上排除されているほとんど何も持たない人々と取引しなければならないのなら，現在の最も優勢な投資家や政府にとっては，よりたやすいこととなる。

　債務と債務返済の問題は，長く，発展途上世界のシステム上の問題という様相を示してきた。しかし，ここで私が問題にするのは，債務そのものという事実よりも，むしろIMFの債務交渉に特有の特徴である。今やその体制に従属する多くの貧困諸国は，絶望的貧困にある人口部分が増大しており，20年前と比べてされ，消費を通じて資主義の回路に入り込む可能性は下がっている。サハラ砂漠以南諸国の多くは，機能する保健・教育や経済システムを保持して，今よりは極貧ではなかった。システムとして，政府が弱体化し，腐敗してきているのである。資源豊富な諸国でさえ，極貧状態にある人々の割合が増えてきている。最も顕著なケースが，ナイジェリアである。こうした人々に作用している支配的な力学は，人びとに，かなりの程度，労働者や消費者として重視したケインズ主義の時代とは，正反対のものである。こうした排斥によって，犯罪ネットワークの拡大の余地を与え，企業であれ政府であれ，土地や地下水資源への外国購入者に利用機会を拡大してきた。また，システムとしては，富裕な無償援助国の役割もまた変化してきている。全般に，30年前と比べ，こうした諸国の対外開発援助が減っている。その結果，低所得移民からの送金が，対外援助を上回っている。今や慈善家が，かつては政府の排他的な領域に入ってきている。

　こうしたシステム的変化は，複雑な違いを説明するのに役立つが，それは，簡単な数字で捉えることができる。一般に，IMFは，債務返済に輸出収入の20％から25％を支払うように，重債務貧困諸国（HIPCs）に要求している。これとは対照的に1953年には，同盟国はドイツの戦債の80％を帳消しにし，輸出収入のわずか3％から5％のみを債務返済に回すことを主張した。そして，彼らは1990年代には，中央ヨーロッパ諸国に8％を求めた。これら

と比べると，今日の貧困諸国への債務返済負担は，続いて論じるように，極端なものである。それはまさに，ヨーロッパに対する目的が，ドイツの時には資本主義世界経済に，また，中央ヨーロッパの場合には，今日の先進資本主義に再統合することにあったことを示している。1980年代や1990年代のグローバル・サウス諸国に対する目的は，規律化体制により近いものであった。それは，リストラクチャリング・プログラムや国際的なシステムからの借り入れを強制的に受諾させることから始まっている。20年後，この体制が，健全な発展の基礎的構成要素をもたらさなかったことが明らかとなった。債務返済の支払の規律には，インフラ，病院，学校，その他の人々を志向した開発目標よりも強い優先順位が与えられた。こうした摘出的なロジックが優位となったことが，債務返済支払を大きく超えて，システム変容のメカニズムとなった——それは，伝統経済の大きな部門を荒廃させ，しばしば国内ブルジョワジーや小ブルジョワジーのかなりの部分を破壊し，人々の，多くの場合国家の，著しい窮乏化をもたらすものとなった。

　こうして，長く，発展途上世界のシステム上の問題という様相を示してきた債務と債務返済の問題は，債務そのものという事実よりも，むしろIMFの債務交渉に特有の特徴を問題にしているのである。さらに問題となる第2の様相としては，こうして伝統経済が徐々に破壊されることが，いかに，先進資本主義の新たな要求にとってのまさに地盤を準備したのか，という点である。なかでも，農業，地下水や採鉱のための広大な土地取得がある。正確にいえば，極度のファイナンシャリゼーション（金融化）とシステム危機の時には，こうした物的資源への需要の増加は，重要性と可視性を増している。こうした構成要素はそれぞれよく知られたものであり，以前に生じたものではあるが，私が主張したいのは，その結合力と相互作用を変化させ，新たな組織化ロジックの一部となっていることである。ここには，偶発的なだけはなく，そうした新たな組織化ロジックが姿を現しているのである[5]。

　新自由主義政策を実行した非常に多くの国々を直撃した1990年代半ばの経済危機の前でさえ，南の貧困諸国債務は，1980年の5070億ドルから1992年の1.4兆ドルに増加していた[6]。債務返済支払だけでも，1.6兆ドルに増加

し，実際の債務を超えていた。1982年から1998年までに，債務国は，実に，元の債務の4倍を支払うと同時に，債務累積は4倍に増加していた。

　こうした国々は，総収入のかなりの部分を債務返済に使わなければならない。例えば，アフリカの支払は，1998年には50億ドルに達した。これは，1998年にアフリカ諸国は，海外援助1ドルに対して，債務返済に1.4ドルを支払ったことを意味する。GNPに対する債務の比率は，とくにアフリカで高く，1990年代後半に123％であった。これに対し，ラテンアメリカでは42％，アジアでは28％であった。2003年までに，輸出額のみ（政府収入全体だけではなく）に占める債務返済の比率は，ザンビア（29.6％）やモーリタニア（27.7％）の極端な高い水準から，1990年代と比べてかなり下がったウガンダ（1995年の19.8％から2003年の7.1％まで低下）やモザンビーク（1995年の34.5％から2003年の6.9％まで下がった）の低い水準まである。2006年時点では，49の最貧国（つまり，一人当たり年間所得935ドル以下の低所得国）は3750億ドルの債務を負っている。もしこの49カ国の最貧国に「発展途上諸国」を加えるならば，2006年には，合計144カ国が，2.9兆ドル以上の債務をかかえ，債務返済に5730億ドルを支払った。

　IMF，世界銀行，その他の同様のプログラムは，基準を定めて，債務を処理している。それによって，グローバル規律化体制として機能している。1996年に，世界銀行とIMFによって重債務貧困国（HIPC）構想が創設され，IMFや世界銀行の計画の一部として，年間輸出収入の1.5倍以上に相当する債務を持つ国を「支援する」することになった[7]。その適格国となるためには，少なくとも三年間はIMFに服従しなければならなかった。HIPC債務処理プロセスは，「決定点」（decision point）文書から始まる。そこで適格要件が設定される。なかでも，以前の「構造調整プログラム（the Structural Adjustment Programs—SAPs）」に代わって，「貧困削減戦略書（a Poverty Reduction Strategy Paper—PRSP）」の作成が求められる。PRSPsは，債務軽減の適格性の獲得に必要な「マクロ経済的，構造的，社会的諸政策およびプログラム」を記述するものである。2009年7月1日時点で，26カ国がHIPCを完了し[8]，9カ国が「決定点」に合格した。最後に，2006年7月に「多角的債

務軽減構想（the Multilateral Debt Relief Initiative—MDRI）が完全施行された[10]。これは，HIPC 構想に対する多くの批判に対処することを意図したものであった。MDRI は，HIPC 構想を完了した諸国に対して，世界銀行（2003 年以前），MF（2004 年以前）およびアフリカ開発基金（2004 年以前）の債務免除を約束した。ある推定では，主な免除計画（HIPC，MDRI およびパリクラブを含む）によって，これまで 880 億ドルが帳消しにされた。

　1980 年代，および特に 1990 年代に累積した債務負担は，国の歳出構造にかなりの影響を与えてきた。ザンビア，ガーナおよびウガンダの 3 カ国は，グローバルな規制当局（とりわけ世界銀行と IMF）が，協力的で，責任感があり，SAPs の実行に成功するとみていたが，グローバル規制当局によって高い評価を得ていた時でさえ，いくつかの問題を示していた。支出水準のいくつかの例が，この 3 カ国がどのようにして高評価を達成したのかについて，問題となる状況を描き出している。初期から 1990 年代半ばにかけてプログラムが最高潮にあった時点で，ザンビア政府は債務返済に 13 億ドルを支払ったが，初等教育には 3700 万ドルを支出したにすぎなかった。ガーナの社会的経費は債務返済の 20 ％にあたる 7500 万ドルであった。ウガンダは債務返済に人口一人当たり 9 ドルを支払ったが，保健にはたった 1 ドルを支払っただけであった。1994 年だけで，この三カ国は，北の銀行に 27 億ドルを送金した。新プログラムが選択可能となって，この 3 カ国は，HIPC および MDRI プログラムの恩恵を受け，付随した PRSP 要件に譲歩した。こうして，ザンビアは，1997 年には，債務返済に財・サービス輸出収入の 18.3 ％を費やしたのに対し，2007 年までには，1.3 ％にまで減少した。ガーナに関しては，それぞれ，27.1 ％から 3.1 ％に，ウガンダでは 19.7 ％から 1.2 ％になった。

　一般に，1980 年代以降の IMF の債務管理政策は，失業や貧困状態を悪化させるものであったことが示せる。政府の過大負債と社会プログラム削減の連関を実証している，貧困諸国についての研究が大量にある。そうした削減によって，より良い将来を保証するのに必要な教育および保健への投資が削減され，とりわけ女性と子供が影響を被る傾向にある（データの概観については，UNDP, 2005, 2008; 世界銀行, 2005, 2006 をみよ）。この問題については，

これまでに，様々な活動家および支援組織による発行部数が限られた膨大な数の研究を含め，多くの言語で書かれた多数の文献がある。女性と債務に関する過去の文献も，政府債務の増大に対応したいくつかの発途上諸国において，1980年代のSAPs（構造調整プログラム）第1期に，女性に過度の負担が課されたことを実証している（Beneria and Feldman, 1992; Bose and Acosta-Belen, 1995; Tinker, 1990）。女性の失業そのものは，より一般的には彼女たちの家計における男性の失業も，女性に対し，家計の生き残りを確保する手段を見つける圧力を加えてきた。食料の必要最低限の自給生産，インフォーマルな仕事，移住，売春は，全て女性，大きく言えば家計が，生き残るための選択肢になった。例えば，最低限の保健が不足している場合，女性に病気の世話をする余分な負担を負うのがふつうである。授業料が導入されたり教育支出が削減されたりする場合には，娘より息子の教育が優先される。水道の民営化は，水の利用機会を減らし，水汲みの負担の増大は女性に課される。家族が輸出換金作物を生産している場合には，女性の仕事は，むしろ食物を作るのではなく，通常男性が管理するお金を稼ぐことになる。

　一つの疑問は，IMFの債務返済の規律化体制と，先述したそれが供与するという支援に参加しないという選択に関するものである。1980年代と1990年代のいわゆる調整プログラムは，多くの伝統経済を破壊し，諸国に大きな債務だけを残した。その点で，2006年に開始された債務帳消しプログラムに参加する方が，よりよかったといえよう。ひとたびある国が債務に追いやられたら，原則としては，債務の帳消しは，政府収入のより多くを一般社会的および開発課題に配分するのに役立つとの証拠がある。これは，ガーナやウガンダ，およびその他2〜3の中流階級の増大がみられる諸国——極貧も並行して続いているが——がそうであった。他方で，債務帳消しが受け入れられなかったアンゴラは，2005年には，債務返済にGDPの6.8％を支出し，保健にはGDPの1.5％しかが支出していない。アンゴラは，対外債務返済に，毎年約22億ドルを支出し続けている。

　しかし，アンゴラのケースはまた，諸要因のもう一つの組み合わせがあることを示している。同国のエリートは，大部分輸出向けの膨大な鉱山資源で

富裕となってきた。そうした関係は，大きな妨害もなく，今も継続可能である。膨大な貧困も，輸出向け鉱業も続いている。こうした状況に，その他の受益者はいるのかどうか，問わずにはいられない。

　そうした関係の形成には，より大きな歴史がある。私のみるところ，一つの鍵となる要因として，多くのアフリカ，ラテンアメリカや中央アジアのかなりの部分が，大規模に再構築された新たなグローバル経済の中に再配置されたことがある。政府の弱体化と伝統経済の破壊によって，経済生き残りへの新局面が始まったのである。ここで，二つの側面に，簡潔に焦点を当てよう（より詳細な分析は，Sassen, 2008をみよ）。一つは，こうしたリストラクチャリングが，世界の膨大な諸地域の「領土」の位置付けが，ネイションの活動空間というよりはむしろ資源の立地場所に変更されてきたことである。もう一つは，経済生き残りの範囲が拡大してきていることである。そのいくつかは古くからあるが，今やグローバルな規模で機能している。

3　グローバルな機能分業における領土の位置づけの変容

　多国籍企業と富裕国政府によるここ数年のグローバル・サウスにおける土地取得の度合いは，新たな段階を画している。そうした土地取得は，近代で初めてのことではない。それは，帝国再編の一環という傾向として，繰り返される力学である。アフリカにおける中国の鉱山取得は，グローバルな強国としての勃興と結びついている。イギリス，フランス，アメリカ，および他の諸国はみな，帝国の初期段階で実行した。多くの場合，数百年間，外国の広大な土地を所有し続けてきた。しかし，各段階には，それぞれ固有の特徴がある。現在の主な特徴の一つは，過去の帝国とは違って，今日の世界が，大部分，実に弱体な場合が多かろうが，主権を承認された国民国家で構成されていることである。帝国的強奪というよりはむしろ，メカニズムとしては，海外直接投資である（とりわけ）。

　国際食糧政策研究所（the International Food Policy Research Institute-IFPRI）によれば，2006年以来，貧困諸国の1500から2000万ヘクタールの農地が，

外国人が関わる取引や交渉の対象となってきた[11]。これは，EUの農地全体の5分の1にあたる。IFPRIは，こうした商談は，土地の価値を控えめ見積もって，200～300億ドル分と計算した。これは世界銀行が最近公表した農業緊急対策の10倍であり，アメリカ政府による新しい食料安全保障基金の15倍以上である。包括的なデータはないが，多くの研究がある（例えば，IFPRIのデータは，おそらく最も詳細なものである）。土地取得契約の形式としては，直接取得とリースがある。いくつかの例が，購入者と場所の広がりを示している。アフリカは，主要な土地取得対象地である。韓国は69万ヘクタール，アラブ首長国連邦は40万ヘクタールの取引を，いずれもスーダンで行った。サウジアラビアの投資家は，エチオピア政府がリースした土地で小麦，大麦，米を栽培するのに1億ドルを使っている。彼らは免税措置を受け，サウジアラビアに作物を再輸出している[12]。中国はコンゴの2800万ヘクタールでバイオ燃料用のパーム油を栽培する権利を確保した。これは，世界最大のパーム油プランテーションであろう。さらに，ザンビアでは，200万ヘクタールのバイオ燃料用栽培を交渉している。おそらくアフリカのケースほど知られてはいないが，旧ソ連の領土，とくにロシアとウクライナで，私有化された土地の多くがまた，外国による買収の対象になりつつある。2008年だけで，以下のような買収があった。スウェーデンのアルプコット・アグロ社が，ロシアで12万8千ヘクタールを購入。韓国の現代重工業が，東シベリアで1万ヘクタール所有するコーロル・ゼルノ社の過半数株取得に650万ドルを支払。モルガン・スタンレーが，ウクライナの4万ヘクタールを購入。湾岸諸国投資家によるパヴァの買収計画。パヴァは，金融市場に売りに出された最初のロシアの穀物加工業者で，土地所有部門の40％を売却する。それは，5万ヘクタールの土地利用権を与えるものである。またアフリカのケースほど注目されていないが，パキスタンは，10万人の治安部隊で土地を防衛する約束して，湾岸投資家に50万ヘクタールの土地を提供している。

　こうした展開は，より大きな趨勢のコンビネーションの一部である。一方では，一部はアジアの強力な50万人の中流階級から生じる，グローバルな

食料需要が，食料と土地で大きな利益を生むという，直接的な事実がある[13]。今や，大企業やいくつかの政府によりコントロールされている土地・食料のグローバル市場があり，金融危機全体を通じて成長部門になってきた。こうした状況で，価格決定は統制によるものになっている。第2に，すべての金属・鉱物には継続的需要があり，また，最新のエレクトロニクス部門の発展による需要によって，これまではあまり採掘されていなかった金属・鉱物への全く新たな需要がある。世界の他の部分よりも人口密度が低いアフリカは，鉱山投資の主要対象地となった。第3に，水需要の増大と，世界のいくつかの地域の地下水の枯渇がある。第4に，たぶんほとんど知られていないが，アフリカの製造業への海外直接投資の急減がある。それはまた，領土の位置づけの再配置を示すものである。南アフリカとナイジェリアは，2006年のアフリカの海外直接投資残高の37％を占めるアフリカの二大海外直接投資受け入れ国であるが，第一次産品部門へのFDIの急増と製造業部門への急減が生じてきている[14]。ナイジェリアでも同様である。ナイジェリアでは，石油への海外投資が長い間主力を占めてきたが，海外直接投資残高に占める第一次産品部門の割合は，2005年には75％となり，1990年の43％から大きく増加している。他のアフリカ諸国でも同様の変化を見せてきた（図2-2）。1990年代に対内海外製造業直接投資が増加した少数の，大部分が小規模な諸国の一つである，マダガスカルでさえ，そうした増加は，第一次産品部門を大きく下回っている[15]。

　貧困者と新たに貧困化した者の生き残りのための経済活動は，ますます，――家の一人ないし数人の海外移住をもたらすことになる。グローバル・サウス諸国の重政府債務や高失業は，一般人にとってだけではなく政府や企業にとっても，生き残りのための代替手段を必要とさせている。また，数を増しているこうした諸国では，通常の経済の萎縮が，企業や組織による違法営利行為の利用の拡大をもたらしてきた。過去30年のIMFと世界銀行のプログラムは，重い債務負担に対しては大いに寄与してきたが，生き残り，営利，および政府収入の増加の対抗的地勢配置の形成に，重要な役割を果たしてきた。さらに，経済グローバル化は，国境を越えた動きやグローバル市場のた

めの制度的なインフラを提供し，それによって，グローバルな規模で，対抗的地勢配置を容易にしてきた。ひとたびグローバリゼーションの制度インフラが与えられれば，大部分ナショナルまたは地域レベルで展開するプロセスは，不要な時でさえ，グローバルなレベルにまで到達する。これは，まさに本来的にグローバルな，グローバル金融市場の形成の基礎にある金融センターのネットワークのようなプロセスとは，対照的である。最後に，このパターンは，また，古い工業諸国とは異なる発展経路を示すものである。略奪的国家から規制的国家に移行するために，団結や政治闘争の道を歩むのではなく，グローバル・サウス諸国では，犯罪と離脱——移住，違法売買や，あるいは国際職業階級に参加することを通じた——が軸となる。

　ひとたび排除のロジックが入り込むと，多様なプロセスを捉え，排除に貢献させることが可能となる。こうしたプロセスに組み込まれた諸能力は，異なった組織化ロジックの状況に組み込まれると，違った結果をもたらすのに貢献するかもしれない[16]。私の分析では，このように，かつての主権領土権がグローバル市場で販売される商品に脱集合化することは，システム的覇権の出現を促すいくつかのプロセスの一つである。いうなれば，今日出現している覇権は，歴史的な覇権——諸国や帝国——とは異なるものである。それは，グローバル企業経済・高度金融や，覇権作用に利用可能なさまざまないかなる国家権力であれ，中核部門を組み込むことが可能なシステム的構成である。私の見解では，こうした構成は，中国，EU，アメリカ合衆国の構成部品，およびブラジル，インド，およびその他新興強国の企業の権能部門を包含することができる——ただそれぞれの構成要素だけであるが。それはこうした組み込みを可能とするロジックによって組織されるシステム的構成である——それは国民国家の出現を促すロジックではなく，帝国化するものもある。過去20年間私が携わってきたタイプの研究を前提すると，旧来の北と南の区分を超えた，中心と辺境，中核と周辺，その他の同種の二分法の新たな地勢的配置の出現と私が呼ぶようになったものを認知しないのは難しかった。こうした新しい地勢的配置は，こうした二分法で十分把握されるものを消し去りはしない。しかし，それは，こうした二分法を超える編成の出

現そのものを捉えるものである。世界の諸国のすべての範囲の特定の構成要素は，新種の――ネットワーク化と多立地化した――システム的覇権を構成しつつあるのである[17]。　　　　　　　　　　　　　［訳者　赤石秀之］

●注

1）私は「排除」という言葉を，次のような多様な状態を表現するために用いる――絶望的な貧困者，フォーマルやインフォーマルな避難キャンプに収容されている強制退去者，刑務所に収容されているマイノリティや被迫害者，仕事で体を壊し，あまりにも若い年齢で無用化された労働者など。こうしたい飛びとは，ますます数を増している。なお，この点は，より大きな研究プロジェクトである Exclusions: A Savage Sorting of Winners and Losers（近刊）の一部である。またその短縮版として，Globalizations, Vol.7, no.1 (February 2010) がある。

2）別稿では，こうした発展が，まだ十分に認識されず理論化されていない新しい国家権威の様式と，第2に，市民といったネイション・ベースの行為主体に対するグローバルな政治領域の開放をもたらす，という見方を展開している（2008，第5章7-9頁）。

3）余談であるが，以上のポイントは，さらなる研究と理論化のために，少なくとも三つの別個のテーマを指し示すものでることは注意に値する。一つ目は，上で簡単に論じたように，多様なプロセスを通じて異なる秩序が相互作用し互いに重複するような空間の特異性の程度についてである。いうなれば，社会学的，分析的な視認性はどの程度あるのか，ということである。二つ目は，そうした相互作用と重複が，ナショナルというものと，はるかに程度は下がるが，今やまたグローバルなものとなっているものの特質および社会的な厚みを所与と想定できるような，複雑性の水準についてである。三つ目のテーマは，グローバルなものの埋め込みとその特異性の組み合わせがどういった結果を生むかにという問題である。そこでは，一般化は役に立たない。結果にはかなりのばらつきがありそうである。ナショナルなものなかには，脱ナショナル化に大きな抵抗力を持つ例や，あるいは，他のものより融和的な例が，見出せるかもしれない。そこから導かれる四つ目のテーマは，こうした多様性が示唆しているのは，国民国家内部の統一された時間・空間的配置構造からの離脱と，それに関わるそれぞれの国民国家の脱ナショナル化された特定の構成要素素の国境を超えた収束へと向かう動きである。実際には，収束は難事である。それが部分的にも可能となるのは，国家間の力の不均等から，弱者の中から国民国家にまたがる社会正義の増進を求めるグローバル公衆の出現という事実に到るまで，広い範囲で諸条件が混合されることによるものである。そうした展開によって，遠心分離的な力学に向かう動きと，国民国家の発展を特徴づけてきた求心的力学からの離脱の動きが生じることになる。

4）非常に異なったメカニズムではあるが，グローバル・ノースにおいても同様の展開がみられる。私はこのレンズを，アメリカで2000年代初期に始まり2007年に破裂し，大きく中位所得家計に大きな打撃を与えたサブプライム抵当貸付危機を，こうした視角から分析してきた。こうした抵当貸付を売りつけられた個人や家庭の，2011年も引き続く莫大な損失に，ほとんどすべての注意が向けられたが，それは正しかった。このケースで，私の議論は，再度，抵当貸付返済や貸付業者の手数料の形の摘出ロジッ

クを超えて，先進／腐敗資本主義のシステム深化の形でより根本的な力学を見出すことができるし，さらには，そうした証券は，約20億人の中層中産階級の家計が代表するグローバル市場に容易に拡張できるものであることを見出せるのである。
5）理論的，方法論的，および歴史的側面の展開については，Sassen, 2008の第8章・第9章をみよ。
6）本節は，より大きな研究プロジェクトに基づくものである。そこでは，個人，家計，企業家，さらには政府による苦闘は，どのようにして，IMFおよび世界銀行プログラム，および1990年代とそれ以降のWTOの法施行が始めた発展途上諸国の経済リストラクチャリングの大規模なプロセスを，ミクロレベルで演じるものでるのかを追求している。
7）多くの重債務貧困国（HIPCs）の中で，国民総生産（GNP）に対する債務返済の割合は，長期にわたって持続可能な限界を超過してきた。多くは，1980年代のラテンアメリカ債務危機で手の施し用がないと考えられた水準よりも極端に大きい（Oxfam International, 1999）。重債務貧困国41カ国のうち33カ国は，開発援助1ドルに対し3ドルの債務返済支払った。IMFは重債務貧困国に対して，債務返済に輸出収入の20～25％を支払うよう求めている。2006年始めの債務帳消し前の2005年には，これらの諸国のほとんどで，GDPに占める比重でみた債務返済水準は，依然高いままであった。2006年末までに債務返済水準は低下したが，依然，純外国直接投資を大きく上回っていた。
8）完了点を通過した26の国は以下の通りである。ベニン，ガイアナ，ニジェール，ボリビア，ハイチ，ルワンダ，ブルキナファソ，ホンデュラス，サントメ＝プリンシペ，ブルンジ，マダガスカル，セネガル，カメルーン，マラウィ，シエラレオネ，中央アフリカ共和国，マリ，タンザニア，エチオピア，モーリタニア，ウガンダ，ガンビア，モザンビーク，ザンビア，ガーナ，そしてニカラグアである。
9）MDRIは，HIPC構想を完了した諸国に対して，世界銀行（2003年以前），IMF（2004年以前），およびアフリカ開発基金（2004年以前）の債務の帳消しを約束した。グローバル・サウスの多くの諸国は，HIPC構想を完了しておらず，MDRIによる債務救済を受けていないことに注意すべきである。
10）いまだ，債務救済は，必ずしも意図されたようには機能していない。たとえば，近年のガイアナの債務リストラクチャリングは，500万ドルの悪化させる原因となった。ガイアナの債務の主要部分は，米州開発銀行（IADB）によるものである。2007年始め，ガイアナの債務帳消しの措置がとられたが，援助で旧負債を帳消しにしだけであった。
11）こうしたことが起こったのは，『エコノミスト』誌（The Economist, May 23, 2009）の食料価格指数が78％上昇し，大豆と米でともに130％上昇した時であったことは注目に値する。一方，食料在庫は低迷した。五大穀物輸出業者の，消費・輸出合計に対する在庫比率は，2009年に11％まで落ち込み，10年間平均の15％を下回った。価格以上に，貿易禁止や貿易危機は，食料輸入に依存している富裕国にとってリスクを負わせる。
12）他方では，世界食糧計画（the World Food Programme）は，2007年から2011年にかけて，飢餓と栄養失調の脅威にあったと推定される460万のエチオピア人に対し，23万トンの食料援助を行うために，1億1600万ドルを支出している。輸出用と飢饉のための食料生産から利益を得ることが一つの国に併存することは，食料援助を供与する納税者とともに，第二次大戦後数十年にわたって繰り返された三角構造を形成している。

13) 上記注11をみよ。
14) 海外直接投資残高における(とりわけ鉱山業や農業を含む)第1次産品部門の比重は，1996年の5％から上昇し，2006年には41％に増加した。対照的に，製造業部門の比重は，40％以上から27％に半減した(UNCTAD 2008)。
15) 包括的なデータに関しては，UNCTAD, 2008をみよ。
16) ある能力がいかにして結合力を変容させるのかは，それが機能する組織化のロジック論理に依存する点についての，詳しい説明については，脚注？？をみよ。
17) こうした方向については，アリギィとの友好的な議論および，中国の新たな覇権国としての勃興についての彼の論文をみよ。確かに，中国は勃興しており，最も強国になりつつあるが，しかし，それは，中国が覇権国「そのもの」であることを意味するものではない。

●参考文献

Anseeuw, Ward, Lily Alden Wily, Lorenzo Cotula, and Michael Taylor. *Land Rights and the Rush for Land: Findings of the Global Commercial Pressures on Land Research Project*. Rome: International Land Coalition, 2012.

Beneria, Lurdes, and Shelley Feldman(1992), Unequal Burden: Economic Crises, Persisten Poverty, and Women's Work, Westview Press.

Bose, Christine E. and Edna Acosta-Belen(1995), Women in the Latin American Development Process, Philadelphia: Temple University Press.

Bradshaw, Y., Noonan, R., Gash, L. & Buchmann, C. (1993) Borrowing against the future: children and third world indebtedness, Social Forces, 71(3), pp. 629–656.

Buechler, S. (2007) Deciphering the local in a global neoliberal age: three favelas in Sao Paulo, Brazil, in S. Sassen (ed.),Deciphering the Global: Its Scales, Spaces, and Subjects (New York: Routledge), pp. 95–112.

Inter-Agency and Expert Group on MDG Indicators, United Nations Statistics Division (IAEG) (2009a) Millennium Development Goals Indicators: Debt Service as a Percentage of Exports of Goods and Services and Net Income (last updated 14 July, http://mdgs.un.org/unsd/mdg/SeriesDetail.aspx?srid1/4655

International Monetary Fund (2009a) Factsheet: Poverty Reduction Strategy Papers (PRSP), 14 August, https://www. imf.org/external/np/exr/facts/prsp.htm

International Monetary Fund (2009b) Factsheet: Debt Relief Under the Heavily Indebted Poor Country (HIPC) Initiative, 22 September, http://www.imf.org/external/np/exr/facts/hipc.htm

Jubilee Debt Campaign UK (2007) Debt and Women, http://www.jubileedebtcampaign.org.uk/Debt%20and% 20Womenþ3072.twl

Jubilee Debt Campaign UK (2008) Angola, country information, http://www.jubileedebtcampaign.org.uk/ Angolaþ4038.twl

Jubilee Debt Campaign UK (2009a) How Big is the Debt of Poor Countries?, http://www.jubileedebtcampaign.org.uk/ 2%20How%20big%20is%20the%20debt%20of%20poor%20countries%3Fþ2647.twl

Jubilee Debt Campaign UK (2009b) Hasn't All the Debt been Cancelled?, http://

www.jubileedebtcampaign.org.uk/4% 20Hasn%27t%20all%20the%20debt%20been%20 cancelled%3Fþ2651.twl

Lucas, L. (ed.) (2005) Unpacking Globalisation: Markets, Gender and Work (Kampala, Uganda: Makerere University Press).

Oxfam International (1999) Oxfam International Submission to the Heavily Indebted Poor Country (HIPC) Debt Review, http://www.oxfam.org.uk/resources/policy/debt_aid/index.html

Rahman, A. (1999) Micro-credit initiatives for equitable and sustainable development: who pays? World Development, 27(1), pp. 67–82.

Ratha, D., Mohapatra, S. & Silwal, A. (2009) Migration and Development Brief 11: Migration and Remittance Trends 2009: A Better-than-expected Outcome for Migration and Remittance Flows in 2009, but Significant Risks Ahead, 3 November, (Washington, DC: World Bank, Migration and Remittances Team, Development Prospects Group), http://siteresources.worldbank.org/INTPROSPECTS/Resources/334934-1110315015165/ MigrationAndDevelopmentBrief11.pdf

Safa, H. (1995) The Myth of the Male Breadwinner: Women and Industrialization in the Caribbean (Boulder, CO: Westview).

Sassen, Saskia(1988), The Mobility of Capital and Labor: A Study in International Investment and Labor Flow, Cambridge University Press..

Sassen, S. (2007) A Sociology of Globalization (New York: W.W. Norton & Co).

Sassen, S. (2008a) Territory, Authority, Rights: From Medieval to Global Assemblages, revised 2nd ed. (Princeton: Princeton University Press).

Sassen, S. (2008b) Mortgage capital and its particularities: a new frontier for global finance, Journal of International Affairs, 62(1), pp. 187–212.

Sassen, Saskia(2010), "A Savage Sorting of Winners and Losers: Contemporary Versions of Primitive Accumulation," Globalizations, 7:1, 23-50.

Sassen, S. (2012) Cities in a World Economy, 4th ed. (Thousand Oaks: Sage/Pine Forge Press).

Tinker, Irene(1990), Persistent Inequalities: Women and World Development, New York: Oxford University Press.

The Economist (2009) Economic and financial indicators: Food, 23 May.

UNCTAD(2008), World Investment Directory Volume X Africa, New York: United Nations.

United Nations Development Programme (UNDP) (2005) A Time for Bold Ambition: Together we can Cut Poverty in Half, UNDP Annual Report (New York: UNDP).

United Nations Development Programme (UNDP) (2008) Human Development Report 2007–2008, UNDP Annual Report (New York: UNDP).

第3章　最近の危機におけるグローバル経済の持続可能性：非主流経済学派の視角

Global Economic Sustainability in the Context of the recent crisis : A Non-Mainstream Perspective

スナンダ・セン
Sunanda Sen

　本稿は，実体経済活動における継続する不況のみならず，後に世界経済の大混乱を生み出した金融バブルの両方について，代替的な理論的見方を提供しようとするものである。一方では，近年の金融部門の危機を解明するために，ミンスキーの金融不安定仮説を利用するとともに，実体経済の長期不況を解明するために，消費不足というポスト・ケインジアンの構造主義派の枠組みに依拠した解釈を用いる。

　われわれの分析は，とくに，大部分の先進経済に構造変化をもたらしてきた長期圧力を重視してきた。そして，自由市場（ファイナンシャライゼーションのプロセスも含む）が引き起すような，急速な変化に注目する。それは，往々にして，社会的・経済的構造という面から，先進経済のサステイナビリティを頻繁に危険にさらしてきたものである。

　そうした事態に促されて，カール・ポランニーは，彼が資本主義の"二重運動"と名付けた問題を論じた。ポランニーは，一方で市場関係の拡大を問題とするとともに，同時にそれが引き起こす社会からの対抗を問題にしている。こうした社会からの対抗は，主に，自立調整メカニズムを持つといわれる市場が拡大することから社会を防護しようとするものである。かくして，市場が国家を置き換える傾向となるにつれ，各国の経済の「社会の基本構造」に複合的な変化と劣化を引き起こして，資本主義の「違った顔」が展開することになる。上記の「二重運動」という点からすれば，こうした事態が展開する結果，生活のあり方を維持しようとする市民社会の側の抵抗が生じることになる。

社会の基本構造に支配的となっている，過度に強力となったグローバル市場に住みつづけるためには，それぞれの影響は，家族やコミュニティ，さらにはコミュニティの内部の社会関係にさえ，包括的に及ぶことになる。ほとんどの場合に，市場の拡大によって，人々は財産を奪われ，排除され，格下げされ，市場とさらに国家さえもが社会から遊離する。

この点で，われわれは，金融支配に対する世界中の異議申し立ての運動だけでなく，その他のグローバルな場面でも，今や，この"二重運動"は非常に目に見えるものとなっているという事実にひとびとの関心をひくことができる。

1　グローバル経済危機と2008年大不況

主要先進国経済における規制管理が1980年代半ばから1990年代に着実に解体されるにつれ，2008年の金融危機の引き金を引いた原因には，金融市場の制度構造の相関する次の2つの変容がある。

a．とりわけ為替相場，利子率，株と他の商品価格における変動幅（ボラティリティ）の拡大にともなって生じた金融およびその他の市場における不確実性の増大。
b．ファワード（先渡し契約），先物，スワップ，オプションなど，投資家にヘッジを提供するデリバティブの幅広い利用を含む，金融工学と金融革新。

ここで，いかに主流経済学が金融規制の撤廃を正当化し続けているのか，最初に，「効率的市場」説に基づいて分析する。そこでは，すべての市場主体の合理性と完全情報が想定されている。この前提によって市場の不確実性は排除される。確率が過去に基づいた「確率分布プロセス」として推計できるとすれば，将来は過去の反映となる。これは結局は，「エルゴード公理」の状態となり，広く言えば，時間の経過で平均化される同じ行動に依存した

ダイナミック・システムとなる。

こうした主流経済学の見解に対する一定の修正は，ニュー・ケインジアン経済学として提起された。「不完全（非対称的）情報」を前提とすることで，信用市場における信用割当が広く見られることが説明される（あるいは正当化さえされる）ものとする見解もある[1]。しかし，われわれは，完全／最大情報によってパレート最適がもたらされることを指摘したい[2]。

2　主流派経済学批判：代替的な見解

続いて，不確実性の取り扱いについて，主流派経済学に対し留保すべき点を提起しよう。それは，とくにわれわれが主流派経済学が理論的かつ実証的に誤っていると考えている点である。結果として，主流派経済学の見解の帰結である金融規制撤廃政策は，同じく誤りであることがわかる。

ケインズが指摘したように，「……不確実な知といっても，それによって，私は単純に，蓋然的なものと既知のものを区別するつもりはない。……そうした問題に関し，何であれ計算可能な確率を描き出す科学的根拠はない。……私たちはただ知らないというだけである…」[3]。

そのため，知のあり方（および不確実性）は，主観的になりやすく，それゆえ決してエルゴディックにはなりえない。また，知のあり方（あるいは不確実性）というものは，時間的な変化を持たない自然現象でもない。それはまた，シャックルが述べたように「千変万化する万華鏡的」な社会的現実のなかに根拠を持つものである——これは，ジョーン・ロビンソンが「歴史的時間」と呼ぶものと関連する。

金融自由化は，とりわけ，ハイリスク資産によるハイリターンによって，短期主義的指向を助長するものとなり，それは，しばしば長期的には実質資産を生み出すことに失敗する。それゆえ，金融資産に対する需要は，短期的な利潤と損失によって決定される「準レント」に対する予測に左右されることになる。現在のように，信用と情報技術の利用可能性が高いと，事態は直ぐに変わる傾向にあるという認識のもとで，コミュニケーションが加速され

る。またこれは，金融市場でよく見られるバンドワゴン効果も説明するものである。

　ファイナンシャライゼーション（経済の金融化）に関連した帰結として，信用市場への参入能力が比較的弱い借り手が金融的に排除されるような信用の社会的構成が生じる。しかし，そうした借り手は，不況になりがちな経済において，大きな潜在力があり，とりわけ平均以上の消費傾向がある。

　もし，契約や慣習のような制度が「安定的」であれば，知識（とその反対の不確実性）は改善しうる。それは，規制当局側の有効な介入と安定化政策が保証されるような状況にある場合である。それゆえ，不確実性の格付けが可能となる。それは，制度，契約，慣習の役割を高めるような事態である。これまでも指摘されてきたように「……もし不確実性が格付け可能ならば，政府の措置は不確実性を低下させ，それによって信頼を高めることができるかもしれない。」その理由は，問題のマネー経済において，「……マネー契約の尊厳を守ることが……われわれが資本主義とよぶ企業家システムの本質である」からである[4]。

　以上のことは，市場心理のアンカーとして信用ある「マーケット・メーカー」の役割を顕在化させる。その例として，アメリカにおいて，最近のグローバル危機のさなかで，最終的に投資家との約束を果たせなかったメリルリンチや民間同業者に対する救済措置がある！　そうした例は，市場経済では規制当局が必要なことを示すものである。

3　危機の解釈とポスト・ケインジアンによる定式化

　金融規制撤廃の下で増大する不確実性と期待の変化は，市場における金融資産の期待将来価値とリターンに影響を与える。そこで，リスクマネジメントの手段を提供する金融工学と金融革新の役割が発展する。その手段には，先渡し契約（フォワード），先物，オプション，スワップ，および関連する手段など，ヘッジのための無数のデリバティブ証券類が含まれる。そうしたプロセスでは，今日の銀行は，初期の「コミットメント」モデルから「発

行と分配」モデルへ移行し，資産の証券化とポートフォーリオ・レバレッジを行ってきている。加えて，今日の金融市場では，ノンバンクを源泉とする信用が拡がり，他方ではデリバティブが市場リスクに対するヘッジを提供し続けている。しかし，株式の流通市場における金融資産は，取引の高い収益性によって繁栄してきたが，必ずしも，発行市場における新規上場（IPO）のようには実質資本を生み出さない。

最近のグローバル危機のパターンを解明するためには，危機で打撃を受けた先進国経済における短期要因と長期（構造的な）要因をはっきり区別することが必要である。短期要因は，金融危機と実体経済の落ち込みとを含む一方，長期要因としては，先進国経済の過少消費の原因となってきた賃金と労働生産性のギャップの拡大を伴う経済の停滞がある。加えて，金融部門における短期投資の相対的高収益が，実物部門への投資利回りの低下を補った。そうした過程で，実質賃金と賃金分配率は労働フレキシビリティによって圧縮されている。賃金は，グローバル市場における貿易パートナーからの競争圧力によって，一段と押し下げられる。GDPに占める労働の比重は途上国においては資本集約度の上昇により，先進国においては生産のアウトソーシングに直面し，さらに圧縮されている。

途上国もまた，為替レートを管理する一方で資本勘定を開放したままにして，（「トリレンマ」論が述べるような）国内金融政策の自立性の喪失を経験している[5]。

4　危機への対応

先進国経済における危機への政策対応は，これまで大部分金融資本の利子を中心になされてきた。アメリカにおいては，刺激策は，金融制度の防護が目的とされていた。たとえば，ブッシュの不良資産救済プログラム（TARP），オバマの規制的提案（ほとんどうまくゆかなかったが），また，米国再生・再投資法（ARRA）などが好例である。ARRAは，経済に累積した過大負債のために消費刺激に失敗し，需要と雇用の創出に失敗した。

最近のユーロゾーン危機は，南欧諸国の持続不可能な負債の問題から始まったが，共通通貨ユーロへの脅威によって，豊かな北のヨーロッパ諸国は，負債に悩む銀行と主権国家の救済をせざるをえなくなった。それは，南欧諸国経済で財政を引き締めさせるコンディショナリティによって始まった。後者は，公的債務削減と民間支出の関連した削減の両方に対応した支出削減を意図するものであったが，問題は解決されなかった。とりわけ，これらの諸国がユーロの統一為替相場を維持し続け，経常収支の改善によって外部の需要源を創出するという選択肢を否定した。こうした諸国が現在直面する経済的苦境に猶予をもたらすほどのことは，何も行われていない[6]。

　発展途上国は，輸出市場の縮小と不確実な資本市場とが相まって，景気後退に直面した。そのため，発展途上国の年間GDPの変化率は，全体およびアジア経済について，それぞれ，2007年の8.74％と11.43％から，2011年には6.22％と7.82％に低下した[7]。こうした成長率の低下は，アジア地域の中国とインドの高成長経済にも拡大した。

5　結論

　グローバル経済を修繕し安定成長軌道に向かわせるためには，実体経済の成長を回復することであり，それは，金融部門よりも実体部門に向けられる需要を拡大することによるものであることを示唆したい。そのためには，通貨，株および商品取引におけるデリバティブを含む金融取引の厳密かつ有効な規制が必要である。

　こうした手段は，グローバル経済における安定性と持続可能な成長をともに確保する助けとなるであろう。そしてこれはまた，現在の世界経済の危機に主な責任があった世界経済における金融支配に終止符を打つ助けとなるであろう。

　　　　　　　　　　　　　　　　　　　　　　　　　［訳者　加藤真妃子］

●注

1) J. Stiglitz and R Weiss, "Credit Rationing in Markets with Imperfect Information" American Economic Review 71 (3) pp.393-490 1981.
2) この批判点については，拙著を参照。Sunanda Sen, "Global Finance at Risk: On Stagnation in the Real Economy" Palgrave-Macmillan 2003.
3) Keynes J.M, "The General Theory of Employment" Quarterly Journal of Economics February 1937.
4) Dequech David, "Different Views on Uncertainty and some Policy Implications" in Davidson Paul and Kregel Jan, (eds) Improving the Global Economy Edward Elgar London 1995 pp.38-65.
5) 拙稿を参照。Sunanda Sen, "Managing Finance at Cost of National Autonomy?" Levy Economics Institute Working Paper 704 April 2012.
6) Esteban Perez-Caldentey and Matoaz Vernengo, "The Euro-Imbalances and the Financial De-regulation: A Post-Keynesian Interpretation of the European Debt Crisis" Levy Economics Institute Working Paper No 702.
7) http://www.imf.org/external/pubs/ft/weo/2012/01/weodata/weorept.aspx?sy=2000&ey=2012&scsm=1&ssd=1&sort=country&ds=.&br=1&c=200%2C505&s=NGDP_RPCH&grp=1&a=1&pr1.x=63&pr1.y=9

第4章　縮小時代の地域資産を活かした創造的な環境づくりへの戦略

陣 内 秀 信

1　シュリンキング・シティに向かう社会状況

　私は東京の都市の問題をヨーロッパでの動きと比較しながら30年来，考えてきた。法政大学の陣内研究室の学生諸君と一緒に東京のフィールドワークを行いながら，ますます力を強めるグローバリゼーションのもとでのこの都市の変容と，そこから生まれた諸問題を，また同時に，それを克服するための地域での多様な活動について研究してきた。ここでは，その立場から報告してみたい。

　日本全体が右肩上がりの成長の時期を終え，成熟の段階に入った。人口減少，高齢化がいっそう進行すると予想される。首都，東京に関しても，「シュリンキング・シティ」という表現さえも登場している。明治以後，近代化を大規模に推進し，大量のエネルギーを消費しつつ，常に成長を続けてきた日本，そして特に東京は，こうした厳しい状況で都市や地域の在り方を考えなければならないという課題に初めて直面している。

　同時に，1980年代半ば以後のグローバル化の進展のもと，都心，副都心の華やかな発展の陰で，多くの地域がネガティブな影響を受け，本来の土地の経済基盤，コミュニティが変容・衰退してきた事実がある。グローバル・シティの象徴として高層ビルの建ち並ぶ華やかな地域が話題になるが，こうしたグローバリゼーションのなかで何が都市の中で進行してきたのか，そのシャドウの部分を見る必要がある。そして，個性とポテンシャリティを失い空洞化しつつある地域の再生には，歴史，自然，人々のなかに蓄積された知

恵と技などの地域資産を発見し，創造的に活かし，文化的なアイデンティティを再構築することが最も有効な道だと思われる。

2　可能性を秘めた二つの地域

　大きく見ると，東京は近代化，そしてグローバリゼーションの過程で，本来の中心部をだんだん西のほうへ移してきた。江戸時代から明治，そして昭和の初め頃までは，神田，日本橋，銀座のあたりが都市の主役である下町といわれ，文化，経済など，あらゆる活動の中心だった。それが徐々に西へ動いていったプロセスがある。大学も大正の頃からつい最近まで，西へ西へと大きく動いた。その結果，バブル経済に沸いた1980年代後半には，山手線の内側の都心は，外国資本と外国人が多く集まるインターナショナル・シティで，その外側の西側の郊外にはもっぱら日本人のためのドメスティック・シティが形成される，といった手荒な議論もなされた。重心が西へ移動し，そのバランスを考え，東京都庁舎も新宿へ移転した。グローバリゼーションの中で輝きを見せるのが，若者文化の街，原宿である。ブランドのショップ，たくさんの国際的な企業が集まっている。

　その一方で，本来は経済と文化の蓄積のあった下町が見捨てられていった。サスキア・サッセンの著書，『グローバル・シティ』でも興味深く論じられている，問題を抱えたエリアとしての東京のインナーシティは，まさにそういう場所にあたる。

　しかし，世界経済の危機，日本の成熟社会化と高齢化のなかで，その活力というものが，今までのようには展開しえないだろうと予想されている。シュリンキング・日本，シュリンキング・シティという概念がこの数年，議論されるようになっている。

　本発表では，東の墨田江東エリア，西の日野市という東京のなかの二つの地域をケースに取り上げて，今後の可能性を論じてみたい。いずれもグローバリゼーションの中で脇に追いやられ，また無視されたり忘れられたゾーンと言ってもよい。一般的な市街化の進行で，本来の個性や特徴が薄められ，

ポテンシャリティが落ちた地域である。近代化の過程で環境がいかに変容したかを検証した上で，今なお潜在的に豊富にある地域資産を活かした質の高い発展をいかに実現するかを考えてみよう。

3　墨田江東地域——蘇る「水の都市」

　隅田川の東に位置する墨田江東の地域は，グローバリゼーションのもとで，工業の空洞化が進むと同時に，東京の西側エリア（山の手）に商業・文化機能を奪われ，大きく取り残された感がある。だが，本来は河川，掘割が編み目のように巡る「水の都」であり，江戸時代には水と結び

写真4-1　小名木川クローバー橋周辺での水上ワークショップ

ついた漁業，流通，木場の産業，行楽・遊興など，多様な経済と文化が発展した。近代には，舟運を活かした大規模な流通に加え，様々な工場が並び，極めて重要な経済産業の空間となった。産業構造の変化で，それらが空洞化したが，舟運復活の可能性を秘めた地域資産としての掘割・河川のネットワーク，歴史や伝統文化，各種技術の集積などが今なお受け継がれており，21世紀的な新しいクリエイティブな経済文化活動を生み出す可能性をもつ。

　近年の人々の意識を見ると，西側に向かう郊外発展への夢は完全に薄れ，むしろ都心回帰の現象がこのところ顕著になっているのがわかる。今また，東に向けて風が吹き始めているように見える。634mの高さを誇る東京スカイツリーの2012年5月オープンも，それにプラスに働いている。この東京の東に位置する高い所から富士山の方角にもあたる西を見る光景は，まさに江戸時代の人々が江戸の都市を見ていたアングルと同じものにあたるのが注目される。画家の鍬形蕙斎が，19世紀初めにその視点から江戸の鳥瞰図を描

いて以来，それが定番となり，繰り返し同じ構図で江戸・東京の景観が描かれ続けたのである。そこには隅田川，神田川，日本橋川，墨田江東の幾つもの掘割が描き込まれ，「水の都」としての江戸，そしてそれを受け継ぐ近代初期の東京の姿がイメージ豊かに表現されたのである。地形の凸凹とともに，水の循環，エコシステムがそのまま鳥瞰図に描かれているようにも見えるのである。しかし，その水の都市の在り方は地下水汲み上げ，水質汚染などで戦後完全に否定的になり，舟運もなくなって，水辺は都市の裏側に転じていった。

　だが，歴史は一巡したかに見える。工場の多くは転出し，排水規制，下水道の普及もあって水質はよくなり，また水門，閘門で制御され，人々と水との関係を取り戻せる時代になっている。

　我々は今，これまで長らく忘れられていた東京の環境システムや都市空間の特質を思い起こし，歴史とエコロジーの立場から再評価する絶好のチャンスを，東京スカイツリーの登場とともに迎えている。こうして東京の東側へ人々の関心がシフトしているというのは大変重要である。本来この隅田川の東の墨東地域は，古代，中世からの長い歴史をもつ場所であり，様々な文化的トポス，生活の知恵が受け継がれている。深川にも，江戸時代に形成された歴史的な文化中心がある。

　墨田江東は水路を活かして産業が近代におおいに発達した。戦後も含めて，この地域には水上バスの航路が網目のようにあった。同時に路面電車の線路も網目のように走っていた。こうして地域全体が生き生きとネットワークで結ばれ，経済や文化の活動が散りばめられていた。ローカルな商店街も数多くあった。1980年代以後，これらすべてが衰退してしまった。だが現在，新たな時代の到来で掘割がよみがえり，新しい機能を持ち込める時代になってきた。

　グローバリゼーションのなかで忘れられがちだが，この墨田江東地域には優良な中小企業が数多くある。ハイテクの世界で輝く鉄鋼業の小さな企業が存在し，スカイツリーの部品を精巧につくり出し，難しい取り付けの施工を担える技術的な背景があったからこそ，この場所に東京スカイツリーができ

たと言われる。伝統工芸も含めた新旧の優れた技術がたくさんある場所なのである。

そして近年，日本橋のたもとに登場した船着き場から東京スカイツリーをめざし，隅田川をのぼって浅草方面へ行く東京都公園協会の小型水上バス「カワセミ」が人気を集めている。また，墨田区と江東区が連携し，内部河川の舟運機能の復活をめざして，現在，社会実験が活発に行われている。

写真 4-2　寺の境内でのインスタレーション

このように隅田川の東側に広がる内部地域には，近世から近代の産業の時代にかけての自然，文化，歴史，経済の貴重な資産がたくさんある。その意味でグローバリゼーションのもとで過疎化し，空洞化したところが今後生き返ってくる可能性が大いに期待できる。

浅草が最近，注目を集めている。原宿，渋谷など，西側での華やかな発展でしばらく忘れられていた歴史ゾーンだが，東京スカイツリーの出現もあって，若者の関心を引いている。水辺に洒落たレストランが登場し，忘れられていた神社が縁結びの神様のパワースポットとして人気を集める現象が見られる。

深川地域でも，古い建物がリノベーションされ，雰囲気をもつ店舗，アートギャラリー，カフェなどに転用され，人々の交流の場になっている。深川資料館通り商店街の周辺では，コミュニティが少しずつだが蘇ってきており，我々の研究室でもまちづくりに協力している。この商店街では，サロン的な拠点としてコミュニティ・カフェが重要な役割を果たしている。商店街がイニシアチブをとり，寺院の境内で現代アートのインスタレーションが実現したのも興味を引く。

4　日野──「農ある風景」の再評価

写真 4-3　日野市民による「せせらぎ農園」

　ここで東京の西に目を移し，我々の法政大学エコ地域デザイン研究所が7年ほど，継続して調査研究を行ってきた日野市を紹介しよう。日野市と法政大学が正式に調印し，連携事業として取り組んでいるものである。

　日野市は，都心から30kmちょっと行った東京の西郊にあり，もとは水田の広がる農村風景を特徴としていた。多摩川，浅川が流れ，丘陵，台地，沖積平野からなる地形の変化に富む田園風景が，日野本来の姿だった。

　ところが，グローバリゼーションのもとで農業が軽視される日本では，大都市の近郊農村の宿命で，宅地化・市街化の急速な進行によって，かつての用水路が編み目状に巡る特徴ある農村風景が失われてきた。

　だが，農業の見直し，水路のもつ環境・風景にとっての価値評価が進み，「農ある風景」を大切にした地域づくりへのチャレンジが行政，市民の間で始まっている。

　我々エコ地域デザイン研究所は，日野市域に眠るエコロジーと歴史の視点からの価値を多角的に発掘しながら，この地域が有する資産の現代的な意味を描きあげる作業を続け，『水の郷　日野──農ある風景の評価とその継承』（鹿島出版会）という一冊の本を2010年の秋に，出版した。

　このような地域，特に歴史をもった農村地域の特徴を分析，評価する学術的な研究が今，求められていると思われる。遺跡から掘り起こし，どこから人が住み始め，どうやって古代，中世，江戸時代に開発が行われたか。近世にできあがった用水路のネットワークが，だいぶ失われたとはいえ，まだ多

く存在する。農業をいかにサポートするかは難しい課題だが，それにもチャレンジしている。

　丘陵，台地が多い日野の地域内には，湧水がたくさんあり，しばしば神社が祀られ，信仰の対象となってきた。そこに戦後に図書館ができて，近代のレイヤーもまた重なる。

　地域のなかにこうした歴史の層がどう存在し，人々の生活と結びついていかなる風景をつくってきたか。その全体的な姿は，もっぱら近代化，都市化を追求するなかで，人々の意識においてすっかり忘れられていた。それを我々は地元の住民，市民と一緒に調査し，認識・再評価し，それを今後の日野のビジョンづくりに結びつけたいと考えている。

　農場の多角的な活用として高齢者が農業に参加する福祉とも連携した活動も行われているし，生ゴミを集めて堆肥をつくる環境の活動から始まった市民農園としての「せせらぎ農園」が，今や大きなコミュニティ・サロンの役割を果たしている。かつて日野に存在した蚕糸試験場の古い建物とそのまわりの森を舞台に，アートフェスティバルが行われてきた。このように多彩な歴史と自然の要素に恵まれた日野の全体をエコミュージアムにしようという構想も生まれつつあり，地元の人々と我々法政大学のメンバーとでさらにコラボレーションを展開したいと思っている。

●参考文献

陣内秀信『東京の空間人類学』筑摩書房，1985年。
（*Tokyo: A Spatial Anthropology*, University of California Press, Berkeley, 1995）
河原一郎『地域環境と東京──歴史的都市の生態学的再生をめざして』筑摩書房，2001年。
東京エコシティ展実行委員会『東京エコシティ──新たな水の都市へ』鹿島出版会，2006年。
大野秀敏他『シュリンキング・ニッポン──縮小する都市の未来戦略』鹿島出版会，2008年。
法政大学エコ地域デザイン研究所『水の郷　日野──農ある風景の評価とその継承』鹿島出版会，2010年。
三浦展『スカイツリー　東京下町散歩』朝日新聞出版，2011年。

第5章 『足るを知る経済』の思想と
　　　　グローバリゼーション下の持続可能な開発：
　　　　タイのケース

Sufficiency Economy as a Way for Sustainable Development
in the Context of Globalization: the Case of Thailand

スワタナ・タダニティ
Suwattana Thadaniti

1　序論

　最大限の利益を生み出し，経済成長を遂げることを強く求めた結果，21世紀のグローバリゼーションはいくつかの小国を経済的または文化的植民地の標的にしたといえるだろう。さまざまなコミュニティや地方，そして世界そのもののデリケートなエコシステムに対して憂慮すべき脅威が迫っている。そのような脅威は，先ほど述べたような国の人々に直接的な影響を及ぼし，持続可能な発展など達成できないのだと思い込ませているのである。

　ここでは，グローバリゼーションによって影響を受けた国の例として，タイを取り上げる。他の国々の人々と同じように，タイもグローバリゼーションとグローバル経済によってもたらされる恩恵にあずかっている。科学と技術の向上は，グローバリゼーションを推し進める主要な力として，世界をより身近なものにし，また国と国との境を消し去りつつある。地球をまたにかけたコミュニケーションが，かつてないほどの速度で行われている。「発展」や「文明」を身につけた生き方ができるように，知識は迅速に伝達される。しかし，グローバリゼーションによってタイ人の生活様式が変われば変わるほど，それは持続可能な発展からますますかけ離れてしまう。結果として，発展の格差が増大し，社会的，政治的混乱を招いている。しかし，その元凶はグローバリゼーションの下での科学と技術の向上にあるわけではない。なぜなら科学と技術の向上は，持続可能な発展の推進力としても機能しうるからである。この21世紀の状況を打破する最善の解決策は，我々がグローバ

リゼーションから持続可能な発展を引き出すべし，というものである。我々はグローバリゼーションを拒絶することはできないのである。

「足るを知る経済」は，この発展を成し遂げるための一つの手立てである。プミポン・アドゥンヤデート（Bhumibol Adulyadej）タイ国国王陛下は，30年以上も前に，この哲学を国民のあいだに導入した。この哲学は，タイが経済危機に直面していた1997年にも推奨された。この概念は，節制，合理性，弾力性を土台にした発展にとってのガイドラインを提供する。この生活様式が依拠しているのは，知識と道徳である。この知識と道徳によってタイ人は，いかなる危機にあっても生存しうる免疫力をそなえ，持続可能な発展の道を歩めるのである。「足るを知る経済」は，個人，家族，地域，組織または国にいたるまで，誰に対しても適用可能なのである。

本稿の目的は，2つのケーススタディを用いて，「足るを知る経済」がグローバリゼーション下での持続可能な発展の方法であること立証することである。ケーススタディの一つは，この哲学を地域レベルに採用したものであり，もう一つのケーススタディである2011年の大洪水にも適用されている。

2　グローバリゼーション下の持続可能な発展

グローバリゼーションは，世界各地が経済的，文化的そして政治的に相互につながり，影響しあうためのプロセスである。それは簡単に言えば，全世界の人々が互いに助け合っていることを意味する。グローバリゼーションは，西欧諸国における情報技術と輸送手段の発展から生じ，世界中に適用されてきたといえる。タイ王立研究所発行辞典（2542 B.E.）によると，グローバリゼーションとは，情報技術の進歩によって，ある国が地球の裏側で起きていることから学べる，または影響をうける可能性がある状況と定義されている（http://www.royin.go.th）。『グローバリズム』の著者であるステグラー（Stegler）は，グローバリゼーションとは，地球規模で社会的，政治的，経済的そして文化的なつながりや相互依存が著しく高まっている状況で，時間と空間が今までになく圧縮されることと定義している（p.9）。何世紀にもわたり，世界

各地で人々は相互にコミュニケーションをとってきたにもかかわらず、グローバリゼーションという言葉が60年前に作られたものである。科学、技術そしてコミュニケーションが発達した結果、途上国とりわけタイでは変化がもたらされた。産業や貿易、金融業界に競争を生み出し、地方文化の同化をもたらしたのである。もっと深刻なのは、天然資源が浪費され、生態系がくずれる事態が起こることである。これら全てが発展の格差や社会的な不平等、社会的・政治的対立を拡大するのである。最終的には、貧困や地域力の弱まりが始まるのである。

しかし、そこからうみだされる利益という観点からみると、異なる国の人同士がよりお互いに影響しあい、新しいメディアの形を通して学び合うことを促す。国境なきコミュニケーションは人間関係を強化し、支援はとても速く届く。加えて、科学と技術は持続可能な発展を導く学びを高めることができる。しかし、持続可能な発展を成し遂げるためには、基本的概念と社会資本（ソーシャル・キャピタル）の理解が強調されなければならない。現段階で「足るを知る経済」は、この基本的概念を具体化する重要な役割を果たしている。

3　グローバリゼーション下の持続可能な発展のための方法としての「足るを知る経済」

（1）足るを知る経済とは？

「足るを知る経済」は持続可能な発展を成し遂げるための一つの手立てである。プミポン・アドゥンヤデートタイ国国王陛下は、30年以上も前に、この哲学を国民のあいだに導入し、またタイが経済危機に直面していた1997年にも推奨された。この概念は、節制、合理性、弾力性を土台にした発展におけるガイドラインを提供する。この生活様式が依拠しているのは、知識と道徳であり、これによってタイ人は、いかなる危機にあっても生存しうる免疫力をそなえ、持続可能な発展の道を歩めるのである。「足るを知る経済」は、個人、家族、地域、組織または国にいたるまで、誰に対しても適

用可能なのである。

　国王陛下は「足るを知る経済」を以下のように述べている：
　「足るを知る経済」とは，すべての階層の民衆の適切な行動のために最も重要な指針である中道を強調する哲学である。これは，グローバリゼーションの影響にそって近代化するように，家族，地域だけでなく，発展と管理における国家のレベルの行いにも同様に適用される。「足るを知ること」とは，中庸，合理性，そして内部また外部での変化から受ける衝撃に対する十分な自己免疫の必要性を意味する。これを実現するためには，しかるべき考察および分別のある知識の適用が不可欠である。特に，理論の適用や，計画立案と各実施段階での方法論において十分な注意が必要である。同時に，国民みんなが，特に公務員，学者，あらゆるレベルにおけるビジネスマンが，何より正直さと誠実の原則を守るために，国家の道徳心を強化することが不可欠である。加えて，忍耐力，根気強さ，勤勉，知恵および慎重さに基づいた生活様式は，バランスを生み出し，また広範囲で急速な社会経済，環境，そして文化の世界的な変化から生じる重大な問題に適切に対処するために欠かすことができないものである[1]。

(2)「足るを知る経済」の特性
　上記によれば，「足るを知る経済」は，個々人の行動（品行）にとって最適な道筋として中庸を取ることを強調する哲学であると理解することができる。それは，景気不安や環境上の脅威がとりざたされる世界における「生き残り戦略」である。

　「足るを知る経済」は，次の3つの原理を含む：
1．節制（moderation）。これは，人が自分自身あるいは他人を利用しないことを含む。人はある適度の水準の範囲で生産もしくは消費をしなければならない。もし，人があまりに消費しすぎた場合，人は病気に苦しむことになるかもしれないし，天然資源を浪費するので，人が社会を利用すること

になるかもしれない。
2．合理性（reasonableness）。これは繊細さと慎重さを含む。自分の決断が自分自身と社会に影響を及ぼす場合があることを考慮し，人は，それが自分自身と社会に悪影響を及ぼさないことを確実にする決定を下す前に，あらゆる結果を徹底的に検討する。例えば，人は天然資源や地域のアイデンティティや文化を壊したりしない。
3．弾力性あるいは自己免疫（Resilience or self-immunity）。これは，十分な考察と共に知識を賢明に使用することにより内部的および外部的ショックの負の影響から自分自身を保護する。したがって，それは自分自身と社会における将来の不安定さを防ぐことができる。

「足るを知る経済」には3つの原理がある。

まず，一つ目は，節制あるいは中庸である。二つ目は，原因と予定された行動の両方を意識するという意味の洞察力である。また三つ目は，予期しない衝撃に対処するための自己免疫あるいは弾力性である。

足るを知ったやり方で生きていくためのこれら3原則を続けていくためには，知識あるいは知恵と道徳性という2つの必要条件を身につけなければならない。それらは不可分なのである。道徳性がなければ，知識は害を引き起こすことがある。また，知識なしでは，人は適切な方向に進めないか，進歩しない可能性があるといえる。このほかにも，正直さ，誠実さ，忍耐力，注意深さ，学ぼうとする精神は，足るを知る生活に必要な要素である（Priyanut Piboolsavat, 2009）。

（3）「足るを知る経済」に対する国際的な反応

多くの学者がこの哲学に賛成し，論文あるいはインタビューで紹介している。例えば，ドイツの環境保護論者であるウォルフガング・ザックス（Wolfgang Sachs）博士は，ドイツでこの哲学を奨励し，またあらゆる国でこの哲学が採用しうる代案であるという考えに関心を寄せている。

1998年にノーベル経済学賞を受賞したインドの経済学者，アマルティア・

セン（Amartya Sen）博士は，足るを知る経済は必要最低限の必需品で生きる方法であり，人間らしい生活（decent life）を送るための適切な機会を活かす方法でもあると述べている。これは願望がないということを意味するのではなく，人間らしい生活（decent life）を送ることを意味する。その焦点は，収入や富ではなく，人間の価値観にあてられる。

ブータン王国の首相であるジグメ・ティンレー（Jigme Thinley）は，「タイがこれを国家の指針とし，この哲学に真摯に従って行動するならば，タイは新しい世界および持続可能な生活を創造することができると信じる。また，それはこの1か国のみで採用されるだけではなく，世界的に採用されることになるであろう。ゆくゆくは，タイが世界のリーダーになるであろう」と述べた（出所：Matichon 日刊新聞，2008年10月24日）。

下記は，この哲学に関する彼らの発言である：
「足るを知る経済は，何を目標にするべきかわからなくなった時に頭に浮かぶのである。我々は経済からまた技術から何を期待すべきであるのか？」
（ヴォルフガング・ザックス博士，ドイツのブッパタール気候・環境・エネルギー研究所調査員）
「足るを知る」ということは，これ以上使用しないということを意味するのではなく，人間らしい生活をやっていけるだけのものを十分に持つ必要があるということを意味する。それが私の解釈である」
（アマルティア・セン博士，インドの経済学者，および1998年のノーベル経済学受賞者）
「タイは経済秩序のために，そして新しい社会構造のために，またより持続可能な生活様式のために新しい世界秩序を励起することができるであろう。タイの人々のためだけでなく世界のためにも」
（2008年4月就任のブータンの首相ジグメ・ティンレー）

「足るを知る経済」は，国連に高く評価された。コフィ・アナン（Kofi

Annan）事務総長は，2006年5月26日，国連人間開発生涯功労賞を国王陛下に授与した。また彼は「足るを知る経済」は，タイ国民だけでなく世界のすべての人々を勇気づけたと紹介した。

（4）持続可能な発達のための「足るを知る経済」

国王陛下のスピーチによると，陛下は，自己信頼と賢明な消費行動，節制，妥当性，弾力性に基づいた発展が重要であると強調している。また陛下はタイ国民に軽率にならないこと，発展は確実な理論に基づいて一つ一つ着実に成し遂げられるべきものであること，また，道徳性は生活を送る重要な手引きであることを気付かせた。

上記のすべての要素はコミュニティを強化し，急速なグローバリゼーションの時代における持続可能な発展の基礎となる「足るを知る経済」の発達を構成するすべての要素の調整をすることができる。

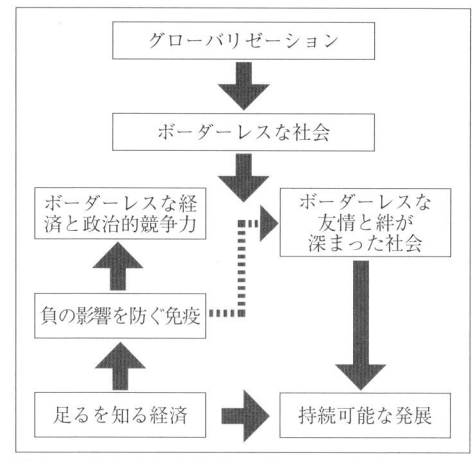

図5-1　足るを知る経済 とグローバリゼーション下における持続可能な発展

4　足るを知る経済の適用

（1）アムパワ地域のケーススタディ

バンコク西部に位置し，川に生活の基盤を置いているアムパワ地域は，経済，社会，文化，環境の面からみて持続可能な発展を成し遂げてきた典型例である。この地域は，バンコクから約72km離れたサムトソンクラム州にある地方自治体ある。この地域は文化的な景観を持ち，市場はこの地域の中心である。200年の歴史を持つこの地域は，バンコクより前に創建され，ラーマ二世が即位する前の住まいであった。最近になっても，この地域は，歴

史的，建築学的および文化的に価値のある建物の独自性を保っている。この地域は，果樹園と，輸送の主要ルートである運河に囲まれている（Siriwan Silapacharanan and Wannasilpa Peerapun, 2010）。

しかしながら，20世紀におけるグローバリゼーションにより，タイ政府はバンコクからアムパワの近郊地域まで道路網を拡大した。その結果，アムパワはもはや水上輸送の中心ではなくなった。また，かつてメコン川沿いのサービスや商業の中心であったアムパワ市場も，住民がスーパーマーケットやデパートで代わりに買い物をするため，もはやその中心ではなくなったのである。道路網の発達によって，スーパーマーケットやデパートの方が行き易くなったのである。それに加え，堤防がメコン川の上流に建設され，3種類のプランテーション（海水プランテーション，混水プランテーションおよび真水プランテーション）の大部分が縮小されたため，この地域の経済システムが変わったのである。1世紀間以上繁栄したアムパワ市場はそれほど重要でなくなった。

従って，この市場に訪れる人は少なくなり，住民たちはもっと良い経済チャンスを求めて他の都市，特にバンコクへ出て行き，そこで腰を落ち着けてしまったため，さらに多くの店が閉店を余儀なくされたのである。

（2）「足るを知る経済」のアムパワ地域への適用

1997年の経済危機は，1987年頃から陛下が唱え始めた哲学と，陛下の哲学が効果的であるという証明でもある陛下

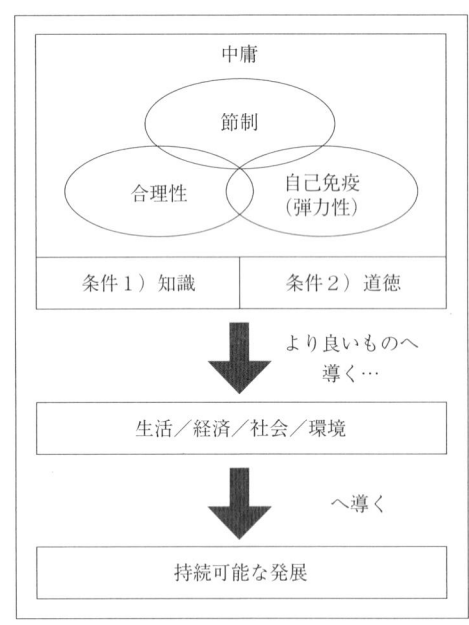

図5-2 足るを知る経済の原理

によって始められた1,000を超えるプロジェクトが成功を納めていることに，もっと目を向ける時期であるとタイ国民に気付かせたのである。その危機の後，タイ国民は環境，天然資源および文化資源を重要視するようになった。

「足るを知る経済」は，経済問題を解決するためにこの地域に紹介された。その後，住民は，彼らが豊富な天然資源，様々な固有の知識および非常に貴重な文化遺産を持っていることを理解したのである。これらのことと知識がグローバリゼーションから得られた時，住民たちは彼らの背景と環境とともに生きることになった。彼らは地域内の所有物を共有し，訪問客たちが「足るを知る経済」に基づいた生活様式に感嘆を覚えるほど，互いに助けあって地域を発展させた。その結果，彼らの経済状態は改善され，また彼らの生活の質も向上されたのである。

実際，アムパワ地域を他の地域と区別したのは，農業のための土地管理と潅漑システムにアムパワ地域の住民が彼ら固有の知識を適用したことである。このエリアは，シャム湾に近接しているため，真水は一年中使用することができない。その結果，住民たちは地勢に基づいて土地と水を使用しなければならないのである。彼らは，海からかなり離れたエリアに1年制の作物や野菜を植える。また，彼らは，混水エリアにココナッツ，レイシ，ザボンやバナナのような果物を植える。海に近いエリアでは，彼らは塩田を作ったり，フタバナヒルギから炭を作ったり，エビの養殖や漁業を行う。そのような活動は，住民たちが土地古来の文化や天然資源に見識があることの証明である（T. Sirisrisak and Akegawa, 2003, P.104）。

(3) アムパワ地域における「足るを知る経済」の実行過程

持続可能な発展に帰着したこの地域の復活の成功例が，いかにして足るを知る経済を適用したかを示すと，次の通りである。

1. 足るを知る経済の原理を徹底的に研究した後，住民たちはグローバリゼーションから得られた技術と賢明な地域古来の知とを結びつけた。この知識は，彼らの地域を回復させる基本条件として使用された。また，その知識によって，塩水エリア，塩分を含むエリアと真水エリアから成る彼ら

の農業地域において，水を基にした土地利用および灌漑システムを管理することに成功した。その回復は知識と道徳性によって遂行されたといえる。結果として，知識と道徳性が彼らの強みであるとも言える。現在，彼らは自分たちのユニークなエコ・ツーリズムを強調し，自立共存することができている。このことが，彼らの独自性を見るための観光客，特にバンコクからの観光客を大いに引きつけている。
2．住民たちは貿易とサービスの面において，中庸，合理性，弾力性に準拠している。訪問者たちは，この三つの要素に基づいた農作業に感銘を受けるのである。
3．この地域における経済と観光業の拡大は，生態的均衡を乱さないように行われている。
4．この地域は，力を失わずグローバリゼーションによって引き起こされた経済・社会の変動から自己防衛することができるよう，今でも節制ある生き方を成し遂げている。

　足るを知る経済に基づいたアムパワ地域の成功は広く認識され，現在では，この地域の住民全員が自分の信じるところに従って行動することができるようになった（Somporn Pinpocha et al, 2009）。彼らは，グローバリゼーションの有益な影響を利用し，かつその負の影響に対処する準備ができている。この知識を使って，彼らは天然資源や地域の知恵および文化を守り，次世代に伝えることができるのである。彼らは，互いに助け合うために地域組織をつくり，また，極端に欲望に走らず，環境を守れるよう論理的にまた道徳的に生きている。彼らは彼ら自身や社会を決して利用しようとしないし，彼らは積極的にお互い助け合うのである。2008年には，この地域がタイ建築プロジェクトを実施し，アムパワ地域は文化遺産部門でユネスコのアジア-太平洋遺産賞を受賞した（以下を参照）。この地域は，国内外に広く知られている観光名所となっている。
　アムパワ：居住可能で持続可能な地域

5 2011年，バンコクを襲った大洪水

「足るを知る経済」はアムパワ地域がグローバリゼーションという状況下で持続可能な方法で発展を遂げるための力となっただけでなく，2011年9月から11月に起こったバンコクの大洪水の原因を断定することができる。明らかに，森林地帯の減少の原因となった天然資源の使い過ぎと自然を利用した土地使用が，この災害の原因となったといえる。これらの原因と水の誤った管理を結びつけて考えると，浅はかな天然資源の最大限の使用が，多くの死者と財産被害を引き起こしたといえる。タイにおける天然資源の管理は，資源を保護する方法に関する知識や，それらの負の影響に対処する方法，およびその結果に対処する方法までは考慮に入れていなかったと言える。いまだ自分たちの生活様式に道徳性を採用することから目をそむけている人間もいる。道徳性は，持続可能な発展の基本原理の一つである。しかし，歴史的な大洪水の最初の原因は，以前にタイを襲った五つのモンスーンによって引き起こされた大量の水であった。その結果，中央平原地帯にあるバンコクとその周辺地方は放水路が氾濫するようになり，周辺地域に多大な被害をもたらした。これを要約すると，以下の通りである。

図5-3 ユネスコアジア太平洋遺産賞通知

1. 国土の3分の1以上が水浸しとなった。今後数年の農作物の収穫は昨年に比べ半分に減少することが見込まれ，「タイ料理を世界の食卓へ」というプロジェクトを始めることはかなわないであろう。
2. 1000万人が洪水によって影響を受けた。1000万人は家を失い，財産を失った。また職場，特にバンコク周辺の工業団地が洪水によって被害を受

けたために，100万人以上が失業することとなった。
3．国内総生産が5％まで縮小することが予想される。洪水は主に気候の変化によって引き起こされたが，もし天然資源と水資源が足るを知る経済を基に管理されていたら，人命と財産の損失は，ここまで大きくはならなかったであろうし，人々が，精神的なトラウマにここまで苦しむことにはならなかったであろう。

6　結論

アムパワ地域の成功は，「足るを知る経済」が適用可能であり，同時にその地域は持続可能な発展の恩恵を受けることができることが証明された。その一方でバンコクにおける水資源管理の失敗は，グローバリゼーション下において，足るを知る経済を国家の道筋として採用しない場合，前代未聞の損害を経験しうることを証明している。

結論として，足るを知る経済は，地域，企業および政府が，グローバリゼーションの利点を最大限活用し，コストを最小限に抑えて管理するための，一連のツールであり原理である。足るを知る経済に基づいた賢明な判断を下すことによって，グローバリゼーションは我々にとって有益なものになりうるし，21世紀における持続可能な発展をもたらすことができるのである。

［訳者　呉　世雄］

●注

1）非公式定義。様々な場面で陛下が述べられた意見や陛下が賛成されたもの，1999年11月29日にNESDBに陛下の第一秘書によって送られたものから編集した実用的な定義。

第6章　沿岸都市地域における持続可能な開発
Uustainable Development in Coastal Urban Areas

アルマンド・モンタナーリ
Armando Montanari

1　はじめに

　今日，都市地域は，環境問題にますます関係が深くなってきた。これは一見ローカルな問題であるが，直接的に環境や気候変動に影響を与えてきた。それと並行して，大都市の社会経済的な領域と地域的および国際的な人の流れにおいてローカルなレベルとグローバルなレベルでのダイレクトな関連性が生じている。

　我々は，かなり複雑な物理的および社会的要因を考慮に入れて，状況や問題点の複雑な接点について分析する必要がある。多国間の学際的な比較分析プロジェクトでは，さまざまな国の経験から結論を導き出すために様々な分野の知識を使用している。過去30年間，我々は，都市部の比較分析評価を実施してきた。これは，1970年代半ばから始まり，この手順についてはいかにそれが進化してきたかを評価することができる。プロジェクトは，本質的に個々のフィールドに限定されていたが，その数は，後の20年間で増加した。21世紀の最初の10年間において，相当な数の比較プロジェクトが立ち上がったが，環境問題を解くには，自然科学と社会科学の分野を接近することが必要になった。

　筆者は，定期的に都市地域の国際的なプロジェクトに貢献し，1981年から2011年の間，法政大学の朋友，陣内秀信教授とともに日本とイタリアの都市について研究を重ねてきた。我々は，ローマの国際保存センター（ICCROM）で1970年代に会い，フィレンツェの大学教授ジャンフランコ・カニッジア

の指導の下，類型学の分析方法をローマ近郊のチボリの町の研究に適用した。

陣内は，当時イタリアにおり，最初ヴェネツィアに，そしてローマに移って，これらの地で，後に東京の水辺空間を研究するために使用する分析メソッドを学び，試験的に分析に用いた。同じころ筆者は，日本の都市居住文化を学ぶことに身を捧げていた。大阪1970年世界博覧会以来この主題は，かなりの国際的な関心の対象となっていた (Montanari, 1991)。

1980年代初頭，東京でのシンポジウムが開催できたのは，陣内の信念と，当時すでに法政大学教員の経験豊富なメンバーであり，イタリアに留学した経験を持つ故河原一郎教授の熱意の結果であった。

2つの国は地理的には距離はあるものの，このイベントは，相互の深い文化的関心と，近年の経済の急成長による問題について，それぞれの文化を維持しながら国際的なコラボレーションによって，解決するという信念に触発されたものだった。

1970年には，日本とイタリアの両方で，近代化の波のためだけでなく，自然と文化遺産への過信と不注意な態度によってさまざまな問題が生まれた。我々はまだこの年代に生じた過ちのために今日も対価を支払っている。過去の遺産を尊重する必要性があるというだけでなく，新しく開発を行う際においても，これらを例は悪い例としてよく振り返ることが重要である。過去30年間の多数の研究プロジェクトは，都市のさまざまな側面を検討してきたが，それらはすべて持続可能な開発の原則に収斂し，文化的，社会的，経済的資源を保護するための考えを裏付けてきた。

この論文で言及している都市，そしてそれに関する研究は，ローカルおよびグローバルな問題の間の程よい接点とでもいうものである。このことは都市の構造全般に言えるが，海岸に沿って位置する構造にとっては，より一層明確化される。集積した都市の領域が汚染の主要な発生源であり，地球規模の気候変動の大きな原因となっている。これらの変化の影響は都市部の沿岸地域においてより明らかである。主な危険は，過去の誤りとして不適当な場所でインフラ建設を行った結果としての地球温暖化と海面上昇である。これらの危険はすべて，いつになるかわからない将来への影響であるために，あ

まり懸念されていない。

しかし，最小限の海面上昇でさえ，長引く暴風雨，表層水システムの変化，増加した塩水の侵入，水質汚染，竜巻などの更なる深刻な危険をもたらす。

いくつかのケースでは，自然災害のグローバル化は，宇宙に内在する文化の創造に寄与し，神の罰であると考えられ，結果として，その責任は地球上では探し求めることはできない。

数千年前，自然の力を制御できることを実証するため，はじめて海に立ち向かった人間は，これらの力にもう一度立ち向かうことを余儀なくされている。それを制御することは困難であることが再び証明されており，神のみぞ知る領域であると信じられている。

過去10年間，太平洋の海岸を襲った悲惨な津波は，地球規模の気候変動に起因するとはいえない。しかしながら，沿岸地域における自然災害を事前に察知して，これによる負の影響を減らすことは不可能だった。

1981年のシンポジウムの後，約30年が経過したのだが，日本の都市化は，2011年3月11日の東日本大震災によって発生した津波の災害の影響をより大きくすることになった。耐震建築物は非常に強力な地震にも倒壊しなかったが，人々が地域を検証することなしに急速に建物を建設した地域において，津波による犠牲者と被害が生じた。

沿岸域の都市部の持続可能な管理はフレームワークプログラムセブン（FP7）の一環として，2009年欧州委員会での聴取の対象となった。1984年にスタートし，FPSは3～5年間，広範に実行された。FP7（2007年から2013年）は，研究，教育，技術革新を備えた知識のトライアングルによってEUのパフォーマンスを向上させるためのリスボン戦略の取り組みの一環である。委員会は，2004年12月26日にインドといくつかの極東の国を襲い，29万人が死亡した津波を考慮し，提案のうちの少なくとも2つはアジアの研究グループから出すべきであると明確に述べた。

セコア（SECOA：Solutions for Environmental Contrasts in Coastal Areas）の核となるアイデアは，特に脆弱な地域において社会的，経済的矛盾を克服する

ための解決策を提供するプロジェクトにより，持続可能な開発を達成する必要があるというもので，沿岸地域では，気候変動と人間の移動のグローバルダイナミクスによって，管理が困難な環境，経済，社会の状況による地域に優先的に対処するという考え方と重なり合う。

したがって，30年間続くイタリアの研究者によるプロジェクトは，法政大学サステイナビリティ研究教育機構，「第1回国際シンポジウム持続可能な未来の探求，グローバリゼーションによる社会経済システム・文化変容とシステム・サステイナビリティ——3.11を超えて持続可能な未来を探る」というタイトルと軌を一にしている。

2　沿岸地域

沿岸域は，地球上で最も重要な地理的，文化的な境界領域の一つである。3つの全く違う要素，陸，海，空，が出会い，常に時間と空間の両方が沿岸線に沿って衝突している。

ボディは，海洋のように人を寄せ付けない，敵対的な場所は，死を連想させるためほとんどの人間は1000年もの間避けてきたと語っている。その広大さは私たちを屈服させ，その力は私たちを脅かし，不安定な存在である自らを認識させる (Bodei 2008)。

大荒れの海に挑戦するという人間の喜びは18世紀にさかのぼる。その頃から，これらの忌まわしい遺伝子は活性化し，崇高で，強烈で夢中になってしまうような海の美しさにとらわれた。このラジカルな反転の醍醐味とは，偉大な自然の覇権に挑戦し，没個性化し，統合するための新しい方法を見出すことなのだ (Bodei 2008)。

ヘーゲル (1770-1831) によれば，海が大胆な行動と征服に人間を誘うため，物理的な障壁を越えて様々な要素が統一された。この認識は，個々の文化的態度によって異なる。人によっては，海を恐れ，それを危険と未知として識別する者もある。ヘーゲルは，沿岸集落に人類の新たな魅力を垣間見ることができるとしている (Hegel 1991)。

第6章　沿岸都市地域における持続可能な開発

　人々は，海に惹かれ，それがコミュニケーションと貿易，そして，成長の基礎的要素として認識されている。

　カーターは，沿岸域を，地球環境，海洋環境，およびその影響を与えている，あるいはその逆の空間であると定義している（Carter 1988）。この定義に基づき，特定の物理的及び文化的諸条件において，都市全体，地域，州を沿岸地帯として定義することができる。この定義は，私たちに海岸に沿って住み着いた人々の進化の類型についてのアイデアを与え，海の近くにいることの利点と文化的発展を導き出す。これらに基づいて考えると，その歴史的な中心は今は数10km海から離れて位置されているにもかかわらず，東京の全体が沿岸都市なのであり，ローマもまた同様である。その地理的状況にかかわらず，沿岸都市の諸問題と新たな動きは，水に最も近い部分で現れるのである。

　工場や倉庫等が立地する東京の沿岸域は，開発によって急に脚光を浴びた。長い期間，使われずに眠っていた広大な埋め立て地を対象に，海岸線に沿って未来のきらびやかな都市を建立するための提案が行われ，今ではそのうちのいくつかが完成している（陣内，1995）。

　沿岸域は，潮の干満や季節や自然地理学や水路の重複だけでなく，管轄区域と個別の政府機関と様々な市民社会の利害関係者のニーズ，競合する投資が重なるなどの問題のため，管理が困難である。地方，地域，国家政権が同様の同じ物理領域の側面および沿岸域の用途に責任があるとロングホーンが指摘している（Longhorn 2005）。彼は事業の例として環境，農業，輸送（内陸及び海洋），都市計画，土地登記や国家地図作成や水路のサービスを示した。

　バートレットは，どこで陸の方へあるいは海の方へ垂直方向に広がっているのかを正確にとらえるのは難しいにしても，多くの人々が直感的に海岸線を認識することができると指摘している（Bartlett 2000）。利害関係者，管理者や行政の構造の多様性を考えると，沿岸域の利用者，開発者や他の人々の間に必然的な競合が存在することがわかる。

　都市沿岸域は，グローバルとローカルの側面が相互に作用し合うことを調査するのに，最も適切な場所となる。海との結びつきの中に教育上のメリッ

トがあることを正しく評価するためには，創造性が豊かに展開した国々と内部で停滞し恐ろしい悲惨な迷信に沈んできた国々の海との関係を比較するべきであり，同様にすべての偉大な先進国がいかに海への進出にこだわったかにも注目すべきである（Hegel 1991）。

　沿岸域は，再び危険，恐怖と破壊の要素，人間の自然災害に対する無力さを裏付けるようになってきている。科学的研究は無数に端を発した紛争を管理する方法にいくつかの洞察を提供してきた。人類は海岸線に沿って利益の不調和を生み出してきた。そして，緊急事態や災害に絶えずアプローチを繰り返してきた。

3　都市：科学的論争（1970～1980年代）

　1970年代と1980年代に最初に米国で新しい現象が生じた。都市の人口が停滞し，そして，急激に減少したのである。続いていくつかのヨーロッパの国々でも同様の現象が起こって都市の研究に新鮮な衝撃を与えた。
　これらの都市部では，個人や公共交通機関の利用可能性の向上の結果として，スプロールが始まっていた。組織と製造業，そして事業活動の移転に伴い，人々は，市内中心部から郊外に移動し始めた。一方，ヨーロッパの文化的，歴史的な価値を持っていた都市中心部では，それが放棄されるか，移民の最下層のクラスによって占拠されるようになった。または根本的に新しい住宅の機能，新たな社会のクラスと新たな活動を迎え入れるためにより適したものにするために用途転換された。
　特に貴重ないくつかの歴史的建造物だけを保存しながら，新たな活動のための新しい建築物をつくることを望む人達と，個々の重要な建物だけでなく面的な全体としての都市組織の価値を考慮する人達という2つのグループがこれらの変化の過程で浮上した。
　都市形態に関する研究において，ジャンフランコ・カニッジア（1933-1987）は，歴史的景観に形状を与えている力を識別するために，政治的，社会的，

経済的，文化的側面を解釈し，ダイナミックな類型学的な展開の有機的な結果として都市を概念的に捉えた。

カニッジアは，「類型」という言葉は，類似のものを分類するという元の言葉の意味合いを維持しながら，もはやそのような類似という認識として理解されることができなかったことを確認した (Caniggia 1976)。カニッジアは，彼の知的導き手であったサヴェリオ・ムラトーリ (1910〜1973年) が，このような都市などの集合物に芸術とオーガニズムというコンセプトをあてはめたことによる大きなメリットがあったことを認めた (Muratori 1960)。そうすることで，現実の歴史として物事を構想しなければならなかった哲学者ベネデット・クローチェ (1866〜1952年) のアプローチを覆した。

ムラトーリとカニッジアによって牽引されたローマ学派の考え方は，明確にはなっていないが，英国学派が，ドイツ社会民主主義運動のメンバーであるとして1933年にイギリスへの亡命を余儀なくされていたM.R.Gコーンゼンの仕事を中心に発展させていたものと共通するものであった。コーンゼンは，ドイツの伝統の一部，先駆者オットー・L. K. シュリューター (1872〜1959年) の概念を用いて，都市の物理的な形状の，経済的，社会的及び文化的重要性を認識し，人文地理学的コンセプトとして文化的景観の形態を説明した。コーンゼンは都市計画 (道路，プロット，たくさんの建物とその集合) の研究では，建物の形状パターンと土地利用パターンに基づいて，町の計画分析の手法を開発した。

彼は，都市形態の分析を定義するための方法論的原則を最初に導入した。英語の地理の教科書で思考アプローチの進化型を採用し，彼は分析の基本単位としての都市の個々の要素を認識した。また，彼は詳細な地図製作の分析を使用し，最後に，風景の進化を分析するための概念体系を形成した。後者のコンセプトは，「都市形態学的ゾーン」(UMZ：Urban Morphological Zone)，1985年にECで始まった「環境に関する情報のコーディネーションの分類」(CORINE：Coordination of Information on the Environment) において，長年の後に，受け入れられた。

UMZは「200mより短い距離の都市の集合」として定義されており，主要な

段階として，連続的な都市構造，不連続な都市構造，産業または商業ユニットと都市緑地を含む。コーンゼンの死後，息子のマイケルが出版した書籍において，「いかなる社会においても，一つの生において，その過去と，現在の経験，行動，ふるまいの形式，願望はその精神的な所有物の独特の遺産を形成するために蓄積される」と述べられている（Conzen M. P, 2004,）。これは，特定の場所や地域における特定の社会が行動に影響を与えるということを意味する。このような一連の遺産は，現在の経験によって強化され，世代から世代への伝統として受け継がれ，歴史的に重要な要素となる。それは，地域社会の行動の継続を占めており，その個性を確立する。用語「都市形態」は，様々な種類の研究を網羅するために国際的な文献に使用されている。

しかし，彼は，英国の都市形態学の学派は主に地理学を用いていると認めている。それは，物事が地上において組み合わされる方法が主体である。

フリンジベルトの概念と形態学的領域よりも地理的なアイデアを構想するのは難しい。彼らは，地球の表面の都市部が構成され，またいかに再構成されているかについて論じている（Whitehand 2001）。2つの学派の分析は，建築と都市計画において，類型学・形態学とスペース・シンタックス（空間の統辞論）として見なすことができる。

地理学においては，コーンゼンの伝統に従う人達とこれを空間的に解釈する人達がいる。これまで，建築，地理と，都市形態学の研究に関与する他の学問分野の間にはほとんど相互作用がなかった。

シマとザングは，ほとんどこの種の研究に関与し4つのフィールドとして建築，地理，科学，哲学を規定した（Sima and Zhang 2009）。彼らは，建築学のリファレンスとしてカニッジアを引用し，地理学としてはコーンゼンと彼の学派を引用する。彼らの科学的リファレンスは，人間の行動における空間的関係の機能的影響を説明するスペース・シンタックスの概念を導入したB・ヒリアー（1999）である。フランスの社会学者であり，哲学者でもあるアンリ・ルフェーヴル（1901-1991）の見解では，スペースは中立実体ではなく社会的存在である。彼の理論は，都市化のプロセスを理解するための新しい方法を提案している（Lefebvre, 1974）。

日常生活の社会的条件は，人，資本，情報，アイデア，文化のグローバルな流れに都市規模を介して結びついている。よって，都市は，知識と，それ自体の技術革新の道具として有効である。

　1970年代には，アイデアや様々な文化的風土の循環は，これらの分野を超えた環境や文化遺産の保全の原則の普及を奨励した。欧州評議会主催の建築遺産の欧州年の後に，1975年アムステルダム議会は，建築遺産（アムステルダム憲章）のヨーロッパ憲章を承認した。建築遺産は，世界の文化やその後対向する2つの領域に分かれて大陸の文化の協力と交流を促進するための道具として欠かせない部分であると定義した。

　ソ連は欧州評議会に敵対していたが，アムステルダムの憲章は，欧州安全保障協力に関するヘルシンキファイナル法（1975）に沿ったものであると考えられ，ほんの数ヶ月前に開催された。

　アムステルダム憲章の10項目のいくつかは，本稿で議論した問題に関連している。第3条は，「かけがえのない精神的，文化的，社会的，経済的価値の中心」として建築遺産を位置づけている。第4条は，すべての歴史的建造物は，社会的隔離を防止するため，過去に貢献している活動の広大な範囲の開発に適した環境を提供することによって社会的なバランスを促すことができる資産であるとみなす。第7条，これらの資産や歴史的建造物の復元は社会正義の精神に基づいて行わなければならない，つつましやかに暮らす住民の流出を伴うべきではないと指摘している。最後に，憲章は建築遺産の保全に総合的に取り組み，この対象としては，それらが置かれている環境において，最も価値があるものから低位のものまで，文化的価値のあるすべての建物が含まれるということを求めている。

4　環境資源の論争の中心としての都市域

　1972年，ストックホルム会議は，過度の大気汚染への懸念を表明し，国際的な環境政策の発展の転機を迎えた。環境悪化によって，1970年代後半から，いくつかの主要な国際会議が行われた。そのような多くのイベントが

1980年代初頭に大幅に上がり，世界的な環境リスクの出現について警告を発した。

中でも重要なイベントには，1968年のローマクラブの設立，1971年，ユネスコのMAB「人間と生物圏」(Man and Biosphere (MAB) Programme) 計画，1972年，ストックフォルムにおける国連人間環境会議 (UNCHE：United Nations Conference on the Human Environment) が含まれる。

様々な出来事の中で，ローマクラブが設立され，創始者のアウレリオ・ペッチェイ (1908-1984) を引用すると次のようである。「なぜ今日なのか？我々はこれほどの知識，情報と権力を持っているのに，自分自身を救い出すことができない。」人類全体として私たち自身の環境の"問題"の中で考える場合において，現在及び将来のための解決策を見出すことができる。

ペッチェイは，「個々の経済単位，生産者と消費者，または生物学的実体としての人間」というそれまでの見解に異論を唱えた。彼は，亡くなった1984年，「我々の文明のモデルは人間の世界支配，全宇宙の支配ではなく，実質的に優位性を主張するために行うものでもなく，この目的のために選択した手段を正当化する」と書いた (Peccei, Ikeda and Cage, 1985)。

理論的には，我々はすべて自らの行動の指針とすべき崇高な原則を認識しているが，我々の文明はあまりに人間中心主義であるために，これらの原則を自由に無視し，我々は，我々自身の興味や自我を賞賛し，私たちに都合がいいときはいつでもこれらの原則を無視してもよいと感じるのである。この時期，多くの学者は，現在を分析することは，将来の問題を予測するための手段であるという見解をもっていた。

ペッツェイは，他方，我々がどこへ行くのかという考えを得ようとしない限り，望ましくない方向に進んで終わる可能性もあると確信していた。彼は，将来のシナリオを見極めることによってのみ，現在に影響を与えることができるということに気づいていた。

ローマクラブの貢献の一つは真に"未来の衝撃"といわれた『成長の限界』(Meadowsら, 1972) と銘打つ報告書であろう（図6-1）。これは，国際的な成

長傾向を示す5つの変数，世界人口，一人当たりの工業生産，一人当たりの利用可能な食料生産，天然資源と汚染を1900～2100年の間を対象に検討した報告書だった。

消費量の急激な増加は，21世紀末までに利用可能な資源の枯渇につながる。人類にとっては悲劇的な結果として，一人当たり食料と工業生産は崩壊してしまい人口規模の減少につながる。ペッチェイの見解では，問題は資源ではなく，むしろそれの使用が問題であったという。オイルですらまだ時間的に余裕があると考えられたが，それが間違って無限に利用できると仮定してしまった場合，すぐに底をついてしまうと考えられた。

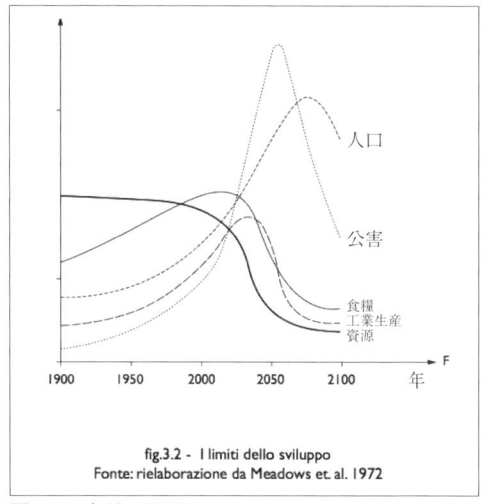

図6-1　成長の限界

この報告書は30言語に翻訳され，100万部が出版された。それはかなりの議論とその方法論への批判を招いたが，それは間違いなく資源の希少性の問題に世間の注目を集めた。

1973年，省エネのため，先進国において，人々は徒歩や自転車で通勤し，店の看板や街灯のスイッチをすべて切ることになった時，人々はすべての資源は有限であるという事実を痛感した。

利用可能な資源の有限供給は，また，環境に放棄された産業活動の副産物を回収することによって，直接または，消費電力を低減する必要性の問題を持ち出した。

アメリカの生物学者バリー・コモナーの著作（1972）は，特によく知られていた。彼は，「オープン・サイクル」における廃棄物は，廃棄物の発生を想定しない「クローズ・サイクル」で動作する「生態学的」な社会とは異なり，

自然界から資源を引き出し，またそれを廃棄物からの副産物として自然に返すことになるということで，「経済的」な社会の限界を指摘した。ユネスコは，生物圏における生物気候や地理的状況の全体において，人々とその環境との関係を向上させるために，MAB計画を編成し，それによって利用と天然資源の維持に接続された問題解決に貢献してきた。科学者，知識人，世論，そして，最終的には政府も，耕作可能な土地の大気や水の汚染および減少について心配し始めた。1972年にストックホルムで開催されたUNCHE会議は明らかにこれらの懸念を認識した。

この画期的な出来事に続いて，環境とそれを保護する必要性の問題は徐々に国際機関と同様に，各国政府の政策や計画に含まれるようになった。

ストックホルム会議は20年間（1972年から1992年）持続し，その間，国際機関，国家，地方政府機関，政党，実業家，労働組合及び個々の市民は，天然資源が有限であり，保持しなければならないことを意識するようになった（Montanari, 2009）。

1992年，ストックホルム会議から20年後，リオ・デ・ジャネイロで開催された地球サミットでは，再び環境上の懸念に対処するため，新しい文化のプロセスとして持続可能な発展を掲げた。

5　都市化のプロセス：市場経済と中央政府の計画

1970年代に徹底的に研究されたもう一つの現象は，都市化すなわち都市部に居住する人々が増加しているということであった。総人口に対する都市人口の比率は，1950年代には約二分の一であったが，1970年代に三分の二に増加し，2030年までに六分の五に達すると予想されている。

ティスデイルは，都市化は人口集中のプロセスであるとした（Tisdale 1942）。それは，より密度の低い状態から密度の濃い状態への移動を意味し，1970年代から，都市人口に関するデータは，反都市化現象を示し，定義上の新鮮な議論を開始した。ティスデイルの定義を引用して，ブライアンJ.L.ベリーは，反都市化について「人口非集中化のプロセスは，密度の濃い

状態から低い状態への移行を示す」と定義した（Berry 1976）。

　この現象の理由は，1960年代のライフスタイルの変化にまで遡ることができる。欧州諸国の経済ブームと高い出生率，北ヨーロッパでは，特に手頃な価格で利用できる個人的な輸送を作り出した。都市化された人々は，今，大都市エリアの郊外にあるもっと広いスペースのある家や大規模な緑地のある地域に到達することができ，階層的に構造化された歴史的な都市の中心部よりもより民主的な住宅地に移動することができる。

　ヨーロッパにおいては，このプロセスは，最初，ベリー（1976）が米国内で識別し，次にCURB（1971～1982年）やウィーン国際社会科学評議会センター（ISSC）が主催するプロジェクト「都市成長のコスト」で研究された。

　CURBは，都市地理学の分野で最初のヨーロッパの国際比較研究プロジェクトの一つであり，ベリーの仕事はその出発点であった。ベリーは，都市化現象についてグローバルな視点を取った。そして，都市化のプロセスとパターンについて，国際地理学連合の委員会においての議論として欧米諸国にも適用していた自由市場経済と中央計画経済の両方と発展途上国に関してテストを行った。以前の業績においてベリーは，都市化の人々に及ぼす影響，様々な社会的・政治的な形態がいかに現代的な都市の形態や大きさに多大な影響を与えたかについてについて概説していた（Berry 1973）。

　ベリーのさまざまな状況での対照的な関心は，世界のさまざまな部分で科学的な研究をするためのグループ形成を導いた。特に，ヨーロッパ人のデレウェットとゴダードは，CURBプロジェクトに取り組む研究者の核を形成するようになった。都市のサイクル理論（図6-2）は，都市中心部（コア）と周辺部の人口の増減を示している。都市開発のさまざまな段階の結果として，周辺，および機能的都市地域（FUR），中心部の成長は都市化の原動力になっている。機能的都市地域は，まだ周辺部の成長が中心部の成長を促すとき，郊外化は力になっている。非郊外化は，中心部人口の減少が全体の機能的都市地域の人口の減少につながるときに生じる。機能的都市地域の総人口におけるコア人口の割合が再び増加しているときに再都市化が行われている（Bergら，1982, P36）。

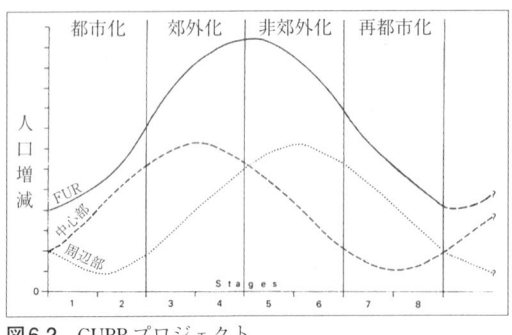

図6-2 CURBプロジェクト

このモデルは，都市開発のためのリファレンス・モデルでありうるという考えが，かつてはIGUの中に組み込まれていたCURB内において登場したが，中央集権的な計画経済国からの研究者と自由な市場経済国からの研究者とは異なる見解を持っていた。

東欧諸国は，農村型の「都市ネットワーク」内での生産活動や集落の開発に努力を集中していたので，それらの国の研究者は，そのようなモデルの存在を否定した。

これゆえに，ベルグらは，都市集落発展の範囲及び発展のメソッドは，社会経済の発展，地理的条件，制度的特性や，最終的に人々の自身の選択の結果であることを指摘している（Berg et al, 1982）。

中央集権計画経済国では，これらの条件が非常に異なるように，結果も異なることが予想される。ハンガリー科学アカデミーのメンバーとしてCURBプロジェクトに参加していたエニデイは，後に1988年以降の東ヨーロッパの都市の歴史を辿った（Enyedi 1992）。描かれる絵は，「イデオロギー理論」と「実践」がかなり異なっていた。政治的には，彼らはソ連の例を賞賛したが，プランナーは，物理的な計画管理と都市における技術的開発する際に西洋のパターンを手本にしていた。非公式の回答は以前の想定よりも都市化においてはるかに重要な影響を与えた（Enyedi, 1992, p878）。

6　多国間の学際的な研究：1970年代〜1980年代におけるローマと東京

1971年，多国間学際的なコラボレーションを通じて，CURBの長い思考の過程が始まった。それは都市開発の原則に不可欠な一連の質問に回答するものだった。

98

これは現代の状況について理解し，それによって，様々な社会科学分野における解釈の方法を使って，将来のシナリオを想定するための鍵だった。たとえば，開発のフェーズに基づいて，可能な都市環境の状況を位置づけるということを試みた。

　都市化の段階では，生活のより良い資源と質が求められる。郊外化においては，開発された住宅地には，サービスが提供されなければならないだろう。そして，非郊外化の段階においては，住民の生活の質が改善されなければならない。ありふれた回答によって単純にシナリオを現実に変えることはできない。それは，過去に都市開発を決定した要因を理解するのにも，また，将来的に都市開発を決定する要因を列挙することでも十分ではない。経済的手法，社会的，文化的価値観や過去の環境への調和との関連において，過去の都市開発の形式と内容の各要素の重要性を認識することがますます必要になるであろう。

　初期のCURB結果が公表された時点において，法政大学の研究者グループが，著者を含むイタリアの研究者のグループ間で同じ話題について興味深く，本質的な共同研究を行っていた。筆者は，その後のCURBプロジェクトチームのメンバーとしてウィーン・センターで働き，ローマと東京の都市に関するいくつかの問題やその将来開発の見通しについて認識を深めることができた（河原＆陣内, 1984）。どのようにこれら2つの都市，および，世界の他の多くの歴史的な都市は，将来の活動のための文化的検証なしに開発されたのだろうか？

　ローマと東京の場合には，過去を回復することが想定されなかったのではなく，過去が未来の建設に対して重要な役割を果たすべきであると考えられたのだった。東京は1923年9月1日に関東大震災で，次には第二次世界大戦における空襲での火災時によって，20世紀において2度破壊されていた。それゆえ，想像を掻き立てる歴史のない都市構造を形成していた。現実には，東京の文化的基盤は，液体である水だった。運河沿いの経済と社会の発展，海岸線と日本を取り囲む海水が東京を形成していた。東京は水の上に都市形成されていた，それを整形し，さらに水によってその形を定義されていた。

1960年代に，水は都市の成長への障害として見られるようになっていた。運河は埋め立てられ，道路や街に取って代わられ水の存在に関係なく成長を続けていった。

1981年11月18〜20日に東京において，「都市の復権と都市美の再発見」をテーマに法政大学が主催した第6回国際シンポジウムにおいては，建築，都市計画，経済学，社会学，工学，情報技術など様々な分野における専門家の参加を筆者は目撃した。

この間ローマは東京と正反対の道を歩んでいた。都市とその歴史的な中心部はそのまま残っており，最後の主要な取り壊しは1950年代に停止していた。これは，保存の考えを広めるためのアントニオ・セデルナ（1921〜996年）とイタリア・ノストラ（歴史・自然環境保存団体）による世論に対する啓蒙活動のためだったわけではない（Montanari, 1976a; 1977; 1991）。

先に説明した文化的および方法論的文脈として，ローマと東京の都市の問題点が，1981年会議の主要な論点であった。主要な会議録は，河原と陣内（kawahara & Jinnai 1984）によって発行され，その後，陣内はより詳細に東京の都市の形成変化を対象とした研究に入り込んでいった（Jinnai 1984, 1985, 1995）。

陣内は，彼が1970年代にヴェネツィアに滞在した際に学んだ分析的なアプローチを東京にも適用した。陣内は，ヴェネツィアで，ムラトーリの仕事を見て，ローマでカニッジアに会っていた。彼は単に一本の通りや限られたエリアにその手法を適用したのではい。山手線内側全域を対象に分析した。そしてすぐにヴェネツィアやローマとは全く異なる都市構造を比較する必要性を認識していた。それで，彼は，学生とともに，定期的に東京の様々な地区を探検し，住民とともに時間を過ごし，都市の物語によって都市空間を識別し，それによって都市形態学の研究の新しい方法論を確立していった。

その時のことについて陣内は，次のように記している。

「イタリアとの交換留学生として，私は，ヴェネツィアの街を徘徊しながら都市を読み取ることの魅力を学んだ。この経験は，私が後に行った東京の歩行探査の基礎となった。いかに社会が成熟しても，その居住者の視点は，

自然に彼らが住んでいる都市を描き出す（陣内, 1995）。」

　建物や道路が木造技術の結果として比較的簡単に再生可能な材料によって作られている都市と，石によって築かれたイタリアの歴史的な都市とは異なっている。東京は歴史的な街の本来の特性を持っている。その地理的な構造と環境へのリンクはそのまま残存しているのだ。商人と職人が「水の街」の下町に住んでいたのに対し，武士が住んでいた山の手の街は，「緑の街」だった。都市形態は，木造でできた建物，寺院や住宅よりもより強固で耐久性のあることが判明した。陣内の分析方法は，人間の活動の結果である意味と記憶に価値を与えた。これは文化人学類に類似した場の解析を介して分析されたので，陣内はこの方法を「空間人類学」と呼ぶことにした。

　ローマに関する研究は，1970年代に，ローマの歴史的中心部で行われている経済的，社会的変換について，アムステルダム憲章の原則の適用を検証するために行われた研究から始まった（Montanari, 1984）。ローマのこの壮大な国際的に有名な歴史的な中心部は，数10年で急進的な建築的変貌を遂げていた。それほど重要であると考えられていなかったゾーンは第二次世界大戦後に放棄され，密集と貧困層の集積が生じていた（Montanari, 1991）。1970年代，リノベーションは，より良い土地利用の確保を目的とした大規模な建設プロジェクトで始まった。これは「ジェントリフィケーション」と定義され，このプロセスに従って，社会階級のラジカルな置換を行っていった（Ronchi, 1977）。1970年代にその変化に関する記録はないが，政治的，起業家文化の連続性を確認するように都市の変化の研究は，1924年から1976年の間に拡大された。分析は，さらにローマの歴史的なエリアの劣化の可能性について主たる原因となるものを識別するためにより精巧なものとなった。

　ここでは，都市の中心部における2つの主要なプレーヤーが規定された。ローマのアンティークな価値を利用して利益を最大化しようとしている民間の起業家と（Montanari, 1977; 1979a），世界の文化の一部として，歴史的資産の価値を保つために適切な行動をとる必要性を理解できない政府機関だった。街中の貴族や有力な一族がかつて居住した歴史的建造物の多くは（Montanari, 1991），不適切な管理と，適切な修復を欠く状態で，荒廃の一途をたどって

いた (Montanari, 1979b)。

次の年，研究者達は，建築保存活動を行っている非営利組織イタリア・ノストラと，環境汚染の問題に集中し，欧州レベルでの文化的な議論や地球温暖化の影響と保全地域における，民間及び公共交通機関について研究した (Montanari と Petraroia, 1989)。

7　持続可能な未来の道具としての都市モデル

1980年代には都市現象の定量的な側面が安定し始め，研究は主に質的側面に焦点を当てるようになった。URBINNO (1987-89) プロジェクト(「技術革新と都市開発：技術と社会の変化の役割」)は都市景観のダイナミズムを示すための技術革新のパラメータに用いられた。研究者達は工業化，そしてポスト工業化の発展によってもたらされた主要な変化を記録するために19世紀末から100年間を分析した。上記に示された都市形態学のパラメータに従って，歴史上に刻まれた5つの時期において，7つのレベルの分析が考えられた (図6-3) (Montanari, 1990)。

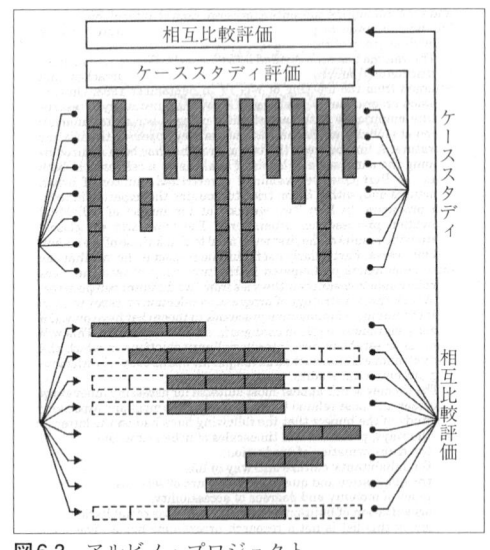

図6-3　アルビノ・プロジェクト

技術革新は，その後，運輸部門と都市形態において，新技術の空間系エフェクト，最小の都市単位のレベルでの都市空間構成，都心部，都市形態に関連して変化するライフスタイル，異なるライフスタイルへの移行のための基本的要素としての公共空間開発，水辺の生産性と機能変化といった分野のさらなる詳細が検討された (Montanari, Curdes and Forsyth, 1993)。

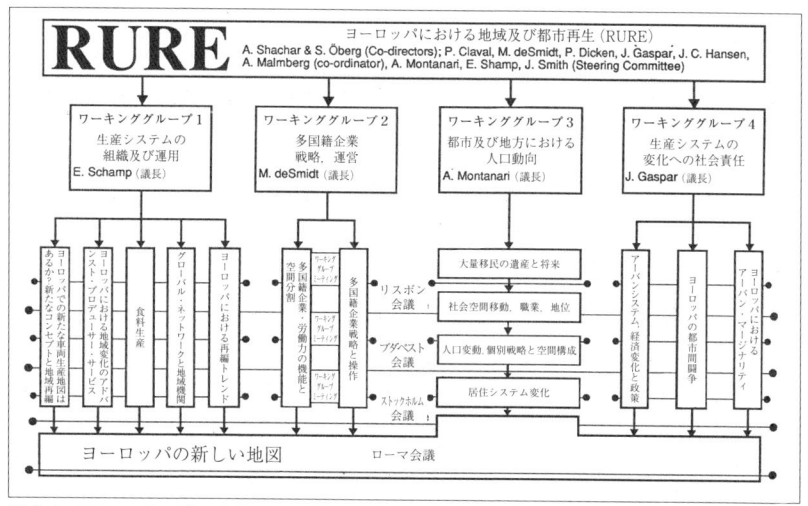

第6章 沿岸都市地域における持続可能な開発

図6-4 RUREプロジェクト

　経済や社会の国際化の結果，1980年代から1990年代にかけてヨーロッパを変化させた経済的，政治的プロセスについては，RURE（Regional and urban restructuring in Europe）プロジェクト（1988～1993年）によってその基本的な要素が検証された。

　一方，SELMA（Spatial Deconcentration of Economic Land Use and Quality of Life in European Metropolitan Areas）プロジェクト（2002～2006年）が，生活における生産活動の集中排除の現象や環境との品質に及ぼす影響を調査した。

　RURE（図6-4）プロジェクトは，重要な世界的な変化の期間に実施され，拡大しつつあるICTの導入と経済の国際化に続き，生産に変化をきたした。

　欧州では，1980年代後半から1990年代初頭にかけて，ソビエト連邦の終焉とベルリンの壁の崩壊を迎えた。この変化は，ヨーロッパの政治・経済に大きなインパクトをもたらし，アメリカ，ヨーロッパ，ロシアとの関係を変えた（Malmberg, 1996）。

　ヨーロッパへの人口移動は，旧植民地からの非熟練労働者，家族の統合，ハイブリッド移民，レジャーのための移動という4つの異なるタイプの移住

103

へと大きく変化した（図6-5）。

RUREは，世界中の社会科学者のための重要なテーマの1つとして，移民や観光客の流れを認識するために予備的研究（King, 1993; Montanari and Williams, 1995）を始めた。

移民や観光など一定の形態をとる人口移動は，その流れの関係性や重複ゆえに，科学的研究の一つの要素となっている。地球変動と人の移動に関するIGU委員会，GLOBILITY（2000年から2012年）は，課題を情報と科学的結論に設定した。これは，ウェブサイト上で利用可能である（http://w3.uniroma1.it/globility/）。

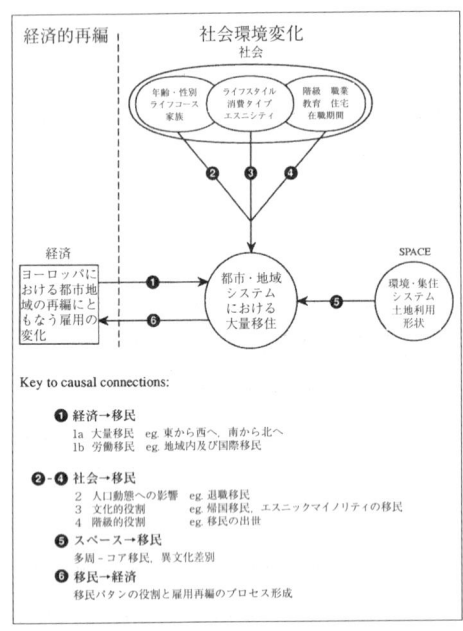

図6-5　SECOAプロジェクト

PLACE（保存地区，都市観光，歴史的な中心都市での生活の保全と質の管理を参照）プロジェクト（2008-2010）は，物理的に保存され歴史的な地区がどうなっているかを調査するため，欧州諸国の古い地区をテーマに新たな調査を実施し，これらの地域は過度の観光消費に苦しんでいることを明らかにした（Montanari, 2010a）。このプロジェクトでは，観光（ビジター）客数，住民のウェルビーイング，観光（ビジター）客の満足度という3つの変数に焦点を当てた（Montanari and Staniscia, 2010; Montanari, 2010b）（図6-6）。

SECOA（Solutions for environmental contrasts in coastal areas. Global change, human mobility and sustainable urban development 2009-2013）は，1970年代の経済不況ののち，新たな国際イメージを形成するため，地域や都市復興のプロセスに着手した都市を考察している。新たな経済的成功は，人の移動の

新しい流れをもたらした。——この変化は永久，半永久的，一時的，そして，日常的なもので——これは，消費の理由（レジャー，観光），と生産（経済移行）に影響を与えた。

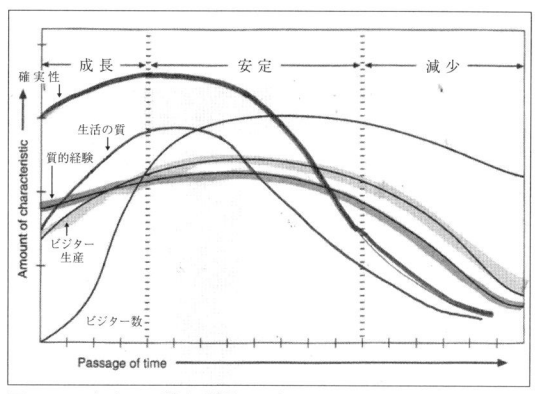

図6-6　ビジター数と質的アプローチ

　大都市圏間のグローバルな競争は，自然と文化資源の重要性を強調している。SECOAは，都市の成長や沿岸部の再構築に対する人口移動の影響について次のように評価している。

  a）環境は壊れやすく，利用可能なスペースは限られている
  b）それぞれの現象は一カ所に集中している
  c）環境に対する自然と文化の影響はより深刻である

　このような影響に関する知識は政府機関や企業の特に建設部門，それだけではなく観光部門においても，将来の成長を計画するために，大いに援助することになった。海岸の環境の状況と海岸の土地利用に関する選好度に関する認識は，新規の住宅地，小売店舗やレジャー施設などの開発に有効である。気候変動に起因する環境パラメータである海面の上昇は，洪水のリスクを高め，環境汚染，住民の移転を引き起こすなど，問題を増大した。
　環境の制御や望ましくない結果を減らすための行為は，利害関係者の間での大きな対立につながる。社会，経済，自然科学を組み込んだ生態系への統合的アプローチにおいては，沿岸都市の複雑な問題とダイナミクスを理解して解決することが不可欠である。
　このために，プロジェクトの運用段階では，以下のような目標を持っている。

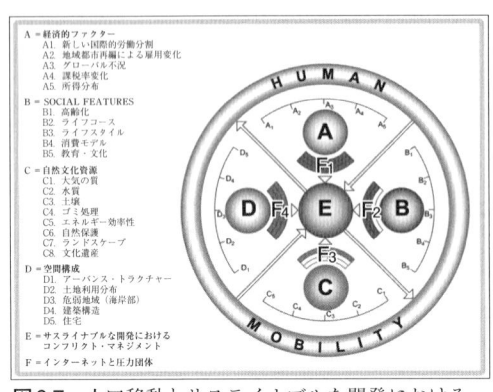

図6-7 人口移動とサスライナブルな開発における
コンフリクト・マネジメント

1）コンフリクトを識別する
2）環境への定量的・定性的な効果を分析
3）異なる社会・経済・環境システムの複雑さをまとめるためのモデルを作成する
4）分類法を確立し、沿岸都市の各タイプの優先順位を明らかにする。

SECOAプロジェクトモデルは、持続可能な開発におけるコンフリクトを管理対象としており、経済的要因、社会的特性、自然・文化資源について、持続可能な開発目標のより大きな文脈の中で空間的な組織の分析が描き出される。

地球規模の気候変動と人間の移動性：これらの地域の問題は、その後、沿岸部の都市の典型的なグローバル化の2つの要因との関連で考慮される。

F1, F2, F3, F4（図6-7）の各柱の値は、沿岸都市部における持続可能性を示し、各ステークホルダーによって表された利害に基づいて、持続可能な開発に関する独自の利点が決定されている。

各コミュニティ内でのコンフリクトや相違点は、政府機関の受容と様々な圧力団体や利益団体の政治力に影響を与える。

地方レベルで取り組むべき国際的な問題（資本の流れ、人の移動、気候変動）は、自治体が動くことができる速度よりも変動が速い。

「都市システムのモデル化は、意思決定のために利用可能な研究と支援ツールの一つであり、複雑な相互関係と都市ドメイン内の相互作用の理解を提供し、都市政策と実践のためのガイドとして機能している」(OECD, Global

Science Forum, 2011, p.4)。

8 結論

　30年にわたる研究の成果として，都市問題のいくつかの分析が可能であり，以下の作業仮説を確認することができた。

　国際的な科学協力における知識の循環のために，多国間の学際的な研究は，不可欠であることが明らかである。しかし我々は，特に，国内研究が劣っている国が入っている場合の社会経済的な変数を含み，多国間調査研究の科学的な標準において常に存在するリスクを無視することはできない。

　特に，社会経済的な価値に関して国内調査研究が劣っているという場合もある。定量分析を行う際に，常に比較できるデータがあるわけではない。

　都市構造の研究は，自然科学と社会科学から都市計画に至るまでの様々な種類の専門知識を必要とする。各フィールドには，異なる方法を使用しており，比較されることになっているデータは，ますます異種になってきているため，新しい分析能力が必要である。

　研究プログラムは，これまで以上に意欲的であり，しばしば科学的な問題を解く上でチャンスは，重要である（Nielsen, 2011）。

　現在，他の分野と交流するための主な手段は，インパクトファクターに基づいてその価値が算出されている科学雑誌である。科学出版物の儀式からそれを離脱することによって，知識市場の自由化を推進する必要がある。インターネットは，大量のデータの中から，コラボレーションや必要な情報を抽出するために，以前には考えられなかった機会を提供している。これらの機会によって，我々は，研究方法を早急に改善し，発見をすぐに出版し，セレンディピティによってチャンスをつかむことができている。そして，より広範囲に社会における科学研究の役割を適正化することができるようになっているのである。

　ECはEUによって資金提供される研究プロジェクトに対して，オープンアクセス出版と，各プロジェクトにおけるエンドユーザーと継続的な接触を

維持することを求めている。今日，プロセスはすでに完全に共有することが可能であるが，手続きについては，より自由化が必要である。正確には，世界中の都市に共通する開発モデルが存在する。なぜなら，これらの都市の背後にある経済的，文化的な力は，コミュニケーションと情報交換で構成された普遍的なマトリックスを持っているためである。このことはIGU委員会において，約40年にわたって議論されてきた。

ジョーンズ（1975）は，IGUを引き合いに出し，イデオロギー的な理由のために研究者たちが確信していた都市化の現象は，さまざまな要因によって生成され，次々と焦点を変えて解釈された。したがって，プロセスを要約することはできないであろうと述べた。当時の公式の地理的な思想に反対し，ベリー（1976）は，彼の仕事への導入部でイタロ・カルヴィーノの見えない都市からのページを公開した（Calvino, 1974）。カルヴィーノの詩的な解釈では，すべての都市が何もかもを含有しその規範に対応するモデル都市である。したがって，マルコ・ポーロ（1923-1985），フビライ・ハーン，タタール人の皇帝との会話の中で唯一の規範の例外を予見し，最も可能性の高い組み合わせをみつける必要がある。フビライ・ハーンは，都市開発の決定を行う必要がある政府の役人や民間事業者が今日あるべき姿の見本である。カルヴィーノの理論では，ベリーが彼の時代の地理当局にとって反対のものとしてこれを用い，過去30年間の比較社会科学研究のための概念的な出発点となったとしている。

都市は発展し続け，全く異なる方法で周囲の地域にその変化の影響を及ぼしていくが，そこに常に共通のモデルをみいだすであろう。都市モデルの水準点を見定めることは，複雑なことだとしても，プロセスをよりよく理解し，介入の方針に関するガイドラインを確立し，想定される将来のシナリオに先立って貢献するための目標であり続けるべきなのである。［訳者　仁科伸子］

●参考文献

Bartlett D.J. [2000] "Working on the Frontiers of Scienze: Applying GIS to the Coastal Zone", in D.E. Wright e D.J. Bartlett（a cura di），[2000], *Marine and Coastal Geographical Information*

Systems, Taylor & Francis, London, pp.11-24.
Berg v.d. L., Drewett J.R., Klaassen L.H., Rossi A. and Vijverberg C. [1982], *Urban Europe: a study of growth and decline*, Pergamon Press, Oxford.
Berry B.J.L. [1973], The human consequences of urbanisation, Macmillan, Basingstoke.
Berry B.J.L. (ed.) [1976], *Urbanisation and counterurbanisation*, Sage Publications, London.
Bodei R. [2008], Paesaggi sublimi. Gli uomini davanti alla natura selvaggia (Sublime landscapes. The men in front of the wilderness), Bompiani, Milano.
Caniggia G. [1963], *Lettura di una città: Como, Centro Studi di Storia Urbanistica*, Roma.
Caniggia G. [1976], *Strutture dello spazio antropico. Studi e note*, Uniedit, Firenze.
Carter, J. R. [1989], "On defining the geographic information system" In Fundamentals of Geographic Information Systems: A Compendium, ASPRS/ACSM, Falls Church, Virginia, pp.3-7.
Commoner B. [1971], *The Closing Circle: Nature, Man, and Technology*. Knopf, New York.
Conzen M.P. (ed.) [2004], Thinking about urban form. Papers on urban morphology, 1932-1998. M.R.G.Conzen, Peter Lang, Bern.
Conzen M.R.G. [1960], *Alnwick, Northumberland: a study in town-plan analysis*, Institute of British Geographers Publication n. 27, London.
Enyedi G. [1992], Urbanisation in East Central Europe: social processes and societal responses in the State Socialist Systems, Urban Studies, 29 (6), pp.869-880.
Hegel G.W.F. [1975], *Lectures on the philosophy of world history*, Cambridge University Press, Cambridge.
Hegel G.W.F. [1991], *Elements of the Philosophy of Right or Nature Law and Political Science in outline*, Cambridge University Press, Cambridge.
Hillier B. [1999], *Space is the machine: a configurational theory of architecture*, Cambridge University Press, Cambridge.
Kawahara I. and Jinnai H. (eds.) [1984], *Toshi no Fukken to Toshibi no Saihakken -Roma・Tokyo* (City rehabilitation and urban beauty rediscovery - Roma・Tokyo), Hosei University Press, Tokyo.
King R. (ed.) [1993], *Mass migrations in Europe: the legacy and the future*, Belhaven Press, London.
Jinnai H. [1984], "Edo-Tokyo niokeru Toshikukan no Rekishiteki Hensen (The Edo-Tokyo urban space historic transformation process)", in I. Kawahara and H. Jinnai H. (eds.) *Toshi no Fukken to Toshibi no Saihakken -Roma*・Tokyo (City rehabilitation and urban beauty rediscovery - Roma・Tokyo), Hosei University Press, Tokyo, pp.457-491.
Jinnai H. [1985], *Tōkyō no kūkan jinruigaku*, Chicuma Shobō, Tokyo.
Jinnai H. [1995], *Tokyo. A spatial anthropology*, University of California Press, Berkeley.
Lefebvre H. [1974], La production de l'espace, Anthropos, Paris.
Longhorn R.A. [2005], "Coastal Spatial Data Infrastructure", in D. Bartlett e J. Smith (eds.) [2005], *GIS for Coastal Zone Management*, CRC Press, Boca Raton, Florida, pp. 1-15.
Maffei G.L. and Whitehand J.W.R. [2001], *Diffusing Caniggian ideas, Urban Morphology*, 5, pp.47-48.
Malberg A. [1996], guest editor special issue on "Regional and urban restructuring in Europe", *European Urban & Regional Studies, 3* (2), pp.95-176.
Meadows D, Meadows D.H. and Randers J. [1972], *The limits to growth*, Universe Book, New York.

Montanari A. (ed.) [1976a], *Roma sbagliata: le conseguenze sul centro storico* (Mistakes of Rome the consequences for the historic centre), Bulzoni Ed., Roma.

Montanari A (ed.) [1976b], *Roma centro storico: 1924-1976* (Rome's historic centre: [1924-1976]), Italia Nostra, Roma.

Montanari A. [1977], "Rome : the last fifty years in the historical center", in D.Appleyard (ed.) *Urban conservation in Europe and in America. Planning, conflicts and participation in the inner city, European Regional Conference of Fulbright Commissions*, Rome, pp.121-125.

Montanari A. [1979a], "Il centro storico di Roma tra spreco e speculazione (the historic centre of Rome between waste and speculation)", in *AA.VV. Il San Michele, De Luca, Roma*, .pp.125-128.

Montanari A. [1979b], "Il San Michele come questione di principio" in *AA.VV. Il San Michele, De Luca, Roma*, pp.139-221.

Montanari A. [1984], "Italia no Toshikeikaku nituite (Town planning in Italy)", in I. Kawahara and H. Jinnai H. (eds.) *Toshi no Fukken to Toshibi no Saihakken -Roma · Tokyo (City rehabilitation and urban beauty rediscovery - Roma·Tokyo)*, Hosei University Press, Tokyo, pp. 372-390.

Montanari A. [1990], Review of the volume "Changing Face of Cities" by J.W.R.Whitehand, Town Planning Review, 61 (2), pp.210-211.

Montanari A. [1991], "Urban environment culture, housing and economic development" in G.Sweeney (ed.) *Housing the Community 2000,* Built Environment Research Centre, Dublin, pp.115-132.

Montanari A. [2009], *Ecoturismo. Principi, metodi e pratiche*, B.Mondadori, Milano.

Montanari A. (guest editor) [2010a], Special issue on Preserving Places, Managing Mass Tourism, Urban Conservation and Quality of Life in Historic Centres, *Rivista di Scienze del Turismo 2*.

Montanari A. [2010b], Urban tourism in the context of the global economic crisis: the example of the city of Rome, *Rivista di Scienze del Turismo, 2*, pp.381-399.

Montanari A., Curdes G. and Forsyth L. (eds.) [1993], *Urban Landscape Dynamics. A multi-level innovation process,* Avebury, Aldershot.

Montanari A and Petraroia P. (eds) [1989], *Città inquinata: i monumenti* (Polluted Rome: the monuments), Istituto Poligrafico e Zecca dello Stato, Roma.

Montanari A. e Staniscia B. [2010], Rome: a difficult path between tourist pressure and sustainable development, *Rivista di Scienze del Turismo, 2*, pp.301-316.

Montanari A. & Williams, A.M. (eds.) [1995], *European Tourism: Regions, Spaces and Restructuring,* J. Wiley & Sons, Chichester.

Muratori S. [1960], *Studi per una operante storia urbana di Venezia*, Istituto Poligrafico dello Stato, Roma.

Nielsen M. [2012], *Reinventing discovery. The new era of networked science*, Princeton University Press, Princeton.

OECD Global Science Forum [2011], *Effective Modelling of Urban Systems to Address the Challenges of Climate Change and Sustainability*, OECD, Paris.

Peccei A., Ikeda D. and Cage R.L. [1985], *Before it is too late*, Kodansha America, New York.

Ronchi L. [1977], "Gentrification, georgetownization, white painters, pariolization. Inhabitantant's intermezzo: Rome from inside", in D.Appleyard (ed.) *Urban conservation in Europe and in America. Planning, conflicts and participation in the inner city*, European

Regional Conference of Fulbright Commissions, Rome, pp.127-134.
Sina Y. And Zhang D. [2009],"Comparative precedents on the study of urban morphology" in D. Koch, L.Marcus and J. Steen(eds), *Proceedings of the 7th International Space Syntax Symposium*, KTH, Stockholm, pp. 103.1-103.8.
Tisdale H. [1942], *The process of urbanisation*, Social Forces, 20, pp.311-316.
Whitehand J.W.R. [2001], British urban morphology: the Canzanian tradition, *Urban Morphology*, 5(2), pp.103-109.

第7章　ラディカル・リアリズム：エコ・アーバニティに向けて
Towards radical realism-contextualising eco-urbanity

ダルコ・ラドヴィッチ
Darko Radović

1　世界都市

　本稿の目的は筆者がかつて試みたように（Radović, 2008b），サステイナブルな都市の未来についての議論に資するべく，フリードマンの世界都市仮説（Friedmann, 1986）を再検討することにある。これは支配的な金融システムの失敗に終わった現在の複合的危機の文脈を解釈する上でも重要であり，我々の進歩に対する認識を規定する基準を緊急に再定義する必要性を明らかにするだろう。都市はサステイナブルな未来にも関わるあらゆる開発を批判的に検討するためのたたき台となるのである。

　世界都市という概念はジョン・フリードマン（前掲書）が仮説として提示した。その考察は80年代の時代精神や，姿を現しつつあったサッチャリズムやレーガノミクスのような世界観と完璧に調和し，彼が提起した研究上の問題はまず特殊な学問的サークルによって都市開発を推進する強力なツールへと高めるだけのために支持された。

　こうした風潮の中で，都市の質を測定することがもてはやされたことは重要だ。その評価には様々な道具の使用が促されたが，すべては都市の未来に関わるビジョンをある特異なグローバリゼーション，すなわち巨大資本が促進することで我々のグローバルな現実となったイデオロギーへと向かわせるために用いられたのである。

　それはこの数十年の開発の過程であらゆる種類の歪みをもたらしたが，なかには滑稽なものも少なくなかった。都市は「会計，広告，銀行・金融，法

律などのサービスを提供し」(Gugler, 2004)指揮機能をもつ主要な企業の存在によって評価されてきたし，現在もそれは変わらない。他にも株式市場の活況度や国際航空便数，果ては10億ドル以上の資産を有する富豪の数すら格付けされている。

　このような基準の明示は，ワールド・クラスというドグマの背後に潜む力によって促されるのである。(Radović, 前掲書)。

2　スペクタクル

　ルフェーヴルの「都市」についてのよく知られた3つの定義 (Lefebvre, 2003)の1つ目は，都市とは「社会の土地への投影である」という明確な叙述で始まるが，これは世界中の均質化した都市風景の現実を説明しうるだろう。そこに共通する力は，巨大信仰あるいはフェティッシュな大きさとしてのみ自己を投影する空間を創造した。

　したがって，ワールド・クラスというドグマの力が目を付けた都市，特に大きな都市圏の中心部というのは，紛れもなくギー・ドゥボールがスペクタクル (Debord, 1998)として預言的に認識したものの空間的な投影なのである。「スペクタクルは商品による社会生活の植民地化が完了する歴史的瞬間に出現する。今や商品との関係が明白であるもののみならず，見るものすべてが商品なのである。すなわち我々が見る世界とは商品の世界であり，その社会空間は途切れることなく重なり合う商品の層で覆われている。いわゆる第二次産業革命の到来とともに，大衆にとって避けられない義務として疎外された生産に疎外された消費が付け加えられたのである」(Debord, 1994)。1967年に預言的に定義されたその現象は，空間の生産においても避けがたく姿を現したのである。こうした開発はこれまで30年以上にわたり，疑いを差し挟む余地がない新自由主義的経済成長のイデオロギーによって途切れることなく推進され，スペクタクルが実際に「すべての現実に充満するところまで自己拡大する」よう保証したのである。そこで「素早く世界中で実行されたものが何だったのか，経済的な動機が実践的に絶え間なく達成されるという

第7章　ラディカル・リアリズム：エコ・アーバニティに向けて

図7-1　同一性をまき散らすビル，世界一高いビルという栄誉ある称号を競うダイアグラムよって占領され，どこのものとも判別不能な摩天楼の輪郭

図7-2　我々が生活する「スペクタクルの世界」から

経験からも理論的に予測するのは簡単だった。すなわち偽物によるグローバリゼーションは世界を偽物にすることでもある」のだ（Debord，前掲書，下線は著者）。

日常のリアリティが世界の偽物化を如実に示す都市の事例は，エコシステムにおける生物多様性の悲劇的喪失とも比肩しうる文化的損失を示してい

115

図7-3 いたるところに存在する類似性。どれがジャカルタで，どれが東京なのか？

る。巨大な発展が引き起こすこのような悲惨な衝撃は，ローカルレベルでのみ見られることではない。世界の特定の地域における富の集中と過度な発展は他地域における劇的な低開発の原因となる。「ワールド・クラス」の成長は，世界の下層階級の絶望やさらなる貧困，スラムの広がりや，それに付随するすべての問題に反映されているのである。

3　アンチ・スペクタクル

現在，支配的なグローバリゼーションの衝撃は世界中の主要な都市開発に如実に表れている。資本は間違いなく活動力や創造力，独創性の源として都市の重要性を認識したのだ。だからこそ新自由主義的都市は都市性に対する不可避的かつ作為的な攻撃の場とみられるのである。発展の定義を金融や通貨的側面，あるいは物質的な豊かさのみへと狭めるために，支配的イデオロギーは「都市」を再定義せざるを得なくなった。こうして，ある特異な価値体系を普遍化しようとする力によって攻撃に晒された都市はそれを先鋭的に反映した。その結果，ルフェーヴルによる「都市」の定義3つのうちの残り2つ，「都市間の相違のアンサンブルとしての都市」あるいは「様々な生き方のパターンからなる都市がもつ多元性，共生，同時性」といった捉え方が示す

第7章 ラディカル・リアリズム：エコ・アーバニティに向けて

図7-4 バンコク，東京，シンガポールなど，増え続ける均質化されたビル群で起こるローカルな抵抗の実践

都市像の期待に沿えなくなったのである（前掲書）。

このように都市の性格を金融的，物質的豊かさのみに狭めてしまうと，そこから反都市的リアクションが引き起こされる。この反都市的な感情は歴史的にも根強く，諸価値が体現されている社会というよりも都市が傷つけられたときに生起する数多くの多様な危機の実例によっても裏付けられる。「脱成長」や，エコロジーを追求したサステイナブルな成長といった昨今のオルタナティブなやり方ですら，しばしばこうした反都市的リアクションの暗流にのまれ，「都市」から距離を置くことによって社会的癒しを求めることがある。

これは不幸なことであり，なんとか踏みとどまる必要がある。巨大な生産エネルギーが行き交う結節点でもある都市では，空間の近接性や密度が高く，人間の出会いや相互作用も多様であり，かつそれが高い強度で実現する。この都市だけが，我々が直面している問題を理解し言語化して，それを声にするような批判的かつ知的な集団を擁している以上，先述したような支配的発展とはラディカルに異なる発展へと向かうどんな場合にも，都市こそがまさにその中心にいなければならないのである。

様々な反都市的抵抗は，新しい種類の成長，内的成長，そして創造的爆発をもたらすような潜在的可能性を秘めており，この創造的爆発こそが（現在，多くの局面に於いてまさしくグローバルかつ根本的に誤った）我々の社

117

図7-5 ボトム・アップ型の創造性が表現された東京の空間表現（Boontharm, 2010）

会が進みつつある自滅的な軌道を修正しうる。ただし，ここでいう成長は慎重に条件づけられ，倫理的に考慮されるべきであろう。我々が必要としているのは，タブラ・ラサに対抗する「アンチ・スペクタクル」な発展なのであり，ルフェーヴルが言う意味で，ローカルな資源を再構成，再定義しうる，個々の都市の独自性（と独自であることの権利）や土着のボトム・アップによる本物の創造力を称揚するような発展である。

4　都市の抵抗

多様な都市開発の必要性について議論を深めるために，本稿は東京，バンコク，シンガポール（Boontharm, 2010），メルボルンなどの様々な都市における調査とデザイン研究の断片を提示する。これらの事例から，都市における文化的多様性の決定的な喪失や，その結果としてもたらされる類似性が明らかになるだろう。

このような研究は，既存の都市空間やそこでの取り組みを調査し，その中によりよい世界の可能性へのヒントや，デザイン・リサーチと空間の生産という異なる実践を追求する。その結果，厳しく抑え込まれてはいるが，評価

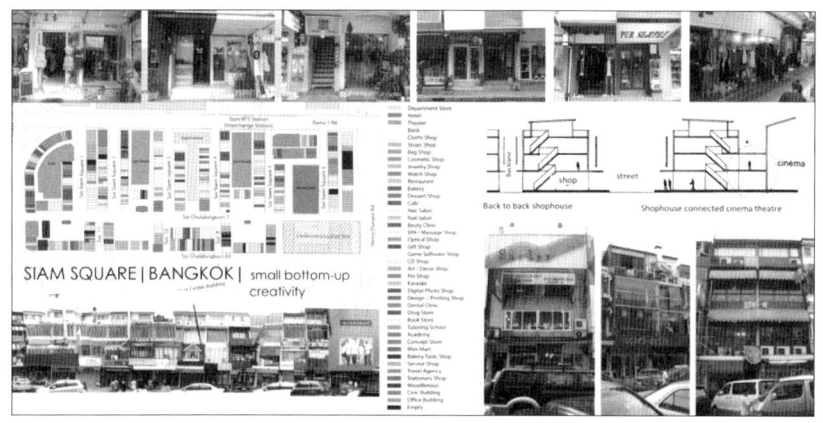

図7-6 バンコクのチャトチャック・マーケットやシャム広場に見られる空間のしなやかさと創造的再生の事例（Boontharm, 2010）

が確立している全ての都市文化における生きた都市性の計画やデザインの中には，知識と具体的経験の双方が存在することが明らかになるのである。この生きた都市性とは「世界クラス」というサステイナブルではない価値によってアグレッシブに美化されたものとは根本的に異なっている。

そのような現実やプロジェクトは，大きな都市的エリアから小さな建築プロジェクトに至るまで様々な規模があり，ブンタムの「創造的な再利用による都市の生活様式」や筆者自身の「ラディカル・リアリズム」のように主導的な概念を裏付けている。それらのアプローチはエコロジーも文化的持続性も，どちらも単独では達成されず，両者の調和的統合なしには実現できないという立場をとる（Radović, 2012）。

東京，バンコク，シンガポールにおけるボトム・アップ型の空間的実践とローカルな創造性（Boontharm, 2010）についての調査は，グローバリズムの猛攻に抵抗する多くのしなやかな実践が存在することを明らかにした。

東京やバンコクの地域に深く根差した都市性の事例は，これらの都市がもつ刺激に呼応する土地固有のオルタナティブなアーバニズムを育成する種を内包する。たとえ商業的な動機に基づく場合でも，こうした実践にかかわる予算は多様な層に少額ずつ分配されることでローカルな規模で循環し，ロー

図 7-7　ハジレーン：シンガポールにおける都市のしなやかさの事例とそのジェントリフィケーションへの転落（Boontharm, 2010）

図 7-8　儀式と都市の実践が地域本来の姿を守る上で重要な役割を果たすことを証明している東京の根津と谷中（Radović, 2008a; Radović, Boontharm, 2012）

カルな創造性を効果的に刺激するのである．同時にこうした事例は，グローバルな状況にも，まさに価値が生み出されているそれぞれの地域における最新の動向についても，素晴らしく自覚的であることを示している．そこでは，知識のつまらない移転や意味の読み間違えによる変造ではなく，解釈とかインスピレーションになぞらえられるような盗用（アプロプリエーション）が行われるのである．

タイや日本と同じように，シンガポールにおいても都市への抵抗をみせるしなやかさに富んだ，重要な場所や実践がある。独立から50年足らずで，なおかつその時期に本稿でも批判的に捉えられる新自由主義に便乗して，自らのうちに特筆すべきグローバルな重要性を獲得したシンガポールにおける，自生的かつオルタナティブな都市開発は特別な意味をもつ。この著しいエネルギーが満ち溢れる東南アジアの都市性が，量的な支配から，ローカルで差別化された成長が認識される質的で有意な変化を遂げた成熟のレベルに達することが期待されるのである。

5 マルチサイズ

未来のための都市計画と都市デザインは，オルタナティブな成長や内的発展，ローカルな創造的爆発を促進する必要がある。その意味でこのようなローカルな抵抗を理解するところから多くを学ぶことができるだろう。そこで本稿では，創造的破壊を探求する慶応大学のラドヴィッチ研究室(co+labo)による3つの現在進行中のプロジェクトを紹介したい。

まずSサイズ（小規模）の事例として北海道の「BARN HOUSE（ケンタウロス・ハウス）」（次世代サステイナブル住宅）を，またオーストラリア，メルボルンからLサイズ（大規模）の「マリビルノン都市発展戦略」（サステイナブル・ライフスタイル・デザイン）を，XLサイズ（特大規模）の例としては，同じくメルボルンの「成熟した港湾地区」プロジェクトを取り上げる。そこで用いられるキーワードや概念は議論を呼ぶだろうし，またそうあらねばならない。その議論は一般化することができ，空間を創ることに携わる人々の未来への方向性を定めるための価値のヒントを含むであろう。したがって具体的な状況のデザインによる解決のみにとどまるものであってはならず，指針となるような社会文化的価値についても考慮すべきなのである。

Sサイズ

北海道の気候研究者のためのBARN HOUSE（ケンタウロス・ハウス），

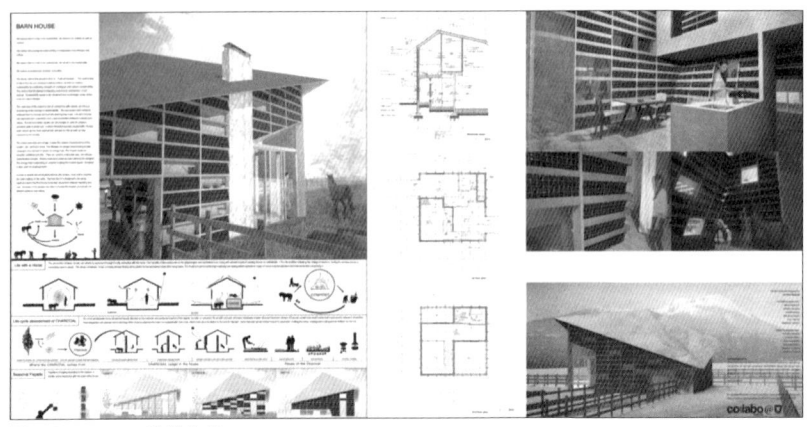

図 7-9　コンペ受賞作品

2012年（新建築，2012年）

　co+laboチーム（Hashida Wataru, Kanemaru Mayumi, Kato Yoshiaki, Kobayashi Kosuke, Komatsu Katsuhito, Milica Muminovic, Darko Radović, Vuk Radović, Shinohara Masato, Sasamura Yoshihiro：アルファベット順）およびSaikawa Takumi（KKAA），Sano Satoshi（Eureka）

　このプロジェクトは次世代サステイナブル住宅のための国際大学建築コンペティションにおいて最優秀賞を受賞した計画案を発展させたもので，2012年11月に北海道大樹町の実験施設，メムメドウズにおいて完成した。

キーポイント
- コンペティションは巨大な建材・住宅設備機器企業LIXILによって主催され，受賞した計画案の建築費用も同社が負担した。それは強力な産業界を担うプレイヤーが環境問題へのラディカルな注意を喚起する方向性を主導している稀有な事例である。
- コンペティションの募集概要では，エネルギー性能や生物気候的文脈主義の必要性が強調された。co+laboチームは環境に適応し，またそれに責任

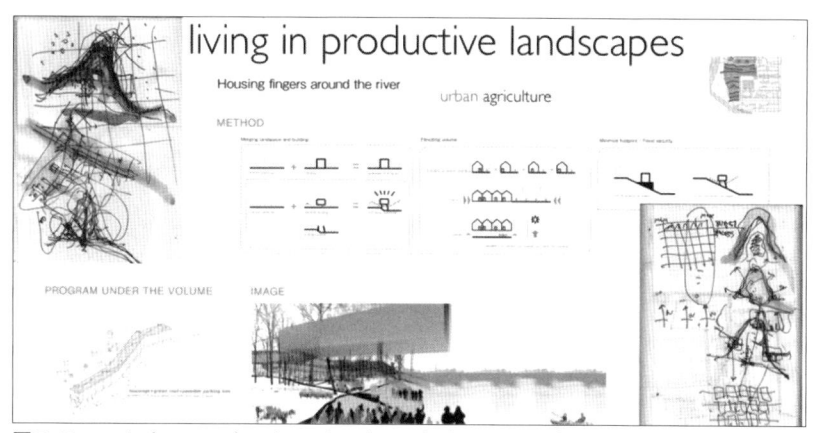

第7章　ラディカル・リアリズム：エコ・アーバニティに向けて

図7-10　マリビノン・プロジェクトのための概念スケッチ（2010-11）

を負うべきデザインをその必要条件とみなし、課題の建築物を必要とする具体的な場を構成する、エネルギーの複雑ネットワークの中に未来の建築物を統合することを目標とした。

- コンペへの参加は「サステイナブルな建築」など存在しないという明確な宣言でもあった。環境的あるいは文化的に責任を負うべき建築と、我々の環境を無責任に扱い続ける実践があるのみである。

- BARN HOUSE（ケンタウルス・ハウス）は、そこに滞在する研究者と大樹町を象徴する馬が、それぞれの日常生活をオーバーラップさせる特別なライフスタイルを提案するような、ありきたりなプロジェクトとは一線を画す。BARN HOUSEで研究者は馬と同居し、近接するラディカルな他者によって相互依存と他者の重要性を感じとるだろう。そこに、いわば教育的ライフスタイルが生まれるのである。

- BARN HOUSEの象徴性や教育的な質以外にも、このプロジェクトはエコ・サステイナビリティにとって多くの型破りな戦略を呈示し、多方面からローカルなエコ循環への統合を実現する。馬は建物内部のエネルギーバランスに投じられることで、人間の生活を持続させるための本質的な貢献をする。すなわち、馬の排泄物はコンポスト化され、熱源や堆肥として利

123

用され，この建造物を定義するエコ・サイクルの1つを創造する。また地域で作られる炭は納屋の臭いを弱め，雪を溶かし，土を肥沃にするだろう。
- BARN HOUSEはその土地にある資材を活用し，ローカルな技能を連動させる。

Lサイズ

サステイナブル・ライフスタイル（オーストラリア，メルボルン市マリビルノン：2010-11年）

co+laboチーム（Marta Alonso, Darko Radović, Vuk Radović, Takei Takashi, Yokose Hirotaka：アルファベット順）

この都市デザイン・プロジェクトは，ラディカルに多様で，エコロジーや文化に呼応し，かつそれらに対する責任を果たせるようなメルボルン市郊外における生活の可能性を学際的に探求するものである。かつて人が立ち入ることのなかったこの地域も，近年市街地中心部からのアクセスが改善されたことでメルボルン市の未来の発展のあり方に影響を与えるような大きな潜在力をもつようになった。このプロジェクトは成長の事例ではあるが，その焦点はむしろ既存のものの再生による質的な成長にある。すなわち敷地内の重要な既存建築ストックを壊さずに最大限に再利用し，ローカルな資源を複合的に組み合わせ，主としてローカルな循環を生み出すことを追求している。

キーポイント
- マリビルノン・プロジェクトは，鍵となる計画主体である州政府が環境や社会文化的条件をラディカルに改善するためのアイデアを力強く明示的にサポートすることによって実現された。そのような通常の考えを越えるようなサポートは，今日なお稀なものであり，望み通りの目標と方向性の変化は可能だという意味のある期待を与えた。
- プロジェクトの背景にある鍵となる考えは，環境にも文化にも責任ある新しいライフスタイルにもとづく力強いローカル・プライドの育成を促進す

第7章 ラディカル・リアリズム：エコ・アーバニティに向けて

図 7-11 忘れ去られてしまった普通さの強調：人間の肉体，人間のペース，人間のエネルギー，そしてサステイナブルな最新技術の活用

ることにあった。鍵となるテーマは，ジェイン・ジェイコブズの「都市はすべての人に何かを提供する能力をもつが，それが可能なのは都市がすべての人によって作られているからであり，そしてそうあるときのみその能力は発揮される」という言葉，そしてギーディオンの「都市開発には20世紀初頭の実践のように決定的な総合プロジェクトではなく，時間に伴う変化を織り込んだ弾力的な総合プログラムが必要である」という，古いわりには十分に取り上げられてこなかった提言から導かれた。

- 基本的な理念は，近くにあって使用可能なすべての自然エネルギーやストック，歴史遺産などの資源を徹底して活用するという考えであり，生物気候的デザイン，効率的で長期にわたる建物管理，省エネ化，水資源の保存などのアイデアも含まれる。雨水の採取，植物と土壌の効率利用，ハイクオリティな温熱環境，聴覚環境，視覚環境，空気環境，緑地整備など，サステイナビリティの空間的そして形式的表現のための活発な研究につながる。

- 鍵となる空間特性は，都市農業および都市生活の両方に同時に利用でき，また（長距離）歩いたり，自転車に乗ったり，ボートを漕いだりという一義的に人間のエネルギーおよび，再生可能なエネルギーを利用するロー

125

カルな交通を提供できるような革新的な都市建築形式のような，様々なスケールの生産的な景観の混在から立ち現れる。
- 鍵となるデザインの考え方は，先述した通り，日常的な活動の空間表現とともに，日常生活の特質と性格がサステイナブルな発展の成功と失敗を判断する物差しになるというものだ。
- 提案されたライフスタイルを実現するための建築および都市の空間デザインは，具体的な場所の詳細な調査にもとづいて，その定義を発展させてきた。環境的，文化的に責任あるライフスタイルとして，水上生活，湿地の生活，小さく充足した生活，機能転換された空間での生活，仕事や空間および空間的実践の創造的再活用を統合するような生活が提案された。
- マリビルノン・プロジェクトは学際的で国際的なデザイン・チームを選択する準備がある。そのプロジェクトのアイデアはマスタープランに組み込まれ，2013年には完成する予定である。

XLサイズ
成熟した港湾地区（オーストラリア，メルボルン市：2012年）
co+laboチーム（Akatsuka Ken, Davisi Boontharm, Ishikawa Ayako, Iwase Ryoko, Kato Yoshiaki, Kozono Saki, Wataru Minegishi, Natsumeda Kumiko, Darko Radović, Vuk Radović, Suzuki Moe：アルファベット順），Sano Satoshi（Eureka）

このプロジェクトは都市のサステイナブルな未来にとって鍵となる重要な問題の1つに取り組む。すなわち，「スペクタクル」の一部分として創造された場所を変形させ，社会文化的に質を高めて住みやすいコミュニティにしようというのである。このプロジェクトの土台はメルボルン港湾地区の次の10年計画を策定する州政府の主要な計画部局によって築かれており，港湾地区の多くの場所や状況下で，都市性・場所・都市的・文化的サステイナビリティの諸理論，消費理論，そして創造性などによって幅広く形成された定評ある都市デザイン思考や，小さく，濃く，集中して生産・生活する豊かな経験をもった場所や文化の様々な事例のような都市の実践がみられる。プロ

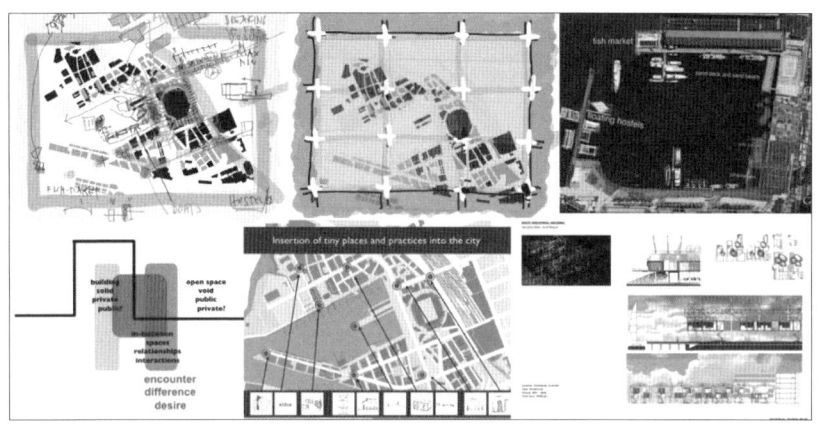

第7章 ラディカル・リアリズム：エコ・アーバニティに向けて

図 7-12　メルボルン港湾地区のデザイン研究のための概念スケッチ

ジェクトの最終的な目的は，健康的でローカルに定義され，グローバルに有意な都市性をもつ持続的な都市再生へと導くような実践を開始することである。

キーポイント

- マリビルノンと同様に，このプロジェクトの背後にも計画・管理を担当する啓蒙的地方行政機関が存在する。このようなプロジェクトは，サステイナブルではない実践に立ち向かい，ラディカルに多様な（願わくはより良い）解決のデザイン研究を委託する勇気ある地方計画機関のエキスパートたちが，都市環境をラディカルに改善する助けとなるだろう。
- この港湾地区プロジェクトは敷地内の場所や立地，活動を見極めた上で，（確立されたクオリティをもつものから失敗に終わった非場所まで様々な規模や類型を対象とする）多くのパイロット・プロジェクトのためのガイドラインを導き，都市再生の引き金となるような個々のプロジェクトを定義する。
- デザイン研究は，「もし」を出発点とする多様な都市デザイン戦略や，今はまだ眠っているボトム・アップのエネルギーを捉え都市再生を切り拓く

ような場所や活動の具体的かつ空間的なオルタナティブの発展と評価に基づいている。それは未来の創造性のハブを設置しデザインすることなのである。
- このプロジェクトは，地方計画機関と共に実施可能で包括的かつ具体的な実施の戦略を明確化するものである。

これらの3つの事例は，新しい現実を想像し創造することで支配的な世界観に疑問を呈する多くの類似した努力と一緒になってスペクタクルを掘り崩すだろう。それは現われつつある都市性の理論化のための基盤となり，異なる未来への希望でもある。これらの事例にみられる最も重要な共通点は，すべて実在のクライアントのために作られ，どれも公的なものであり，様々な方法とレベルで実施されたということである。それらは現実に存在する人々の心理的状況や実際の物理的条件に働きかけ，新しい，願わくはより良い現実を生み出す助けにもなるはずである。

［訳者　井上直子］

●参考文献

Boontharm, Davisi [2010], *The Rise of Creative Precincts: comparative study of Tokyo, Singapore and Bangkok, Singapore*: CASA, National University of Singapore.
Debord, Guy [1998], *Comments on the Society of the Spectacle*, London, New York: Verso（初版1988年）.
Debord, Guy [1994], *The Society of the Spectacle*, New York: Zone Books（初版1967年）.
Friedmann, John [1986], "The World City Hypothesis", Development and Change 17, pp. 69-84.
Giedion, Sigfried [2009], Space, Time, Architecture, Cambridge (MA): Harvard University Press.
Gugler, Josef [2004], *World Cities beyond the West*, Cambridge: Cambridge University Press.
Jacobs, Jane [1961], *Death and Life of Great American Cities*, Toronto: Random House.
Lefebvre, Henri [2003], Key Writings, Elden, Lebas, Kofman (eds.). London, New York: Continuum.
Radović, Darko [2008a], *Another Tokyo*,（別タイトル『もうひとつの東京：都市レジスタンスの場所と習慣：根津・谷中』）Tokyo: University of Tokyo CSUR and ichii-Shoubou.
Radović, Darko ed. [2009], *eco-urbanity - Towards The Well-Mannered Built Environments*, Oxfordshire: Routledge.
Radović, Darko [2012], "On greatness of small", in *Future Asian Space* (ed. Hee, Boontharm, Viray).
Radović, Darko; Boontharm, Davisi [2012], *small Tokyo*,（別タイトル『スモール・トーキョー』）Tokyo: Keio University IKI and Flick Studio.

Radović, Darko [2008b], "The World City Hypothesis Revisited: Export and import of urbanity is a dangerous business", in *World Cities and Urban Form*, Jenks, M., Kozak, D., Takkanon, P. (eds), Routledge.
「新建築」2012年9月号, 35-38頁。

第8章　公共圏の豊富化を通しての制御能力の向上

舩　橋　晴　俊

　2011年3月以来の東日本大震災の生み出した危機と，それ以前からの世界経済の危機というかたちで露呈している「二重の危機」とは，現代世界における「社会制御能力の欠陥，不足」を示すものにほかならない。

　本論の課題は，現代社会が露呈している「社会制御能力の不足」に対処するために，いかにして「公共圏の豊富化」を通して制御能力の向上を促進したらよいかについて，社会学的視点から検討することである。

1　社会制御能力の把握のための基本的視点

　まず，社会制御過程を把握するための基本的視点として，「社会制御の四水準」という理論的枠組みを提示しておきたい。社会制御過程は，きわめて複雑であるが，ミクロ的水準から，よりマクロ的水準に向かって，「事業システム」「社会制御システム」「国家体制御システム」「国際社会制御システム」という四つの水準を区別することができ，かつ，四つの水準の制御過程の同時並行的な進行過程として，把握することができる（舩橋，2012a）。

　ここで，「事業システム」とは，組織を社会制御過程の基本単位として把握する際に設定される概念であり，財やサービスの産出というかたちで一定の目的群の達成を志向しながら作動している組織において，それに関与している統率者（支配者）と被統率者（被支配者）とのあいだに形成される相互作用と制御アリーナの総体から形成される制御システムのことである。事業システムには，経済基盤の差異に応じて，具体的には，企業，行政組織の現業

部門，非営利組織といった諸タイプが存在する。

　「社会制御システム」とは，さまざまな行政分野において設定されているような一定の社会的な目的群の達成を志向しながら，統率主体（支配主体）としての一定の行政組織と被統率主体（被支配主体）としての他の諸主体との間に形成される相互作用と制御アリーナの総体から構成される「制御システム」である。例えば，環境の持続可能性を課題とする「環境制御システム」や，エネルギー分野における「エネルギー供給制御システム」は，社会制御システムの例である。

　「国家体制制御システム」とは，個々の事業システムや，個々の社会制御システムの存立と作動の前提条件を提供し，さらに，個々の社会制御システムを支えている制度構造の創出と変革と廃止を担うような制御システムであり，その主要な制御主体あるいは制御アリーナを形成しているのは国家機構（中央政府，国会，裁判所）である。

　「国際社会制御システム」とは，複数の国家とそれに対応する複数の全体社会との相互作用から形成され，そのような意味での国際社会において立ち現れてくる諸問題の解決に志向し，さまざまな国際機関を主要な制御主体あるいは制御アリーナとするような，国際関係の水準で作用する制御システムのことである（舩橋，2012a: 14-15）。

　これらの四水準の制御システムにおいては，同時並行的にかつ相互作用的に制御過程が進行しているが，よりマクロの水準での制御システムがよりミクロの水準の制御システムを包摂しているという関係がある。例えば，一つの社会制御システムが，数百，あるいは数千の事業システムを包摂していたり，一つの国家体制制御システムが，数十の社会制御システムを包摂しているという事態が見られる。

　四水準の制御システムにおける制御過程の中心は，それぞれの水準の「制御中枢」あるいは「制御中枢圏」が担っている。制御中枢（圏）とは，意志決定の中心的担い手であり，経営システムの文脈では「統率者」という性格を，支配システムの文脈では「支配者」という性格を帯びている。事業システムすなわち，組織の水準での制御中枢は，「組織の首脳部」である。社会制御

システムの制御中枢圏は，それぞれの政策分野を担当する政府の各省庁である。国家体制制御システムの制御中枢圏は，中央政府首脳，国会，裁判所である。国際社会制御システムについては，現在の歴史的段階においては萌芽的な制御中枢圏しか存在していないが，国連とその諸機関がそのような役割を担っている。

制御中枢圏の果たすべき作用は，さまざまな「制御問題」の解決であるが，その解決過程で大切なのは，制御のための適正な規範的原則の形成と実行である。

なお，ここで「制御問題」をどのような概念枠組みで把握するかが課題になるが，筆者は，これまでの検討（舩橋，2010）をとおして，経営システムの文脈での「経営問題」の解決と，支配システムの文脈での「被格差問題」「被排除問題」「被支配問題」の解決を総合的に把握しながら，制御問題を定義することが必要であると考えている。

2 福島原発震災に露呈している日本社会の意志決定の欠陥

現在の日本社会が直面している「二重の危機」のうち，国際的経済・金融システムの危機は，国際社会制御システムの水準の制御能力の不足に対応し，東日本大震災の被害とその後の復興過程の難渋は，日本における事業システム，社会制御システム，国家体制制御システムの制御能力の欠陥を露呈させている。本論では，二重の危機のうち東日本大震災を対象とし，その中でも特に，福島原発震災の示す日本社会の制御能力の不足について，検討することにする。

（1）社会的多重防護の破綻の背景としての原子力複合体

福島原発震災においては，地震・津波による被害と，原発事故による被害とが，相互に増幅し天災の要素と人災の要素が絡み合うかたちで，未曾有の被害を福島県およびその周辺の地域に生み出してしまった。

原発災害がなぜ生じたのかについては，「技術的多重防護の破綻」という

事態が，多くの論者によって（桜井，2011b; 井野，2011），また政府事故調や国会事故調によって指摘され，またその原因の解明が試みられている。ここで，社会科学の視点から問わなければならないのは，「技術的多重防護の破綻」の根底に存在している「社会的多重防護の破綻」である。本来であれば，固有の危険性を有する原子力技術を利用するに際しては，安全性の確保のために，社会的な意志決定の過程において，さまざまな工夫がなされていなければならない。結果として深刻な原子力災害が生じてしまったことは，社会的な安全確保策が不十分であったことを意味している。なぜ，「社会的多重防護の破綻」が生じたのかについて，災害を防げなかった社会制御過程の欠陥を検討してみよう。

　ここで必要なのは，「原子力複合体の形成とその自存化のもたらす諸弊害」という視点である。日本においては，非常に強大な原子力複合体が，福島原発震災の以前に形成されていた。それが，どのような社会的メカニズムのもとに形成されてきたのかについて，筆者は，すでに次のような四つの命題から成る分析を公表してきた（舩橋，2011）。

　①地域独占，発送電統合，総括原価方式による売電価格決定，電源三法交付金という制度的枠組。このような制度的枠組みは，競争を排除する形で，巨大な経済力を電力会社や日本原燃のような原子力事業を担う企業に保証するとともに，エネルギー政策の担い手である経済産業省にも，毎年の予算査定に左右されない巨額の経済資源の操作を可能にしている。この経済力は，原発マネーや核燃マネーとも呼ばれる。
　②経済力の情報操作力，政治力への転化。電力会社や経済産業省の有する巨大な経済力は，情報操作力と政治力に転化してきた。電力会社の巨額な宣伝費，広告費は有名人や専門家を使用した世論操作を可能にし，また，政治資金の提供を通して，利害要求の代弁者である政治家を生み出し操作してきた。原発を有する大手電力会社9社が1970年度から2011年度に至る42年間に使用した広告宣伝費は，2兆4179億円にものぼっている（朝日新聞，2012年12月28日）。この巨額の広告宣伝費は新聞，テレビ，政党の機関紙を通し

ての世論への働きかけに使用されると共に，メディアの報道や論説の姿勢に対する一定の影響力を生み出すものであった。原発震災後に，九州電力の「やらせメール」問題が発覚し，公開シンポジウムにおいて，原子力安全・保安院が，電力会社などを通しての参加者の動員と意見表出の操作をしていることが露見した。このような過程は，「同化的情報操作」と言うべきであり，経済力がそれを生み出す基盤となっている。

　③原子力複合体の形成と存在。「原子力複合体」とは原子力利用の推進という点で利害関心を共有し，原発などの原子力諸施設の建設や運営を直接的に担ったり，間接的に支えている各分野の主体群，すなわち，産業界（電力会社，原子力産業），官界，政界，学界，メディア業界などに属する主体群の総体である。原子力複合体は，その文化風土の前近代性を強調するならば，「原子力村」と呼ぶこともできる。原発マネーや核燃マネーは，原子力複合体の強力な形成根拠となっている。同時に，原子力利用の推進主体と安全規制の担い手主体が制度的・組織構造的に分離せず，また人脈的にも融合した形になっており，安全確保のための規制は骨抜きになったり空洞化したりしてきた。

　④主体形成と制度的枠組形成の相互循環的補強。原子力複合体を構成する諸主体は一群の制度的枠組み条件のもとで，絶えず経済力を補強されつつ再生産されている。同時に，これらの主体は自らの利害を防衛するために，強大な情報操作力や政治力を生かして，上述のような制度的枠組み条件を擁護してきた。主体と制度的構造は相互循環的に補強し合い，硬直的な意志決定と批判の拒絶を繰り返し，原子力複合体以外の主体の介入を排除してきた。

　図8-1は，以上のような特徴を有する原子力複合体の構造と社会的影響力を示したものである。図8-1が示すように，原子力複合体は，東日本大震災以前の日本社会において，国家体制制御システムの水準での制御中枢圏に大きな影響力を発揮することができた。すなわち，原子力複合体は，中央政府，国会，裁判所の意志決定が自分に有利になるように働きかけることができ，しかもそれが相当効果的であった。しかし，日本の原子力複合体は，原子力

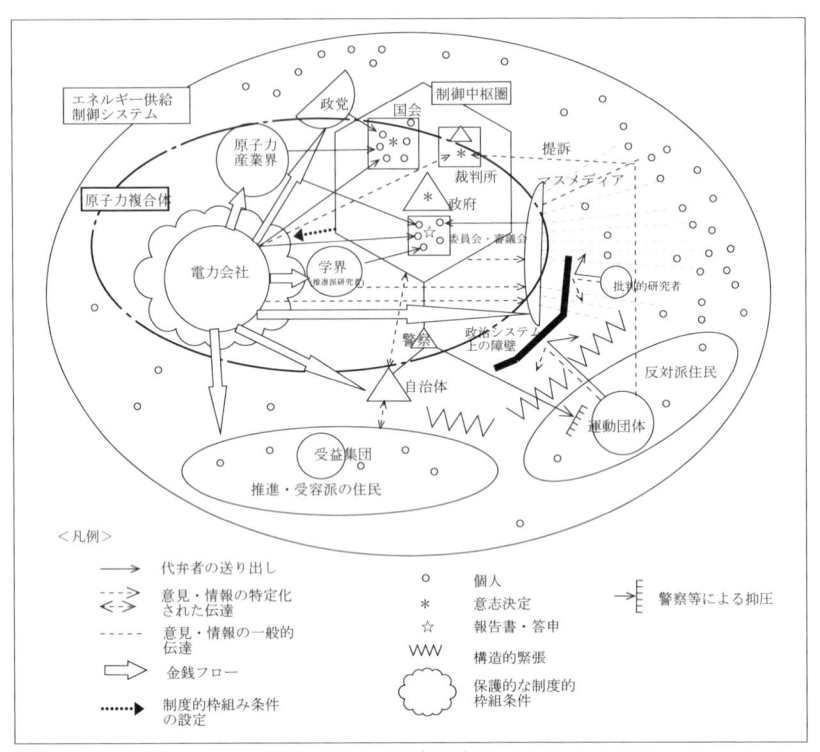

図 8-1 原子力政策をめぐる主体・アリーナの布置連関

利用による受益の追求を優先するあまり、被曝労働を含む定常的汚染、放射性廃棄物の発生に由来する受苦、事故の危険性などを過小評価してきた。そして、負の帰結を批判する住民運動や批判的研究者を政策決定過程から排除しようとしてきた。そのような負の帰結を軽視してしまい、とりわけ安全対策が手薄であったという経過には、どのような問題点があったのであろうか。

(2) 安全対策の不十分さの諸局面

福島原発事故に至る経過において、安全対策にどのような欠陥があったのかについては、別途、より詳しく検討したことであるが (舩橋, 2013)、その主要な論点を再確認しておこう。

①原子炉メーカーや電力会社による設計と建設の局面

　原発事故の発生という結果から見るならば、日本という立地点に固有の地震と津波による打撃という条件に対して、福島第一原発は十分な安全性を確保していなかった。実際に、原子力発電所を設計し施工した電力会社と原子炉メーカーの段階で、安全対策が不完全であったのである。原子炉メーカーや電力会社における安全対策の内実については、さまざまな重要な証言がある。

　福島第一原発の一号機から五号機は、GE社のMarkⅠが使用されていた。だが、MarkⅠの設計を担当した、デール・ブライデンボー氏たちは、1975年頃より、MarkⅠが、地震や津波などの大きな災害によって冷却機能を喪失すると、格納容器に想定されていた以上の負荷がかかり、破裂する可能性があることに気がついた。同氏は、MarkⅠの操業を停止することをGE社内で提案したが、企業としての利益を重視する経営陣はそれを拒否した。1976年2月2日に同氏ら三人の技師は、抗議してGE社を辞職した（原子力資料情報室編、2010:324、および、『週刊現代』2011年4月16日号：20-28）。

　福島第一原発の事故において、非常用ディーゼル発電機が津波によって破壊されて全電源喪失が生じたことは事故の重要な原因であったが、その背景要因に注目する必要がある。すなわち、GE社の原子炉を輸入して建設された福島第一原発においては、非常用ディーゼル電源は、アメリカの原子炉と同様に地下に設置され、津波による浸水の危険性という日本固有の条件が、十分に考慮されていなかった。

　また、福島第一原発の設計を担当したO氏は、設計当時、「マグニチュード8.0以上の地震は起きないと言われた」ことと、「設計条件に（今回のような規模の）津波は想定されていなかった」ことを告白している。東京電力の想定していた津波は、5.7mであったが、実際には、14-15mの津波が襲ったのであった。

　以上のように、設計や建設に携わった人々の証言を検討してみると、設計や建設の前提としての安全規制、あるいは、安全確保の条件の社会的設定の仕方に欠陥があったのではないかということが浮き彫りにされてくる。

②行政的手続きの局面

　福島第一原発の一号機から六号機の設置許可は，1966年12月から1970年1月にかけてなされており，それらの臨界は，1970年10月から79年3月にかけて可能になっている。この経過の中で，当時は，第一次公開ヒアリングも第二次公開ヒアリングも制度上の手続きとなっておらず，環境省が担当する環境影響評価も欠如していた。

　福島原発の設置に際しての安全審査の中心は，「核原料物質，核燃料物質及び原子炉の規制に関する法律」に基づき，原子力委員会の答申を得て，内閣総理大臣が許可をするという手続きにあった。実質的には，原子力委員会の下部組織として，「原子炉安全専門審査会」が安全審査を行い，報告書を提出している。その際，「重大事故」「仮想事故」についての検討がなされている。ところが，このような安全審査の手続きにおいて，実際の福島原発震災を起こしたような規模の地震や津波やその帰結としてのシビアアクシデント（過酷事故）は想定されていなかった。

　日本の安全審査の構造的欠陥として，大規模な地震や津波による打撃を考察の対象外としており，想定されている「重大事故」や「仮想事故」は現実の事故に比べれば遙かに控えめなものでしかなかったのである。出発点において，地震や津波の恐ろしさを理解しておらず，甘い見通しの上に立った設計だったのである。

　重大事故や仮想事故の把握にしても，全体としての地震や津波が何を引き起こすかという視点に欠け，原子炉内の冷却材喪失までは考えているけれども，全電源喪失という事態は検討していないのである。端的に言えば，重大事故についての適切なシミュレーションが欠如していた。

　福島第一原発の一号機から四号機についての安全審査期間は，いずれも，五カ月弱から七カ月弱という短い期間でしかない（桜井，2011a:79）。桜井淳氏によれば，そのような短い安全審査期間は，アメリカにおいて「安全だ」とされた技術を輸入する過程において，日本独自の安全審査をする能力が無かったことを背景にしている（桜井，2011a:80）。

③研究者の警告の局面

そのような日本の原子力発電所の危険性，あるいは，安全対策の手薄さに対する懸念と警告は，各分野の研究者によって，事故発生以前より指摘されていた。

例えば，地震研究者の警告は，早くから繰り返しなされていた。地震学者の石橋克彦氏は，「地震に伴う原発事故と通常の震災が複合する「原発震災」を1997年から警告し続け，2007年の新潟県中越沖地震で東電柏崎刈羽原発が被災してからは，「原発震災の危険性が一層高まった」と指摘していた」（毎日新聞2011年4月18日）。

2009年夏には，原発の耐震・構造設計に関する経済産業省の審議会で，産業技術総合研究所の「岡村行信氏が，貞観地震の「再来」を考慮すべきだと主張したが，「まだ十分な情報がない」とする東電側の反応は鈍く，実際に対策に生かされることはなかった」（毎日新聞2011年4月18日）。

さらに，東電社内の研究チームも，福島第一原発に，設計の想定を超える津波が来る確率を「50年以内に約10%」と予測し，2006年7月のアメリカでの原子力工学の国際会議で発表していた（朝日新聞2011年4月24日）。

これらの研究者レベルでの最新の知見にもとづく，危険性の指摘と警告は，原発震災の防止に生かされることがなかった。

④裁判所の審査の局面

このように行政組織における安全確保のための規制が不十分であり，研究者の警告も原子力複合体によって，真剣に取り上げられていない状況の中で，事故を危惧し原発建設に反対する各地の住民にとって，最後のよりどころが，司法的手続きであった。では司法は，原子力発電の安全確保のために，積極的な役割を果たしてきただろうか。

諸外国においては裁判所が原発建設を中止させる判決が見られるが，日本においては原発に関する訴訟で，建設差し止めの判断がなされたことは，二回しかない。その一つは，周辺住民らが「もんじゅ」の設置許可処分無効確認を求めた行政訴訟の控訴審において，2003年1月27日に，名古屋高裁が「もんじゅ」の安全審査に欠落があるとして設置許可は無効とする判決を出した事例である。もう一つは，2006年3月24日の金沢地裁で，志賀原発2号

運転差し止めの判決（原子力資料情報室，2010:329）がなされたことである。しかし，これらの判決はいずれも上級審では逆転し，住民の敗訴となっている。その他のすべての原発訴訟は，差し止めを回避している点で，事業者側に有利な結果となっている。ここには，裁判官の非常に消極的な役割定義がある。踏み込んだ実質判断を回避しようとする姿勢が繰り返し見られるのである。

　固有の危険性を有する原子力の利用に関して，本来は社会的な多重防護が有効に機能するべきであるにもかかわらず，以上に見てきたように，原子炉メーカー，電力会社，行政組織，研究者，裁判所といった諸主体の取り組みは，全体として安全性の確保に不十分なものであった。

3　制御可能性をいかにして確立するか

（1）制御能力を規定する三条件

　以上のような福島原発震災の人災的側面を反省すると，社会制御過程において，「制御可能性」を高めるために必要な条件とは何かについて，さまざまな示唆が得られる。ここでは，A「影響範囲（あるいは責任範囲）と考慮範囲の一致」，B「適切な制御原則の採用」，C「決定力と実行力の保持」と，いう三つの条件の大切さを教訓として確認しておきたい。

A　「影響範囲（あるいは責任範囲）と考慮範囲の一致」とは，制御中枢圏が何らかの意志決定をする際に，考慮している範囲が，その決定によって影響が生ずる範囲と一致しているかどうかということである。正負の影響に対して，制御中枢圏が，責任を負うべきであるという視点を強調するならば，このことは，「責任範囲と考慮範囲の一致」の大切さと表現することもできる。原発震災の場合，苛酷事故を「想定外」としていたことは，影響範囲と考慮範囲の不一致を意味している。すなわち，エネルギー分野において，各水準の制御中枢圏は，原子力発電を推進してきたが，それに伴う「負の随伴帰結」を十分に考慮していなかったのである。

B　「適切な制御原則の採用」とは，制御中枢圏が制御努力を行う際に，制御

問題解決に対して適切な効果を発揮するような規範的原則を採用するという点である。例えば，これまでの日本における原子力発電所の立地においては，大都市の受益のために必要な危険施設や放射性廃棄物を地方に押しつけるという形で「環境負荷の外部転嫁」という制御原則の採用が広範に見られ，そのことが，「受益圏と受苦圏の分離」「二重基準の連鎖構造」（舩橋，2012b）「負担の自己回帰の切断」という事態を生み出してきた。そして，「負担の自己回帰の切断」のもとでは，原子力発電所という事業システムの経営判断は，「道理性と合理性の欠如」を帰結せざるを得ない。なぜなら，特定地域（例えば東京）の受益に伴う危険施設や放射性廃棄物を他の地域（例えば，福島県や青森県）に押しつけることは，地域間の公平を失わせるのであり，その意味で，道理性に反している。さらに，危険施設や放射性廃棄物という負担が受益圏にとっては自己回帰してこないので，「便益と費用負担の総合評価」においては，費用負担が過小評価され，その結果，費用負担を差し引いた上での便益の総合評価という意味での「合理性」の判断が，不適切なものにならざるを得ない。

C 「決定力と実行力の保持」とは，制御中枢圏が，社会的懸案に対して，それを解決するような方策を決定し，また，それを，社会的に実行できることである。決定力と実行力の鍵は，さまざまな主体の間での「合意形成」である。社会的決定は，決定案に対する支持が広範に存在するほど下しやすいし，いったん決定された方針や事項が，どれだけ効果的に実施されるのかについても，合意形成の程度によって大きく左右される。しかし，これまでの日本のエネルギー政策は原子力を柱にすることによって，絶えず，地域社会に分裂と抵抗と紛争を引き起こしてきた。

では，以上の三つの条件，すなわち，「影響範囲と考慮範囲の一致」「適切な制御原則の採用」「決定力と実行力の保持」に即して，制御能力を高めるためには，何が必要になるのであろうか。

（2）公共圏の豊富化を通しての制御能力の改善

ここで，大切になるのは，「公共圏の豊富化」を通しての制御能力の改善

という論点である。公共圏については，ハーバーマス（1994）や花田（1996）の研究が教示に富む。先行研究の示唆をふまえて，本稿では，公共圏を，「公論形成の場」の集積として把握する。ここで，「公論形成の場」とは，社会的，政治的あるいは文芸的な主題について，人々が，開放的で対等なかたちで批判性をそなえた討論を継続的に行う空間である。討論が批判性を備えるということは，ある立論の根拠と限界を絶えず吟味しようとする態度があるということであり，議論への賛否は，発話者の外面的属性に根拠づけられるわけではなく，議論内容の説得性に依拠することを意味する。

　公共圏が社会制御過程にとって大切なのは，公共圏が制御中枢圏を取り囲むような形で形成されて制御中枢圏を注視するとともに，制御中枢圏に対して要求や意見を表出することによって，公共圏で形成された公論が，制御中枢圏における問題設定や制御原則の採用を改善する作用を発揮しうるという点においてである。

　公共圏の豊富化とは，公共圏の構成要素であるさまざまな「公論形成の場」が，量的にも増大し，質的にも洗練され，そこでの意見交換がより内容の充実したものになっていくことである。図8-2は公共圏が豊富化することが，制御中枢圏に対してどのように作用しうるかを，エネルギー政策の領域において，表現したものである。このように公共圏が豊富化することが，制御能力を左右する三つの条件に対して，どのような効果を発揮しうるかを考えてみよう。

　まず，公共圏は，制御中枢圏に対する民衆の要求提出を媒介することにより，A「影響範囲と考慮範囲の一致」を促進しうる。公共圏が貧弱な場合，民衆の要求提出が制御中枢圏に対して有効に行われることは困難である。特に，原発震災や各種の公害問題の経過を観察するならば，被格差・被排除・被支配問題の解決要求を公共圏を通して制御中枢圏に対して提出し，「要求の政策課題への転換」「（被支配者にとっての）受苦の（経営システムにとっての）費用への転換」を果たすことが，「影響範囲と考慮範囲の一致」を促進するにあたって，非常に大切な条件である。

第8章 公共圏の豊富化を通しての制御能力の向上

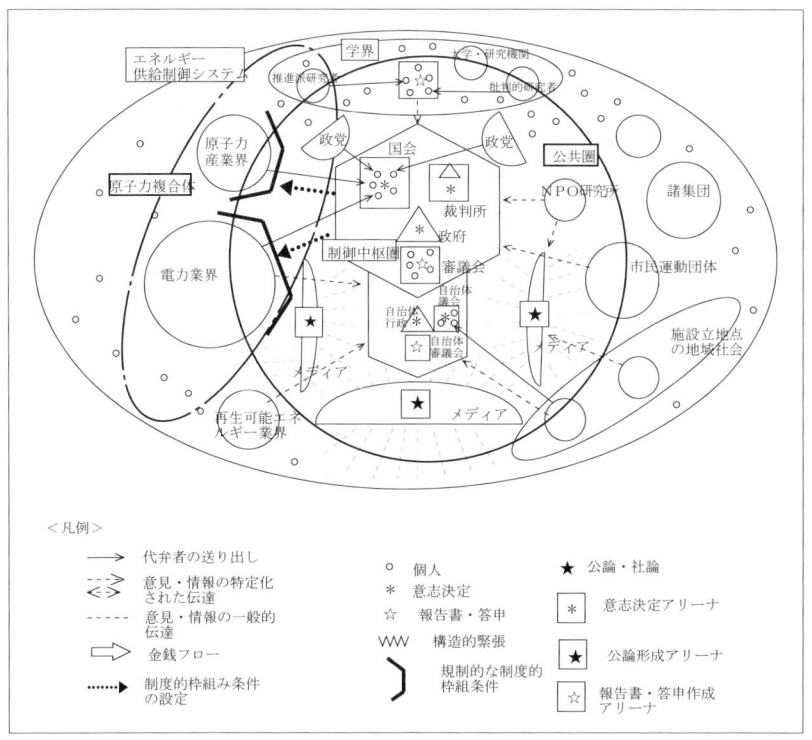

図 8-2 公共圏が豊富化した状態でのエネルギー政策をめぐる主体・アリーナの布置連関

次に，公共圏は討議を通してB「適切な制御原則」の発見に貢献しうる。もともと社会計画論の視点に立った「社会の適正な制御」の提唱の背景には，個別主体の利益追求行為の集積から，予定調和的に「望ましい社会」が実現できるわけではないという社会認識がある。社会にはさまざまな創発的特性が存在するのであり，特に現代社会においては，「負の創発的効果」が，さまざまな形で制御困難性を生み出している。負の創発的効果の例としては，「社会的ジレンマを通しての汚染の累積」「環境負荷の外部転嫁による二重基準の連鎖構造の生成」「(事業システムや社会制御システムの)自存化傾向の諸弊害」「直接的制御能力の高度化によるメタ制御能力の低下」などがある（舩橋，2012c）。

さらに，公共圏による討議は合意形成の程度を高めることを通して，C「決

定力，実行力」の向上を促進する。高度に機能分化した現代社会においては，立場の多様性と利害状況の分岐は，至るところに見られるのであるが，それがコミュニケーション回路の欠如と結びついたとき，社会的対立は容易に社会紛争に転化し，社会的な決定力も実行力も低下せざるを得ない。公共圏による討論を通して，合意形成の程度を高める努力をすることは，そのような事態を回避する基本条件である。特に，公共圏による討論を通して社会的合意形成を高めていくために大切な条件は，「公論形成の場」に複数のタイプが存在することを認識すること，その一つのタイプとしての「科学的検討の場」は「科学によって答えられる問題」に自己限定して自律性と独立性を備えつつ議論を深めるべきこと，そして，「科学的知見についての合意形成」を実現することである。そのためには，異なる見解，学説を支持する研究者が一堂に会するような形で，「科学的検討の場」が構成されるべきである。そのうえで，そのような知見を，もう一つのタイプの「公論形成の場」である「総合的政策的判断の場」での議論の共通基盤としていくべきである。「総合的政策的判断の場」では，「科学的検討の場」とは異なり，利害調整にかかわる価値判断や倫理的判断を行う必要があり，そこでは「科学によっては答えられない問題」を扱うことも必要になる。

（3）社会制御能力の改善に必要な研究課題

「科学的検討の場」を通しての「科学的知見の洗練と共有」は，社会制御能力の改善にとって，不可欠な条件である。では，「二重の危機の克服」という課題との関係においては，どのような研究課題にどのようなディシプリンに立脚して，優先的に取り組むべきであろうか。表8-1は，この文脈での研究課題を提示する一つの試みである。まず必要な研究課題は，危機の発生メカニズムの解明である。危機の発生メカニズムの解明なしには，それを克服するための制御原則も発見することはできないであろう。本論で取り上げた，「負の創発的効果」という論点は，社会学の視点から，危機の発生メカニズムを解明しようとする一つの試みである。次に，これらの危機の（再）発生を防ぐような政策原則の発見と採用が，大切な課題となる。社会制御過程の

表 8-1 二重の危機の克服のために必要な研究課題と対応するディシプリン

	危機の発生メカニズムの解明	(再)発生を防止するために必要な制御原則の発見	打撃や損害の発生後にそれらについての補償,回復,再建に必要な制御能力の高度化
グローバルな経済・金融危機	(主として)経済学	社会哲学,倫理学,経済学,社会学,法学 etc.	社会科学の諸分野
原発震災問題	政治学,組織社会学科学技術論 etc.	社会哲学,倫理学,政治学,社会学,科学技術論,法学 etc.	理系の諸分野,人文・社会科学系の諸分野

諸局面を個別的に見ていくのであれば，個別の問題に応じて，さまざまな制御原則が必要とされるのであり，一つの社会を全体として見れば，それらの複合的な組み合わせが必要とされるであろう。さらに，危機によって引き起こされた打撃や損害に対しては，それらの克服のために補償や原状回復や再建が必要となる。本節で検討してきた「公共圏の豊富化による制御中枢圏の制御能力の向上」という論点は，「(再)発生の防止」と「打撃からの回復」という二つの課題に共通に有効であるような基本的条件を社会学の視点から提示したものである。

4 制御能力の高度化のために考えるべき問題は何か

以上のような視点から，現代世界における「制御能力の向上」を促進するために，特に重要な考慮するべき問題群にはどのようなものがあるであろうか。ここでは三点を提示しておきたい。

第一に，国際的な経済・金融危機を生み出している社会的メカニズムと，福島原発震災を生み出してしまった社会的メカニズムの間に，どのような関係と共通性があるのかを問うべきである。この問題について，筆者の提示したい基本的視点は，現代世界において巨大な経済力を有する諸事業システムが自存化する傾向を示しており，それらの主体の市場における私的利益追求

行為が，社会的に集積した帰結として，さまざまな弊害が発生していること，しかもそれらの主体を制御するための「適切な制御原則」と「制御能力」が，各水準の制御中枢圏に欠如していることである。

　第二の問いは，各水準の制御システムにおいて，制御中枢圏を取り巻いている公共圏を，どのようにしたら豊富化できるか，そして，そのことを通して，どのようにしたら各水準における「適切な制御原則」を発見し，各水準の制御中枢圏の意志決定をそれに沿うようなものに変革できるか。

　第三に，「適切な制御原則」を指導する価値理念としての「道理性（reasonability）」を設定することを前提にして，どのようにしたら，国際社会制御システム，国家体制制御システム，および，個別の社会制御システムがかかわる具体的な水準において，道理性を体現できるような制度，政策を形成していけるかという問題がある。ここで，価値理念としての道理性の概念解釈として，「サステイナビリティ（sustainability）」「正負の財の公平（equity）な分配」「決定権・発言権の公正（fairness）」「人権（human rights）の尊重」「賢明さ（wisdom）」という五つの契機を提起しておきたい。これらの価値理念を実現するために，例えば，脱原発と再生可能エネルギーの積極的拡大を目指す戦略的エネルギーシフト，分配の公平の実現のためのトービン税や「地球人手当」（Global basic income）といった具体的な制御原則の探究が必要である。

5　結び

　本論においては，「二重の危機」の克服のために探究するべき基本的方向を，「公共圏の豊富化を通しての適切な制御原則の発見と，それを制御中枢圏が採用することによる制御能力の向上」として整理してみた。このような方向づけが，有意義な成果を上げるかどうかは，なによりもまず，公共圏の中の一つの「公論形成の場」としての「科学的検討の場」において，現代社会における制御不能性や制御能力の欠如がどのような社会的メカニズムを通して生起しているのかを解明することと，それを通して，妥当で有効な制御原則を発見することにかかっているのである。原発震災の反省とエネルギー政策の

転換は,その具体的な試金石となるであろう。

●参考文献

井野博満編,2011,『福島原発事故はなぜ起きたか』藤原書店。
原子力資料情報室編,2010,『原子力市民年鑑』七つ森書館。
桜井淳,2011a,『原発裁判』潮出版社。
桜井淳,2011b,『福島第一原発事故を検証する――人災はどのようにしておきたか』日本評論社。
週刊現代,2011,『週刊現代』2011年4月16日号。
ハーバーマス,ユルゲン(細谷貞雄・山田正行訳),1994,『公共性の構造転換――市民社会の一カテゴリーについての探究』未来社。
花田達朗,1996,『公共圏という名の社会空間――公共圏,メディア,市民社会』木鐸社。
舩橋晴俊,2010,『組織の存立構造論と両義性論――社会学理論の重層的探究』東信堂。
舩橋晴俊,2011,「災害型の環境破壊を防ぐ社会制御の探究」『環境社会学研究』Vol.17:191-195頁。
舩橋晴俊,2012a,「社会制御過程における道理性と合理性の探究」舩橋晴俊・壽福眞美編『規範理論の探究と公共圏の可能性』法政大学出版局,第1章:13-43頁。
舩橋晴俊,2012b,「原子力エネルギーの難点の社会学的検討――主体・アリーナの布置連関の視点から」舩橋晴俊・長谷川公一・飯島伸子『核燃料サイクル施設の社会学――青森県六ヶ所村』有斐閣,第五章:171-207頁。
舩橋晴俊,2012c,「持続可能性をめぐる制御可能性と制御不能性」長谷部俊治・舩橋晴俊編『持続可能性の危機――地震・津波・原発事故災害に向き合って』御茶の水書房,33-61頁。
舩橋晴俊,2013,「福島原発震災の制度的・政策的欠陥――多重防護の破綻という視点」田中重好,正村俊之,舩橋晴俊『東日本大震災と社会学――大災害を生み出した社会』ミネルヴァ書房,第5章:135-161頁。

〈第2部　パネルディスカッション
二重の危機の克服と持続可能な未来の再生〉

I 司会者およびパネラーの紹介

司会

河村哲二（Tetsuji Kawamura）

1951年6月，群馬県生まれ。法政大学経済学部教授・大学院経済学研究科長，サステイナビリティ研究教育機構研究企画委員長。1975年，東京大学経済学部卒業。1980年，東京大学大学院経済学研究科博士課程単位修得。経済学博士（東京大学）。University of Massachusetts（Amherst）・Visiting Adjunct Professor（Fulbright program, 1983-85），帝京大学経済学部教授，武蔵大学経済学部教授（2001-03年度武蔵大学総合研究所所長）を経て，2004年4月より法政大学経済学部教授（2009-10年度大学院経済学研究科長）。

専攻は，アメリカ経済論，グローバル経済論・経営論，理論経済学。アメリカ経済論を主要な研究フィールドとし，第二次大戦期のアメリカ戦時経済システムの総合的分析で東京大学にて1994年に博士号を取得。

これに並行して，1980年代後半から，日本型経営生産システムの海外移転を焦点に，アメリカ・北米（メキシコ，カナダ），イギリス・ヨーロッパ，東アジア（韓国・台湾）・中国，東南アジア（タイ，マレーシア，シンガポール，ベトナム），インド，ブラジル，ロシアなど世界各地で，日本企業および海外企業の現地工場・経営調査を幅広く手がけ，企業のグローバル化を軸に，各国・各地域の地方および都市状況を研究。とくに1990年代以降，こうした二つの研究の流れを統合して，戦後パックス・アメリカーナの世界的な政治経済システムの変容と転換という視点から，アメリカおよびアメリカを主要な震源とするグローバル化のダイナミズムとそのグローバル・インパクトについて，大型共同研究プロジェクトを組織して，理論的・実態的に解明を続けている。

＜主な研究業績＞

大きくは二つの研究系統それぞれに多数あるが，単著として，『パックス・アメリカーナの形成——アメリカ「戦時経済システム」の分析』（東洋経済新報社，1995年）。『第二次大戦期アメリカ戦時経済の研究——「戦時経済システム」の形成と「大不況」からの脱却過程』（御茶の水書房，1998年），『現代アメリカ経済』（有斐閣，2003年）。編著書として，*Hybrid Factories in the United States under the Global Economy*, Oxford University Press, 2011，『グローバル経済下のアメリカ日系工場』（東洋経済新報社，2005年），『制度と組織の経済学』（日本評論社，1996年）。『現代世界経済システム——変容と転換』（共編著，東洋経済新報社，1995年）がある。また，共著として，『現代経済の解読——グローバル資本主義と日本経済』（御

茶の水書房，2010年），『知識ゼロからのアメリカ経済入門』（幻冬舎，2009年），『グローバル資本主義と景気循環』（シリーズグローバル資本主義第1集第4巻）（御茶の水書房，2008年），『グローバル資本主義と企業システムの変容』（シリーズグローバル資本主義第1集第3巻）（御茶の水書房，2006年），『グローバル資本主義と世界編成・国民国家システム I 世界経済の構造と動態』（シリーズグローバル資本主義第1集第1巻）（御茶の水書房，2003年），『アメリカに生きる日本的生産システム』（東洋経済新報社，1991年）などがある。

＜その他著書・訳書等＞

その他著書（章等の執筆）として，『世界金融危機の歴史的位相』（日本経済評論社，2010年，第4章），Tetsuo Abo, ed., *Japanese Hybrid Factories: A Worldwide Comparison of Global Production Strategies,* Palgrave-Macmillan, August 2007, Chapter 2），古矢旬・山田史郎編著『権力と暴力』（シリーズ・アメリカ研究の越境　第2巻，ミネルヴァ書房，2007年，第八章），苑志佳編『中東欧の日系ハイブリッド工場』（東洋経済新報社，2006年，第2章第3節），アメリカ学会編『原典 アメリカ史 第八巻 衰退論の登場』（岩波書店，2006年，三），公文溥・安保哲夫編『日本型経営・生産システムとEU──ハイブリッド工場の比較分析』（ミネルヴァ書房，2005年，第6章），上山邦雄・日本多国籍企業研究グループ編『巨大化する中国経済と日系ハイブリッド工場』（実業之日本社，2005年，第12章），Kumon, H. and T. Abo, ed., *Hybrid Factory in Europe : The Japanese Management and Production System Transferred,* Palgrave Macmillan; 2004, Chapter 4），山口重克編著『東アジア市場経済──多様性と可能性』（御茶の水書房，2003年，第12章），Vipin Gupta, ed., *Transformative Organizations: A Global Perspective,* Response Book, 2003, Chapter 17, Itagaki, H., ed, *The Japanese Production System: Hybrid Factories in East Asia,* Macmillan, 1997, Chapter 5, 板垣博編著『日本的経営・生産システムと東アジア』（ミルヴァ書房 1997年，第5章），伊藤誠，岡本義行編『情報革命と市場社会システム』（富士通ブックス 1996年，第6章），春田素夫編著『現代アメリカ経済論』（ミネルヴァ書房 1994年，第4章・第7章A），Abo, T., ed., *HYBRID FACTORY,* Oxford University Press, 1994, Chapter 2, 6），安保・柴垣・河合編著『日米関係の構図──相互依存と摩擦』（ミネルヴァ書房，1992年，第5章E），山口重克編『市場システムの理論』（御茶の水書房，1992年，III第三章），安保哲夫編著『日本企業のアメリカ現地生産』（東洋経済新報社，1988年，第二章），侘美・杉浦編『世界恐慌と国際金融』（有斐閣，1982年，第一章），山口・侘美・伊藤誠編『競争と信用』（有斐閣，1979年，第4章）などがある。訳書として，『アメリカ資本主義と労働』（東洋経済新報社，1990年）がある。その他，関連論文多数。

Tetsuji Kawamura

Born in Gunma Prefecture in June 1951. Professor of economics, chair of the Research Department at Graduate School of Economics, and research planning committee chair of the Institute for Sustainability Research and Education (ISRE), Hosei University. Received a BA in economics from Tokyo University in 1975, PhD from Graduate School of Economic Research, Tokyo University, in 1980. Visiting Adjunct Professor at University of Massachusetts, Amherst, in the Fulbright program from 1983-85, professor at Teikyo University and Musashi University (director of Musashi University Research Institute from 2001-03). He has been a professor of economics at Hosei University since April 2004 (chair of the Research Department at Graduate School of Economics from 2009-10). He specializes in American economic theory, global economic and management theory, and theoretical economics. American economic theory is his major field of study, and he received PhD from Tokyo University in 1994 for his general analysis of the wartime economic system of the US during WWII.

Since the late 1980s, he has carefully observed the spread of the Japanese-style production management system overseas, and has researched factory management of both Japanese and overseas companies in the US, North America (Mexico & Canada), UK, Europe, East Asia (South Korea & Taiwan), China, South-east Asia (Thailand, Malaysia, Singapore, & Vietnam), India, Brazil, and Russia. Centering on corporate globalization, he has been studying rural and urban conditions of each country and region. Especially since the 1990s, he has integrated the two paths of research, focusing on the changes and transformation of the global politico-economic system based on the post-war Pax Americana. He has organized a large-scale joint research project in a continued attempt to clarify the dynamism of the US and US-initiated globalization as well as its global impact.

パネラー

陣内秀信（Hidenobu JINNAI）

法政大学デザイン工学部建築学科教授／法政大学エコ地域デザイン研究所長，工学博士／1947年，福岡県生まれ。1971年，東京大学工学部建築学科卒業。1973年〜1975年，ヴェネツィア建築大学にイタリア政府　給費留学生として留学。1976年，ユネスコのローマ・センター（保存修復研修所）に留学。1983年，東京大学大学院工学系研究課博士課程修了。東京大学工学部助手，法政大学工学部専任講師，同大学助教授を経て，現職。
パレルモ大学，トレント大学，ローマ大学，ナポリ大学にて契約教授を歴任。現在，地中海学会会長，中央区立郷土天文館（タイムドーム明石）館長をつとめる。

<主な著作>
『東京の空間人類学』（筑摩書房／1992），『水の東京』（編著／岩波書店／1993），『ヴェネツィア――水上の迷宮都市』（講談社／1992），『水辺から都市を読む――舟運で栄えた港町』（共編著／法政大学出版局／2002），『イスラーム世界の都市空間』（共編著／法政大学出版局／2002），『南イタリア都市の居住空間』（編著／中央公論美術出版／2005），『地中海世界の都市と住居』（山川出版社／2007）

<受賞暦>
サントリー学芸賞(1985年)，建築史学会賞(2000年)，地中海学会賞(2000年)，イタリア共和国功労勲章（ウッフィチャーレ章，2002年)，日本建築学会賞(2003年)，パルマ市「水の書物」国際賞(2006年)，ローマ大学名誉学士号(2007年)，サルデーニャ建築賞(2008年)

<専門領域>
イタリア建築史・都市史

Hidenobu JINNAI
Professor of architectonics at the Department of Design Engineering and director of Ecological Community Design Institute, Hosei University. Doctor of engineering.
1947: Born in Fukuoka Prefecture
1971: Graduated from architectural course, Dept. of Engineering, Tokyo University
1973- 1975: Received scholarship from the Italian government to study at University of Architecture in Venice
1976: Studied at UNESCO's Rome Center (conservation training center)
1983: Received PhD in engineering from Tokyo University
Before his current position, he worked as an assistant at the Dept. of Engineering, Tokyo University, full-time lecturer at the Dept. of Engineering, Hosei University, and assistant professor at Hosei.
He was a contract professor at University of Palermo, University of Toronto, University of Rome, and

University of Naples. He is currently on the executive board of Historical Architecture Conservation Institute, a specified nonprofit corporation, as well as director of Local Tenmonkan (Time Dome Akashi) in Chuo Ward, Tokyo.
Awards:
Prize of Art and Science of Santori Foundation (1985), Prize of Association of Architectural Historians (2000), Prize of Collegium Mediterranistarium (in Japan) (2000), Onorificenza di Ufficiale of Repubblica Italiana (2002), Prize of Architectural Institute of Japan (2003), International Prize for Water Writing (Parma) (2006), Laurea honoris causa in Architettura, Sapienza Università di Roma (2007), and Premio Architettura Sardegna (2008)
Specialized Field:
Italian urban and architectural history.

舩橋晴俊(Harutoshi FUNABASHI)

1948年7月,神奈川県中郡大磯町生まれ。1979年4月,法政大学社会学部専任講師。1988年4月,法政大学社会学部教授(現在に至る)。2009年8月,法政大学サステイナビリティ研究教育機構長(現在に至る)。
1967年の大学入学後,折原浩氏を介して,ヴェーバー社会学に出会い,真木悠介(見田宗介)氏を介して,マルクスの社会理論を学ぶ。1986年夏から88年夏にかけて,フランス留学。その経験から,環境社会学を中心領域とすることを決意し,帰国後,各種の調査に取り組む。1988年の帰国後,地元大磯町で昭和電工立地問題に関する住民運動に参加。それを機縁にして1990年7月,新潟水俣病問題についての最初の現地訪問。そのことが,水俣病の社会学的研究の出発点となった。これまでに,日本社会学会理事(編集委員長),環境社会学会会長,『環境総合年表－日本と世界』(2010,すいれん舎)の編集委員会代表などを担当。現在,日本学術会議連携会員,日本社会学会理事(研究活動委員会委員長),『世界環境年表』国際編集委員会代表,法政大学大学院委員会議長。モットーは「実証を通しての理論形成」「教育と研究の統合」。

＜これまでに取り組んだ主な研究テーマ＞
日本とフランスの新幹線公害問題,新潟水俣病と熊本水俣病,各地の廃棄物問題,青森県むつ小川原開発と核燃料サイクル施設,再生可能エネルギー

＜主な著作＞
『新幹線公害－高速文明の社会問題』(1985年,共著,有斐閣),『高速文明の地域問題－東北新幹線の建設・紛争と社会的影響』(1988年,共著,有斐閣)『講座社会学12　環境』(1998年,共編著,東京大学出版会)『環境社会学の視点(講座環境社会学第1巻)』(2001年,共編

著，有斐閣），『加害・被害と解決過程（講座環境社会学第2巻）』(2001年，編著，有斐閣），『(新訂)環境社会学』(2003年，共著，放送大学教育振興会），『官僚制化とネットワーク社会（講座社会変動4)』(編著，2006年，ミネルヴァ書房），『組織の存立構造論と両義性論－社会学理論の重層的探究』(単著，2010年，東信堂）

<専門領域>
環境社会学，社会計画論，社会学基礎理論

Harutoshi FUNABASHI

Born in Oiso, Naka-gun, Kanagawa Prefectrure in July 1948. Became a full time lecturer at the Sociology Department, Hosei University, in April 1979. Professor of sociology at Hosei University since April 1988. Director of the Institute for Sustainability Research and Education (ISRE), Hosei University, since August 2009.

After entering the university in 1967, he was introduced to Weber sociology by Hiroshi Orihara, and learned Marx's social theory through Yusuke Maki (Munesuke Mita). He studied in France from the summer 1986 to the summer 1988. This experience helped him decide to dedicate himself to environmental sociology, and he became involved in various researches after coming back to Japan. He also participated in the residents' movement against a site dispute with Showa Denko in his hometown. This led him to make a first visit to Niigata to investigate Minamata mercury poisoning in July 1990, which started sociological study on Minamata disease. He has held various positions such as executive board member of Japan Sociological Association (editorial committee chair), director of the Association of Environmental Sociology, and chief editor of "General Environment Chronology – Japan and the World" (2010, Suiren-sha). Currently, he is a collaborative member of Science Council of Japan, executive board member of Japan Sociological Association (research activity committee chair), chief international editor of "World Environment Chronology". His motto is "theory building through actual proof" and "integration of education and research".

Major Themes of Study:

Environmental disruption by bullet trains in Japan and France; Minamata disease in Niigata and Kumamoto; waste problems; Mutsu Ogawabara development and nuclear fuel cycle facility in Aomori; and renewable energy.

Specialized Field:

Environmental sociology, social planning theory, and basic theory of sociology.

I 司会者およびパネラーの紹介

サスキア・サッセン (Saskia Sassen)

コロンビア大学社会学部ロバート・S・リンド教授，グローバル思想委員会共同委員長。新著に，*Territory, Authority, Rights: From Medieval to Global Assemblages*（Princeton University Press 2008）〔邦訳『領土，権威，諸権利：グローバリゼーション・スタディーズの現在』（明石書店，2011年）〕，*A Sociology of Globalization*（W.W. Norton 2007）。他の近著に，全面改訂の第3版 *Cities in a World Economy*（Sage 2006），編著の *Deciphering the Global: Its Scale, Spaces and Subjects*（Routledge 2007），共編著の *Digital Formations: New Architectures for Global Order*（Princeton University Press 2005）。30ヵ国にわたる研究者や活動家のネットワークにより，ユネスコの持続可能な人間居住に関する5ヵ年プロジェクトを終了したばかりである。その成果は Encyclopedia of Life Support Systems [http://www.eolss.net] の1巻として刊行される（Oxford, UK: EOLSS Publishers）。*Global City: New York, London, Tokyo*（Princeton University Press 2001）〔邦訳『グローバル・シティ：ニューヨーク・ロンドン・東京から世界を読む』（筑摩書房，2008年）〕の全面改訂された新版が2001年に刊行。著作は21の言語に翻訳されている。また，いくつかの編集委員や国際機関のアドバイザーも務めている。外交問題評議会と全米科学アカデミー・都市パネルのメンバーであり，米国社会科学研究評議会の情報技術・国際協力委員会の議長を務めた。『ガーディアン』，『ニューヨーク・タイムズ』，『ルモンド・ディプロマティーク』，『インターナショナル・ヘラルド・トリビューン』，『ニューズウィーク・インターナショナル』，『オープン・デモクラシー』，『バングアルディア』，『クラリン』，『フィナンシャル・タイムズ』，『ハフィントン・ポスト』その他に寄稿している。著作に関する詳細は，www.saskiasassen.com を参照。

Saskia Sassen

Saskia Sassen is the Robert S. Lynd Professor of Sociology and Co-Director of the Committee on Global Thought, Columbia University. Her new books are *Territory, Authority, Rights: From Medieval to Global Assemblages* (Princeton University Press 2008) and *A Sociology of Globalization* (W.W. Norton 2007). Other recent books are the 3rd fully updated *Cities in a World Economy* (Sage 2006), the edited *Deciphering the Global: Its Scales, Spaces and Subjects* (Routledge 2007), and the co-edited *Digital Formations: New Architectures for Global Order* (Princeton University Press 2005). She has just completed for a UNESCO five-year project on sustainable human settlement with a network of researchers and activists in over 30 countries; it is published as one of the volumes of the Encyclopedia of Life Support Systems (Oxford, UK: EOLSS Publishers) [http://www.eolss.net]. *The Global City: New York, London, Tokyo* (Princeton University Press 2001) came out in a new fully updated edition in 2001. Her books are translated into twenty-one languages. She serves on several editorial boards and is an advisor to several international bodies. She is a Member of the Council on Foreign Relations, a member of the National Academy of Sciences Panel on Cities, and chaired the Information Technology and International Cooperation Committee of the Social Science Research Council (USA). She has written for The Guardian, The New York Times, Le Monde

Diplomatique, The International Herald Tribune, Newsweek International, OpenDemocracy.net, Vanguardia, Clarin, The Financial Times, Huffington.com, among others. Several of her books are translated into Japanese, most recently, *The Global City: New York, London, Tokyo* with Chikuma Shobo Publishing（筑摩書房）(November 2008) and *Territory, Authority, Rights: From Medieval to Global Assemblages*, forthcoming with Akashi Shoten（明石書店）in 2011. For more details about her work, see www.saskiasassen.com.

スナンダ・セン（Sunanda Sen）

インド社会科学院（Indian Council of Social Sciences）のナショナル・フェロー。1973年より2000年にかけて，ジャワハルラル・ネルー大学の経済学研究所において，教授職をつとめた。現在，氏は，ニューデリーにあるインド国立イスラム大学（Jamia Millia Islamia）および産業発展研究所（Institute for Studies in Industrial Development: ISID），コルカタにあるコルカタ開発学研究所（Institute of Development Studies Kolkata）において客員教授職をつとめており，さらに，ニューヨークのブライスウッドにあるリーバイ経済研究所（Levy Economics Institute）においても，リサーチ・アソシエートとして研究を行っている。氏の研究対象と教育は，開放経済，グローバルな金融，国際的経済関係のもとにおける経済発展に関わるものである。氏は現在，経済史，国際貿易および国際金融，経済発展にかかわる諸問題などに対する研究を行っている。なお，氏は，上記以外にも，デリー大学，バルセロナ大学，グルノーブル大学，スリナムのハンス・リム・ア・ポー研究所など，世界の様々な国において，客員教授職を拝している。さらに，オランダ社会科学大学（The Institute of Social Studies：ISS），英国サセックス大学にある開発研究所（Institute of Development Studies: IDS），英国ケンブリッジ大学（氏はケンブリッジ大学の終身フェローである）のフェローでもある。加えて，氏は，様々な国連機関において，コンサルタントとして活躍してきた。氏はムンバイにある市場化推進委員会（Forwards Market Commission）のメンバーでもあった(1994年)。

＜主な研究業績＞
氏の著作数は，論文，著書をふくめて，膨大をきわめているが，近年の著作としては，『危機にあるグローバル金融：スタグネーションと不安定性の現実化に際して』(*Global Finance at Risk: On Real Stagnation and Instability,* Houndsmills Palgrave-Macmillan，2003年)，『グローバリゼーションと経済発展(日本語版)』(新泉社，2012年：原題 *Globalisation and Development,* National Book Trust，2007年)，『不自由と賃労働：インドの製造産業における労働』(*Unfreedom and Waged Work: Labour in India's Manufacturing Industry,* Sage Publications India Pvt Ltd, 2009年4月) などがある。

Sunanda Sen

Sunanda Sen is National Fellow of Indian Council of Social Sciences and was a Professor at the Centre for Economic Studies at the Jawaharlal Nehru University from 1973 to 2000. Currently she has been a Visiting Professor in Jamia Millia Islamia, New Delhi a Visiting Professor at the ISID, New Delhi, visiting Professor, Institute of Development Studies Kolkata (IDSK), and a Research Associate, Levy Economics Institute, Blithewood, New York. Her area of research and teaching relates to development in open economies, global finance and international economics. She is currently engaged in research on economic history, international trade and finance, and issues in development. Also, she has been a Visiting Professor in various Universities and institutions at home and abroad, including Delhi University, Barcelona University, Grenoble University, Hans Lim A Po Institute at Suriname etc., and a Visiting Fellow at ISS (Netherland), IDS (Sussex), University of Cambridge (where she is a Life member). In addition, she has been a Consultant at various United Nations organisations. She was a member of the Forwards Market Commission (1994). She has contributed a large number of articles and chapters to reputed journals and edited volumes and her recent publications include *Global Finance at Risk: On Real Stagnation and Instability*, Houndsmills Palgrave-Macmillan 2003; *Globalisation and Development*, National Book Trust 2007 (translated in Japanese, Shinsen-sha〔新泉社〕, 2011); *Unfreedom and Waged Work: Labour in India's Manufacturing Industry*, Sage Publications India Pvt Ltd, April 2009.

スワタナ・タダニティ (Suwattana Thadaniti)

タイ，カセサート大学建築学部都市環境計画学科準教授，チュラロンコン大学社会総合研究所顧問，チュラロンコン大学大学院行政委員会及び講師。

＜学歴＞
1968年，チュラロンコン大学，地理学，学士 (優等学位)
1974年，(オーストラリア) メルボルン大学地理学　修士
1980年，チュラロンコン大学 都市計画学　修士
1990年，(ポーランド) クラコウ大学　都市／農村計画学 博士 (工学)

＜受賞及び客員研究歴＞
1985年，ユネスコ奨学金 (ポーランド，クラコウ大学工学大学博士課程)
1993年，オーストラリア国立大学資源環境学センター客員研究員
1997年，シンシナティ州立大学客員研究員 (米国文化情報局フェローシップ)

＜活動経歴＞
1982年，チェンマイ観光マスタープランのために AEC and Four Aces (株)，Sumet Jumsai Associates (株) と連携し取り組んだ M.H. Planning and Development (株) のコンサルタント。

物理的計画及び環境影響評価を担当。タイ第5期国家開発計画における都市開発及び土地利用政策の草案策定のための国家経済社会開発小委員会のメンバー。
1987年，「首都圏周辺の開発を中心とした主要都市における土地‐88の使用」に関するバンコク現地調査のための国連ESCAPのコンサルタント。
1993年，農業協同組合の王立森林局省のコンサルタントとして，タイ森林地域マスタープランのための「都市森林」研究を実施。
2010年，内務省都市農村計画局のコンサルタントとして，「沿岸地域の開発計画」に関する調査の遂行・提出。

＜調査業績＞
1990年，「バンコク中心部の大都市開発と保全の遂行のための戦略的地域開発アプローチ」，国連地域開発センター（名古屋）の支援。
2003年，ウドーン・ターニー州ウドーン・ターニー町の「都市開発総合計画」，ウドーン・ターニー町の支援。
2005年，「津波被災地における地域環境及びセツルメント開発のためのリハビリテーション計画」，天然資源環境省天然資源環境政策計画局の支援。
2006年，「都市住宅開発計画：プーケット県の事例」，タイ国家住宅公社の支援。「タイにおけるクオリティ・シティーの再考——都市計画標準指標による調査」タイ公共事業・都市農村計画局の支援。
2010年，「タイとミャンマー国境プロジェクトの避難民の状況に対する持続可能な解決策」に関する調査の一環としての「避難民の一時避難所が彼らの周辺環境に及ぼした影響」，国連開発計画（UNDP）の支援。

Suwattana Thadaniti
PRESENT POSITION:
-Associate Professor, Department of Urban and Environmental Planning, Faculty of Architecture, Kasetsart University, Bangkok
-Advisor, Chulalongkorn University Social Research Institute.
-Administrative Committee and lecturer, The Graduate School, Chulalongkorn University.
EDUCATION:
B.A. (Hons) Geography, Chulalongkorn University, 1968.
M.A. (Geography) University of Melbourne, Australia, 1974.
Master of Urban Planning, Chulalongkorn University, 1980.
Ph.D. (Town and Country Planning) Tech. University of Cracaw, Poland, 1990.
AWARDS AND SCHOLARSHIPS:
1985 UNESCO scholarship via Polish Technical University at Cracow to study for the octorate degree in Poland.
1993 Visiting Fellowship at Centre for Resource and Environmental Studies, the Australian National University, Australia.
1997 Visiting Fellowship by USIA at Cincinnati State University, U.S.A.
PROFESSIONAL CAREER:
1982: Consultant to M.H. Planning and Development Co., working in conjunction with Sumet Jumsai Associates Co., AEC and Four Aces Co., for the Chiang Mai Tourism Master Plan. Responsible

for Physical planning and environmental impact evaluation. National, Economic and Social Development Board Sub-committee Member of to draft Urban Development and Land Use Policies in the Fifth National Development Plan of Thailand.

1987-88: Consultant to ESCAP of the United Nations to conduct a field study in Bangkok on "Land use in major cities with focus on metropolitan fringe development".

1993: Consultant to Royal Forest Department Ministry of Agriculture and Cooperatives, conduct a study of "Urban Forestry" for Thai Forestry Sector Master Plan.

2010: Consultant to Department of Town and Country Planning, Ministry of Interior, present conduct a research on "Coastal Area Development and a Planning"

RESEARCH ACHIEVEMENT

1.1990: "Strategic Area Development Approaches for Implementing Metropolitan Development and Conservation of Inner Bangkok, Supported by UNCRD Nagoya.

2.2003: "Comprehensive Planning for Urban Development" of Udorn Thani Municipality, Udorn Thani Province Supported by Udorn Thani Municipality.

3.2005: "Rehabilitation Planning for Community Environment and Settlement Development in the Tsunami Disaster Area" Supported by Office of Natural Resources and Environmental Policy and Planning. Ministry of Natural Resource and Environment.

4.2006: "Urban Residential Development Planning : a Case of Phuket Province" Supported by National Housing Authority of Thailand. "Rethinking of Quality City in Thailand, a Search by Urban Planning Standard Indicators". Supported by Department of Civic Work and Town Country Planning, Thailand.

5.2010: "The Impact of Displaced People's Temporary Shelters on Their Surrounding Environment", a research in "Sustainable Solutions to the Displaced Person Situation on the Thai-Myanmar Border Project" Supported by UNDP.

アルマンド・モンタナーリ（Armando Montanari）

観光科学で学位を取得。現職はローマ・ラ・サピエンツァ大学人文学部地理学教授。

＜主な経歴＞
ヨーロッパの社会地理学会（EUGEO）（ブリュッセル）副会長（2002年以降）。"地球と人の移動"に関する国際地理学連合（IGU）委員会，会長（2000年）。プロジェクトのサピエンツァの研究では"場所の保持．管理マスツーリズム，歴史的な中心の生活の都市の保全と品質"，の研究責任者（2008～2010年）。ESPON1.1.4 SELMA（2002～2006年）"ヨーロッパの大都市圏における空間経済土地利用の集中排除と生活の質"において，ヨーロッパのプロジェクトの代表チームをコーディネート（2003～2005年）"人口動向と移行の空間的な効果"，"ヨーロッパにおける地域間の

移行"(2002年)。EQUAL II - 性別の移行のセリーヌ・プロジェクト"欧州における女性の市民や労働者"(2005〜2007年)。空間, アクタープロジェクト：" PRIN (国家関連の研究プロジェクト) 2004年"地方開発URBANプログラム内の"人間のモビリティと都市政策", イタリア計画省, 2007年：国家プロジェクトにおいて研究グループを調整してきた。国際比較, 研究と大学（MIUR）, (2004〜2006年) イタリア計画省。PRIN2002"観光と成長：局所因子と空間的競争力", MIUR, (2002〜2004年)。地理学, IGU アーカイブおよび研究センター, ローマ, (2000-2003年) ホーム・ディレクター。事務局長, 地理学, ブリュッセル, (1998〜2002年) のためのヨーロッパの社会, ディレクター, 地理学, 国際地理学連合(IGU)のアーカイブと研究センター (ローマ) (2000〜2003年) 事務局長 EUGEO, (ブリュッセル) (1998〜2002年).Member (1993〜2000年) ＆副会長 (1998〜2000年) "協議の環境に関するフォーラムと持続可能な開発"欧州委員会, (ブリュッセル)。メンバー (1986年〜1998年) 兼会長 (1993年〜1998年), 理事会, 欧州環境局 (EEB), (ブリュッセル)。イタリア語での論文および記事170以上, そのうち英語で50％以上, フランス語, スペイン語, 日本語などに訳された。

Armando Montanari

Professor of Geography, University Degree on Tourist Sciences, Faculty of Humanistic Sciences, Sapienza Rome University. Vice-President, European Society for Geography (EUGEO), Brussels, (since 2002). President, International Geographical Union (IGU) Commission on "Global Change and Human Mobility",(since 2000). Responsible of the research group at Sapienza of the project "Preserving places. Managing mass tourism, urban conservation and quality of life in historic centres", (2008-2010). He has coordinated the national teams of the European projects: "Spatial Deconcentration of Economic Land Use and Quality of Life in European Metropolitan Areas" - SELMA(2002-2006); ESPON 1.1.4. "The spatial effects of demographic trends and migration" (2003-2005); "Interregional Migration in Europe" (2002); EQUAL II – Celine Project on gender migration "Female citizens and workers in Europe" (2005-2007). He has coordinated the research groups in the national projects: "Human mobility and urban policies", Italian Ministry for Planning, within the URBAN programme, 2007; PRIN (Research Project of National Relevance) 2004 "Local development: space, actors, projects. International comparisons", Italian Ministry for Research and University(MIUR), 2004-2006. PRIN 2002 "Tourism and growth: local factors and spatial competitiveness", MIUR, 2002-2004. Director of the Home of Geography, IGU Archives and Study Centre, Rome, 2000-2003. General Secretary, European Society for Geography, Brussels, 1998-2002. Director, Home of Geography, International Geographical Union(IGU) Archives and Study Centre, Rome, 2000-2003. General Secretary, EUGEO, Brussels, 1998-2002.Member(1993-2000)& Vice-president(1998-2000) "Consultative Forum on the Environment and Sustainable Development" European Commission, Brussels. Member(1986-98)& President(1993-98), Board, European Environmental Bureau(EEB), Brussels. More than 170 articles & volumes in Italian, more than 50 % in English, French, Spanish, Japanese.

Works and Articles:
1) Montanari A. & Williams, A.M.(eds), European Tourism: Regions, Spaces and Restructuring, J. Wiley & Sons, Chichester and New York, 1995.
2) Williams A. and Montanari A., "Sustainability and self regulation: critical perspectives", *Tourism Geographies*, 1 (1) 1999, pp.26-40.

3) Buzzetti L. e Montanari A.（a cura di）, *Nuovi scenari turistici per le aree montane. Abruzzo e Trentino: sviluppo locale e competitività del territorio,* Artimedia, Trento, 2006.
4) Montanari A. e Staniscia B.,"*Types of economic deconcentration in European urban space. Magnitude, physical forms, sectoral composition and governance context*", in *Die Erde Special Issue: European Metropolitan Areas,* 137（1-2）,2006, pp.135-153.
5) Montanari A., Staniscia B. e Di Zio S.,"*The Italian way to deconcentration. Rome the appeal of the historic centre. Chieti-Pescara the strength of the periphery*", in Razin E., Dijst M., and Vazquez C.（eds.）, *Employment deconcentration in European Metropolitan Areas. Market forces vs planning regulations, Springer, Dordrecht,* 2007, pp.145-178.
6) Montanari A., Costa N., Staniscia B., *Geografia del Gusto. Scenari per l'Abruzzo*, Menabò, Ortona, 2008.
7) Montanari A., *Turismo urbano: tra identità locale e cultura globale*, B.Mondadori, Milano, 2008.
8) Montanari A.,"Geography of taste and local development in Abruzzo（Italy）. A project to establish a training and research centre for the promotion of enogastronomic culture and tourism", *Journal of Heritage Tourism,* 16（02）, 2009, pp. 222-233.
9) Montanari A. e Staniscia B.,"Culinary tourism as a tool for regional re-equilibrium", *European Planning Studies,* 17（10）, 2009, pp.1463-1483.
10) Montanari A.,"Ecoturismo", *Principi e pratiche*, B.Mondadori, Milano, 2009.
11) アルマンド・モンタナーリ「欧州連合におけるパートナーシップと環境」『環境と公害』2000, 30（1）, p.16-22, 岩波書店
12) アルマンド・モンタナーリ「サステイナブル・シティの経験と挑戦――欧州連合におけるその役割――」『環境と公害』2004, 33（3）, p.24-31, 岩波書店
13) アルマンド・モンタナーリ「欧州における都市保全と生活の質のための都市環境」『環境と公害』2011, 40（3）, p.2-6, 岩波書店

ダルコ・ラドヴィッチ（Darko Radović）

ベオグラード大学（ユーゴスラビア）において建築・都市計画の博士号取得。

＜主な経歴＞
建築・都市計画分野においてヨーロッパ，オーストラリア，アジアで教鞭をとる。ベオグラード大学，メルボルン大学，東京大学を経て，現在，慶應義塾大学，理工学部システムデザイン工学科，開放環境科学専攻，空間・環境デザイン工学専修教授。同大学IKI共同ディレクター。国連大学およびシンガポール国立大学客員教授。健康と福祉フィリップスセンター・シンクタンクメンバー。
環境的－文化的な統合的サステイナビリティを目指す「エコ・アーバニティ」をキーコンセプトとして，慶應義塾大学のデザイン研究所co+laboでの研究をはじめ，教育や著作活動

を展開している。オーストリア，フランス，イタリア，日本，セルビア，モンテ・ネグロ，フィリピン，シンガポール，スペイン，タイ，イタリア，ベトナムで講演。

＜主な業績＞
The Green City (2005, Routledge)，*Urbophilia* (2007, University of Belgrade)，*Cross-Cultural Urban Design* (2007; Routledge)，*Another Tokyo* (2008, University of Tokyo and ichii Shobou)，*Eco-Urbanity* (2009, Routledge) など多数

Ⅱ　パネル・ディスカッション
「『二重の危機』の克服と持続可能な未来の再生」

　河村（司会）　それではパネル・ディスカッションのセッションに入りたいと思います。最初に法政大学のサステイナビリティ研究教育機構のほうから，まず舩橋先生にコメントをしていただき，続いて陣内先生にコメントをいただきます。それから演者の方々に登壇していただきましてディスカッションを行うという手順で進めたいと思います。それでは舩橋先生，よろしくお願いいたします（※報告内容は本書第1部として収録。）

（1）グローバル化・国民国家・都市・ローカルコミュニティ──危機と課題
　それでは皆さまにご登壇いただいたところで，それぞれの報告者の方に，全体をお聞きになって，また先ほどのお二人のコメントも含めて，まずは短くメッセージをいただきたいと思います。それでは最初にサッセン先生，お願いいたします。

サッセン：私の目を引くのは，いかなる複合都市も突然変異体（mutant）であるということです。先ほどの陣内先生の詳細なプレゼンテーション（第1部第4章参照）にもありましたように，これらのエリアがいかにシフトするか。その問題に焦点を合わせているかどうかにかかわらず，多くのお話の中にその要素がありました。これらの変容，シフト。都市とは突然変異体である，そして私が思うのは，不完全であるからこそ突然変異の可能性を有するということです。この不完全性において，都市は存続することができるのです。帝国や，多国籍企業，共和国，それらは生き続けます。複合都市も生き続けます。それがひとつの点です。都市に注目が

集まりました。

　第2のテーマは，今日の世界におけるより大きな構造条件の問題です。この点で，われわれ報告者の2名が，金融およびその展開の仕方が決定的に重要な要因であることを確認しました。それは単にマネーの問題ではなく，そのロジックが問題である。それは危険なものです。

　第3に，最も差し迫って重要なことと思われますが，ここ日本における津波と原発惨事の問題です。どこまでが人為的ミスだったのか，あるいはただの人為ミスではなく設計の問題なのか，または，企業がいかに原子力をとり扱っているか，などです。それは，他の多くの課題を検証するための縮図たり得るものと思います。スワタナ先生からも出されたと思いますが，実際起こってしまったこうした破滅的な事態は，いずれも，一部はわれわれ人間が引き起こしたものである。ただの自然災害ではないのです。以上が，私の理解した主な3つのテーマです。まだまだ多く申し上げたいのですが，ひとまずここで止めます。

河村：　　ありがとうございました。サッセン先生は，主な点を3点，まず提起されましたが，セン先生いかがですか。

セン：　　ありがとうございます，河村先生。付け加えることはそんなにないと思いますが，グローバル都市やグローバルな関心の必要性などいくつかの問題について，その特徴の指摘や議論をお聞きしているうちに思ったことがあります。私はすぐに自分の住んでいる場所に結びつけました。ローカルで，あまりグローバルではないシナリオですが，ごく簡単に私が住んでいるデリーの近郊の地域をご説明します。

　ほぼデリーといってよい，境界にある地域です。グルガオン（Gurgaon）という小さい村でしたが，今では大企業などの地図に載っています。そうなったのには多くの理由がありますが，とりわけ資本の自由流入が大きい。サービスのアウトソーシング

（外部委託）先が多数あります。ご存知のように，インドはサービス輸出大国のひとつです。インドのGDPの約54％がサービス業によるものです。私の自宅付近でもそれがよくわかります。私の家は2.5階建てですが，26階，30階，40階建てのビルが周りに多数あります。企業の社屋です。思いつく限りの会社が皆そこにあります。

そうしたビルは，市民のルールなどお構いなしに建てられました。ですから今では道路が大変混雑しています。また，多くの人々を農地から立ち退かせ，電力や水など枯渇しうる資源を使っています。ですから全体的に，この種の資本流入およびサービスの外部委託能力の複合が，この小村をグローバル・シティともいえるものに変えてしまったのです。

この変化の過程において，多くのことが起こっています。申し上げたように，交通渋滞，それから人口流入。多くの人々が近隣の町や村から出稼ぎにきますが，行き場所がありません。下町の，あまり住み心地の良くないところに住んでいます。こういった出稼ぎ労働者への対策は何もないのです。これが，私が直接関係しえいる地域の一面です。それからビル群。もし写真でお見せすることができれば，巨大企業の大都市の態様を良くあらわしているのがお分かりいただけると思います。

簡単にふれようと思った第2点は，この過程において何が起きているかということです。土地の移転です。土地移転は，インドで盛んに議論されていますが，農地移転に補償無しでいいのかどうか。また，補償の問題にとどまらず，食糧不足などの惨事につながらないのか。それがこの変化のもうひとつの面です。

3点目は，今起っている建築の変容です。単に世界中の建築家が同様のプランを持っているなどということではないのです。それは，資本の流れと結びついているもので，特定の「ライフスタイル」を要求するものです。

　　　　　　最後に，われわれが皆このシンポジウム全体で表明したことですが，統治（governance）の必要性があるという点です。金融的安定の必要性については多くが語られてきましたが，それならば，市場の安定だけでなく，実体経済などほかの安定を要求する新しい声が別にあってなぜいけないのでしょうか。

　　　　　　全体として，統治の必要があり，それに関しては国家規制だけではなく，地域社会に根ざした要求を出していく必要があるという点が，非常にはっきりと明らかにされたと思います。ありがとうございました。

河村：　　　ありがとうございました。タダニティ先生お願いします。
タダニティ：ありがとうございます。ご質問にすべて答えられるかどうかわかりませんが，タイでの経験によれば——私はタイ出身ですから——メガシティの将来，持続性を維持することは可能と思います。これまでは可能でした。しかしまだ中途ですし，過去の知識ではなく，過去・現在・未来の知識をいかにミックスしていくかにかかっていると思います。

　　　　　　地域社会の例を挙げますと，メガシティにも，多くの緑や多くの小さなコミュニティがあります。私が例に挙げるコミュニティはバンコクではありませんが，それから学ぶことはできます。私のプレゼンテーションのスライドにありますアンポワです。通常，3つの要因，または3つの領域を知っておく必要があります。第1に，自らを知ること。自らを知るとは，何をもっていて何が欲しいのか知るということです。十分なのか，そうでないのか？食べなければならない。食物が必要だ。どうやって食べ物を得るか？　それは自らを知るということです。

　　　　　　次に，第2に，自らのコミュニティを知り，理解しなければなりません。知っていると思っていても，コミュニティを分析し，それが真に必要としていることは何なのかを知らねばなりません。コミュニティにはアイデンティティがあります。アイデンティ

ティを維持することが必要です。

　第3に，自分のコミュニティを理解した，その後もうひとつ領域があります。より大きなものです。自らの環境，コミュニティの周囲の環境，人間としての自らのあり方をめぐる環境，つまり自然です。

　これら3つの領域または3つの要因を理解すれば，バランスを見出すのは私たち次第です。円のようなものです。始めの輪，2番目の輪，3番目の輪，そして3つの輪同士の関係。自然が重要なのはお分かりですね。バランスを作り出さねばなりません。破壊することはできません。自然と友好的に生きることができる。それほど難しいことではありません。現実的です。お話した3のレベルの知識があれば可能です。後ほど時間がありましたら詳細を申し上げます。ありがとうございました。

河村：　タダニティ先生からは，私がお話しした「字・大字」からのローカル・コミュニティをベースにした再構築ということと非常に近いことをコメントいただいたと思います。また後で戻りたいと思います。続いてモンタナーリ先生お願いいたします。

モンタナーリ：ありがとうございます。私は，fils rouge（フランス語で赤い糸），様々なプレゼンテーションをつなぐ共通の赤い線，すなわち複雑性があるという印象を受けました。複雑性と持続可能性をいかに組み合わせるか？　複雑性は常に存在していましたが，近年，より一層強烈になってきました。複雑性の様々な構成要素をいかにして分析し，測定し，可能であれば予測したらよいのでしょうか？

　伝統的なデータの収集はもはや，新しい状況を正しくサポートできない，サポートするに足りない。事象は統計よりも速い。また，地方行政は選挙で選ばれ，選挙毎に変わるので非常に短い任期しかありません。

　しかしここでの私の疑問は，社会における研究者は，分析，手

段，状況の解釈，そして地域社会を助ける政策をどうしたら提供できるのか，ということです。研究者は学問的制約内に留まっていられるのか？　学問の世界に留まり，それでよしとしうるのか？　満足できるのか？　以上です。

ラドヴィッチ：実に効率的でした！　私はとてもかないません。最初のコメントは，たぶんこれに関連しているでしょうが，アルマンドが複雑性について言ったのは，まさに，組織について，つまり明白な学際的連携の必要性に対応してこのシンポジウムを組織した，その構造についてです。これは大変重要だと思います。このテーブルのまわりには，われわれが重要だと考える問題を論じるために，異なる学問分野の方々が集まっています。

　異なる学問分野だけでなく，異なる文化，これが根本的に重要です。なぜなら，われわれは普遍的知識というものが存在すると信じるに至っているからです。もちろん一定の普遍的知識はありますが，非常に多くの特定の知識というものもあります。この場合，ドナ・ハラウェイが英語という言語を上手に攻撃するときのように，私もいつもやっているのですが，諸知識（knowledges）と複数形で申し上げます。これが非常に重要と思います。学際性，異文化間交流，純粋な，威圧的意見のないもの…

　建築家として，都市デザイナーとしてここにお招きいただいたのを実に喜んでおりますし，光栄に思っておりますが，デザインという職業も対話の一部となります。これが非常に重要と思います。デザインという職業は，いわば創造的合成の分野であるからです。また，私たちには発見的飛躍が必要です。跳躍が必要です。小さな一歩一歩では満足できません。それが私の言いたい第1のポイントです。学際性の必要性，そして真に，本当の異文化間思考が必要です。

　第2のポイントは，このシンポジウムで認識したのは，われわれが皆この世界に対する不満を共有しているということです。し

かしそれだけでは不十分です。そうした不満は，いまや世界中いたるところの政治演説に含まれています。私たちもその仲間入りをしたわけで，しかも非常に取るに足らない役回りです。オバマ氏や他のそういった人々が，われわれのが今日論じているのと同じことを言っているのですから。

　ですから，私の報告で触れたことをもう一度強調しますが，行動が必要だということです。それが非常に重要と思います。あいにくそれはネガティブに聞こえるかもしれませんが，私はそうは思いません。反対して行動する。私は，まず政治的正当性に反対する行動からはじめたいと思います。政治的に正しくあるがために，現実問題を回避していることがよくあるからです。

　また，例えば解決を模索するにあたり，分析は統合を生み出さないと思っています。素晴らしく的確な分析は必要ですが，同時に基盤を揺るがすような跳躍も必要です。分析とは基盤の上にどっしりと立っていることが多いからです。基盤を再発見することが必要なのかもしれません。新たな基盤をそこから見出すことが必要でしょう。

　最後のポイントは，こうした議論をローカライズすることが必要だということです。文化の特定化，場所の特定化，状況の特定化が必要です。タイトルは何でしたか？「持続可能な未来の探求」ですね。それは厳密に，どこでのことですか？　これが，実に重要な点だと思います。津波と福島のおかげでそれになにがしかとりくめることになりました。まさにどこなのか？　今日の日本にはひとつの差し迫った課題がありますが，しかし，世界の多くの場所でそれぞれの差し迫った課題があります。それはグローバルな広がりをもっているものもあります。また，顔も名前も姓をつ特定の人々にしか影響がなく，非常にローカルではあっても，同じく劇的なものもあります。

　以上が，私の3つの主なポイントかと思います。真の学際性，

それ以上に真の異文化間思考の必要性。行動，よくないとわかっているものに対する行動の必要性，ローカライズ，大きな議論をローカライズし，行動に具体性を与える必要性です。

河村： 　最後にラドヴィッチ先生から提起された問題は，実は私のほうでそれぞれの方々に準備をしていた質問と非常に重なっています。全体の本日の報告と今のコメントをお聞きしていて，どうやらこの間グローバルに進んできた，企業，金融，情報のグローバル化と政府機能の新自由主義転換が世界中に拡大するといった意味でのグローバリゼーションは，金融危機，経済危機で破綻している。しかし，同時に各国，各地域やローカルに大変大きな破壊的な影響を与えている。こうした点で，認識はほぼ共通しているかと思います。問題はいくつも出てきていますが，そこからいかにして持続可能な未来を形成していくのか。これが共通の課題として，さまざまな角度から提起されたと理解できるかと思います。

　具体的にどうするか，という問題としては，1つは，舩橋先生の公共圏の拡大という点があります。制御可能性を高めることがポイントであったかと思います。また，実践的には，陣内先生からご報告があった，「グローバル・シティ東京においてさえ」ということになりますが，江東や根津その他，日野でも可能性がある。こうした点を踏まえて，私のほうで準備した質問を投げかけたいと思います。それぞれのご報告の中で，特定の点も強調されていますので，それとも関連させて質問したいと思います。

　まずサッセン先生からですが，ご著書 *Territory, Authority and Rights*（『領土，権威，諸権利』）で強調されているように，現代はまさに17, 8世紀の近代国民国家システムが形成されるプロセスと同レベルの大転換期にあるということですが，この点は非常に重要な認識かと思います。大いに賛同して，私もこの方向で考えています。1つのキーワードは金融危機の問題です。国民国家の諸要素・制度の脱集合化が進む一方，グローバルな新集合化

（グローバル・アセンブリッジ）が出現している。ところがそれがサステイナブルではない。その点をはっきりご指摘されています。

　問題は，そこからいかに脱却するのか。1つの可能性としては当然，近代国民国家の脱構築ということだと思われますが，その中でやはり他のご報告で提起されていた問題として，1つは都市の問題があるます。その関連で，日本について私も少し強調しましたが，とくにタダニティ先生がお話しされた伝統社会の役割をどのように考えるのか，あるいは大きくいえば，グローバル・シティと社会との関係はどう考えたらよいのかという点が問題となってきます。このあたりいかがでしょうか？

(2) 国民国家・政府の役割，金融，再ローカライズ

サッセン：　はい，ありがとうございます。1時間いただけますか？［笑］いえ，手短にいたします。今の，課題を提起してくださってうれしく思います。私自身の順序で進めさせていただきますが，ご質問の一つ一つにお答えしていきたいと思います。

　少なくとも，私の分析で重大と思われる点をいくつか挙げます。正しいのか間違っているのかはわかりませんが，第1に，ナショナルな国家，機能しているナショナルな国家は，みな複合能力機能（complex capability）があると考えています。最も富裕な多国籍企業よりも，はるかに複合機能をもっている。なぜか？　多国籍企業には結局のところ，最高経営責任者がいて取締役会があり，はるかにシンプルですが，ナショナルな国家は，非常に多くの矛盾するプロセスを組み合わせる必要があるからです。われわれは複合機能を投げ出すことはできないと思います。今われわれが有しているような国家を生み出すのには長い時間がかかりました。問題は，政治家がその機能をいかに扱うかです。ですから非常に興味深いのは，私の小さな国，オランダには，どんなに政治階級

がひどくともテクノクラシーがあるということです。テクノクラシーがうまくいかなければ，オランダ全体が水中に沈んでしまう。緑のスペースもまったくなくなる，などなど。ですから，この国家としての複合機能は，われわれが望めばよいサービスを現実に提供できるし，複雑な問題に取り組むことも可能となる。そうした事例は十分にあるのです。

第2に，それはまた国際化されるべき機能であるということです。私は，国家の脱ナショナル化を言っています。われわれが直面する最大の課題の多くは，グローバルな飢餓，グローバルな司法，グローバルな環境問題などですが，それは，共通のものへの関心と国際的モードでの国家間の共同作業が必要となります。

われわれの近代性，ナショナルな国家の近代性においては，ナショナルな国家や政府は，国際領域の公益ではなく，自らの私的利益だけの代表であるかのように振舞ってきました。そのような態度は変わらねばなりません。ですから，私が第1に主張したいのは，解決という意味で，まず国家としての複合機能を認め，政治階級はすべての国で深刻な問題であると率直に認識することです。

第3に，われわれは大きな課題に直面しているため，国家は必要であると言うことです。しかし，それはナショナルな国家でありえない。私は世界国家を信奉してはいません。それはホラーとなる思います。それぞれの国には複雑な歴史，複雑な地理などがあり，一部，国家はそうした特殊性から出現するものだからです。それらをすべて捨てて，世界国家の総称モデルに一般化することはできません。この質問についてはこれくらいにします。

第2のポイントですが，このカンファレンスのタイトルからして，われわれが何をし得るかを話して欲しいとお思いでしょう。ここ2年間，グローバル金融の批判的分析を多くし，どう進んで行ったらいいのか理解しようとしてきました。今日，話の中でこ

れらの要素を示唆しましたが，またそれに戻ります．金融を消滅させることにはならないと考えています．金融には，資本を作り出す機能があります．決定的に重要な点は，金融をあるレベルまでに落として，緑の交通体系，社会的住宅，環境浄化，あるいはそれに類するものに実体化する必要があるということです．

　許容できないのは，金融を放置することです．午前中に述べたように，放置すると周りのものすべてを食いつくしてしまう．金融を禁止しなければならない，完全に消滅させる，ということではありませんし，それは不可能です．もういい，OK，と言う．そして，アジェンダを明確にする必要があるということです．そこで政治階級の性格，市民階級の性格が非常に重要になるわけです．

　ところで同時に，私がアメリカで奮闘しているひとつですが，大銀行にそれほど銀行業務を行ってもらう必要はないということがあります．消費者向け銀行業務のほとんどは，小規模地方銀行を通して行われるべきです．小企業向け銀行業務のほとんどは，小規模地方銀行が担うべきです．なぜか？　小銀行では，たとえ銀行主が「嫌な奴（creep）」でも——通訳さんは"creep"をどう訳されるんでしょうか．同じような日本語があるといいのですが．Creepはとてもうまい単語です．とにかく，小銀行では，たとえ銀行主が悪い人間でも，問題ありません．小銀行の経営には地域性が要ります．ローカルの家計が必要です．ローカルな企業が必要です．それは一種の循環システムで，ほとんどの利益はその場にとどまります．これは決定的に重要と思います．

　第3のポイントは，より一般化していえば，いちにもににも，再ローカライズが必要だと考えています．全てとはいきませんが，多くは可能です．イチゴや，ほかにはどんな高価な果物があるのか知りませんが，そういったものが1年中なくてもいいのです．季節生産に戻ればいいのです．この再ローカリゼーションの概念

は，多くの国に実際発生しつつあるものです。

　その最も初歩的形態が，食物生産の再ローカリゼーションです。現在ニューヨーク市には，112の農園があります。その中のいくつかはごく小区画の土地ですが，空き地があったら行って野菜を育てます。素晴らしいことです。ぜひ広めましょう。全ての食糧問題が解決されるわけではありませんが，できることはたくさんあるのです。こういうお話をするとき用いる基本的なイメージは，経済を自分たちのコミュニティに，自分たちの近隣に持ってこようというものです。

　最後に明らかにすべきポイントですが，本日そのスライドをお見せすべきでしたが，時間がなくなってしまいました。全く不必要な流通や取引などが多いことです。唯一恩恵を受けているのは会計士や金融業者などだけです。いくつか例を挙げてみましょう。英国は毎年1万トンの牛乳をフランスから輸入します。フランスのチーズではなく，牛乳です。ところがフランスも，1万トンの牛乳を輸入します。どこからと思いますか？　英国です。こういうことのリストは長く続きます。英国とドイツはジャガイモで同様のことをしています。全く不必要な物流です。

　詳細に分析し始めると——これは協同作業でして，どの場所どの国にも特殊性がありますから，世界中で協働しなければならないのですが——これらの不要な流通をなくし，生産の再ローカイゼーションを行うとき，それは土台からのミクロ対策（micromeasures）であり，何百万という小企業に対し，36万という限られた数の多国籍企業の権力に空洞を開ける始まりとなるのです。日常の物質的なことや場の存続などといった，土台から空洞を開け始めるのです。また，多くの雇用創出にもなります。単に買うだけでなく作る。地域経済の形成です。経済は形成されるのです。現在，経済はその場所のことなど構わない人物たちによって形成されています。彼らが気にしているのは利益です。

もっともっとお話できるのですが，やめておきます。領域などに関する理論的問題には触れませんでしたが，次の機会にできるかもしれません。まだ話し続けることはできますが，ギリシャ人の言う「節度」（sophrosyne），というものが少しはあった方が良いでしょう。学者には常に難しいことですね。

河村：　どうもありがとうございました。私もここで，そうしたローカリゼーションのまさに核心をなす基本単位として，衣・食・住・職（生業）・文化の五点セットの統合という点を強調しておきたいと思います。非常に似ていると思います。

サッセン：そうですね。しかしまた，政策からはじめるよりもむしろ物質的実践ですね。

河村：そうです，そうです。

サッセン：政策立案者や政策にはあまり信をおいていません。土台からこそ重要ですね。

(3) 金融不安定性とグローバル金融危機 ── その制御と国民国家

河村：　わかりました。では次のセン先生への質問です。いまの問題で，ローカライズの必要性と同時に，グローバルな問題そのものが大きな問題となっています。とくに今の日本および世界の「二重の危機」のもう1つの焦点は現下の金融不安定性と金融危機の問題です。これをどうするのか。いまも金融のローカライズの必要性ということが出てきたのですが，いまごうごうと進んでいる金融グローバル化とその危機という問題がある。第1点は，これをいったいどうするのかという点です。セン先生は非常に重要なポイントを提起されました。

　一つはもちろんセン先生が指摘されているカール・ポランニーの話も関連してくるのですが，結局グローバル化と，その危機の問題はグローバル・レベルのガバナンスなしには実現できないのではないかということです。そうなりますと，例えばG20とい

うのは，まだ非常に中途半端です。要するに主権国家同士の調整ということですので，むしろIMFの拡充といったような，よりグローバルな組織，さらに私はどちらかと言うと，国連に安全保障理事会と同様の経済安全保障理事会なるものをつくって強制力まで持たせろといったイメージも持っています。

　国際的制御可能性として舩橋先生からも提起があったのですが，このあたりとの関係で，グローバル金融危機の防止，規制といった問題についてどのように考えておられるか。これが第1点です。

　第2点は，同時に，カール・ポランニーによって，30年代の世界大恐慌の再来を防止するためには，「貨幣の商品化」の問題が出されている。これは実は金融の基本ロジックですが，それを「社会に埋め込む」ないしは「埋め直す」ことが提起されたわけですが，結局，具体的な方法ははっきりしないまま戦争に入り，その後もずっとやってきたわけですね。ですから可能であればどのような方法が考えられるか。インドの経験や，グローバルな事例など少し紹介していただければと思います。よろしいですか？ポイントが明確でしたでしょうか？

セン：　　今まで議論されたことに付け加えるとしますと，1点取り上げたいと思います。今の全体的な秩序の破綻あるいは惨事における国民国家の役割です。国民国家とは，結局，われわれはみな分かっているように，その重要性を軽視できるものではありません。否定できないものです。いかなる民主主義制度のもとでも，国民国家，議会等は選挙で選んだ人々に釈明義務を負っています。

　この文脈において，もし国民国家が，人々の望む方向に進まなかった場合，前にも触れた，コミュニティの役割，民衆の声，ポラーニのダブルムーブメントの役割という問題に戻ってくるわけです。自分たちの主張を述べて，「ほら，やらなくちゃだめだ。」というのです。この過程では，もし国民国家が違う方向へ動くと，倒されることもありうるのですが，全体として，国民国家間に国

際機関と言った形で協調の望みはあるのか——私は，ブレトン・ウッズ組織もほかの多くのものもあまり信をおいていないのですが。しかし全体として，国際機関は，コミュニティの声，人民の望みを反映した方向なり答えなりを提供できるのでしょうか？言い換えれば，信を失った，経済学やその他の領域の主流派の考え寄りではなく，人民を中心とした主張をする国際機関が存在しうるのでしょうか？

　私が疑問をもっているのはこの点です。まさに人々のためによいことであるし，人々もそれを望んでいるのですから，どうしたら全世界が，このシンポジウムの文脈で，持続可能な方向へ進むことができるのかでしょうか。現時点では以上です。

(4) グローバリゼーションとローカライゼーション——「足るを知る経済」の意味

河村：　　わかりました。どうもありがとうございました。非常に重要なご指摘だったと思います。国際機関も非常に大きな重要性があるわけですが，どうつくるかという問題ですね。それと国民国家をどのようにきちんと機能させるか，非常に複雑な中で連関している問題となるわけですね。その場合のコミュニティの重要性。こういった構図が浮かび上がってきたのではないかと思います。

　実はこの問題について，タダニティ先生には，同じような形でお聞きしたいと思います。「足るを知る経済 (The Sufficiency Economy)」の基本的な考え方は伝統的なタイの生活価値として非常に重要であるとのお話であったかと思います。一方では，タダニティ先生も強調されているように，タイはいまや工業化と市場経済成長のただ中にある。そうした市場経済が拡大してゆく中で，どうやって「足るを知る経済」を国家レベル，つまり国全体で実現することができるのか，という問題があるわけですね。

　実は日本は1980年代ぐらいまで，地域が長期にわたってつくりあげてきた伝統的価値を企業に内部化して，それが日本的経営

と言われるような国際競争力の源泉となっていた。少なくともそういう時代があったわけです。とくに，5，60年代の輸出主導の経済のもとでは，とくに企業城下町などで，今のグローバリゼーションの時代からみると，調和的にそれが行われ，日本企業のものづくりにおける国際競争力が発揮されて輸出を大きく伸ばした。そうしたモデルがあったのですが，グローバリゼーションの中で量産工場など生産拠点の海外移転で，急速に基盤を失いつつあるようです。その意味で，いまタイの急速な工業化，経済発展の中で，洪水の問題も不幸にして起こってしまいましたが，同じアジアの国家としてタイから，日本の持続的可能な未来に指針を与えるようなものが何かないだろうかということがあります。その点をお聞きできればと思います。

　それからもう一つ，タイの洪水について「足るを知る経済」の活用ということでどういったことが考えられるのか。これも2点目としてお聞きできればと思います。

タダンティ：ありがとうございます。スナンダ・セン先生のお話に賛成しますが，ご質問には私の分野の言葉でお答えします。私は都市計画家です。都市計画を学び，職業としておりますが，そうである前に私は地理学者であり，環境問題の研究者です。ですから，それらすべてを組み合わせています。タイ人にとって，タイは，今後はどうなるかはわかりませんが，まだ「タイらしさ」ともいえる性質を持っていると信じています。「タイらしくあること」あるいは「タイらしさ」とはどのようなものであるかをどう説明したらいいのかわかりませんが，タイらしくあることは，争ったり和合を欠いたりしてはいられません。グローバル都市も，敵や脅威とは考えず，共存できると考えます。

　われわれは，個人，家族，その後でコミュニティ，さらに環境というレベルで，自らを理解し，知っていきます。年配者や，その地域の知恵から学ぶかも知れませんし，あるいは，インター

ネットのような現代的技術を利用することもできることが理解できるでしょう。こうした点を理解したときに，足るを知る経済の原理を実践することになるのです。その名称を使わなくとも，その理論を全く知らなくとも，中庸にあることを感じれば，環境に良い生き方をし，水とともに暮らさなければならないし，すべてを望むのではなく，また他のもの，つまり自然を排除しようとしてはならないと感じることになります。

　それは，かつて実践していた原理であるローカリゼーションに帰着することを意味します。ですから，グローバリゼーションとローカリゼーションは共存できるし，ローカリゼーションのよい面だけを活用することができるという考えに賛成です。そうしたローカライゼーションによってローカライズされたとき，独自性と普遍性を兼ね備えることができるのです。一方でグローバルであり，もう一方でローカルであれば，いわゆるコミュニティ内での力を得ることができるのです。

　コミュニティの力があれば，政府やあらゆるレベルの国立機関をコントロールできます。しかし今は，われわれはむしろ弱く，「タイらしさ」を改革し，再生し，われわれの資質を高めることができればよいと思っています。それは可能です。現在そして未来に，問題を解決することができます。ありがとうございました。

（5）都市間ネットワークとガバナンス────震災・津波，原発危機との関連で

河村：　　　かなり明確なつながりが見えてきたと思います。モンタナーリ先生にもラドヴィッチ先生にも，それぞれ重要と思われるご質問を用意しています。まず，モンタナーリ先生ですが，先生からはイタリア沿海部での土地間のコンフリクトと，その解決の方法ということで実践的なご報告をいただきました。

　　　　　　その中では，多くのステークホルダー（利害関係者）の中でさまざまな方向があるのですが，私はどうしても経済面の視点から

見ますので，具体的にグローバル企業や金融機関との関係の中でどうなっていたのか。あるいは国民国家のイタリア中央政府との関係，さらにはEUとの関係が少し出てきたかと思いますが，例えばEUが登場したことで都市間ネットワーク内コンフリクトの解決が容易になったところがあるのかどうか，そのあたりをお聞きしたいと思います。

　逆に言うと都市間ネットワークとガバナンスというものが有効なのか，その点ももう少しお聞きしたいと思います。とりわけいままでの議論でも出てきましたが，歴史的，伝統的な背景がこの都市間ネットワーク内コンフリクトの解決においてどのような役割を果たしているのか。そのような点についてもお聞きしたいと思います。

　少し質問が分散しているかもしれませんが，基本的には要するに，企業とか金融機関，他方では国民国家イタリア中央政府，またEUの枠組みの重要性，限界とか。そして全体としては歴史的な伝統的な関係といったものはどうなのかというようなこと。それから追加的に，いまギリシャに次いでイタリアが注目されているので，イタリアのいまのソブリン危機についても，もし何かございましたら一言お願いできればと思います。では，モンタナーリ先生，どうぞ。

モンタナーリ：ありがとうございます。答えを準備しておりましたが，ラドヴィッチ先生が傍におられますので，オバマ大統領のような話し方になっていると言われないか心配です。

ラドヴィッチ：イエス，ユーキャン！

モンタナーリ：あるいは，ホワイトハウスのトマト園から，われわれがなすべきことを示したオバマ夫人ですとか…　逆に，合衆国の主な事象は全く異なる方向になっているのですが。

　さて，2，3申し上げてもいいのですが，世界の複雑さからして，シンプルな回答は差し上げられません。皆さん同意されると

思いますが，結論からいえば，このシンポジウムの長いタイトルのすべての背景には，2011年3月11日の出来事があると思います。わわわれにとって，この席にいることは特に興味深い。なぜなら，ここへ来て皆さんにお会いする準備をしており，こちらで起こっていることに注意を向けておりまして，友人，知人，親戚が巻き込まれないか考えていたからです。

そのころ私が旅していた国々の最初の反応は，端的には，地震は日本にそう影響を与えていないということでした。そして日本からも同じことを言われました。連絡を取ったとき，「心配しないで。こちらでは何も起こらなかったのだから。来られますよ。」と言われました。実際，皆が本当にそう考えていました。というのも，ヨーロッパ中のテレビが初めの何時間か何日かが過ぎると，ごくわずかな情報しか伝えなくなったからです。

ですから，スローガンは，日本を見習うべきだ，でした。これは日本が，われわれが言う，複雑性に対処することができる社会であるとされたからです。しかし真の状況は，その後起こったことで明らかにされました。そしてこれがパニックを生み出しました。つまり，その後原子力発電所の問題があり，この原発問題は明らかに，日本社会はすべてに対処することができるというのが，真実でないというしるしだったからです。実際，備えがなかった。

ラドヴィッチ先生が，ドイツ首相の全原発停止についてお示しくださいましたが，これは原発の問題ではなく，ほかの理由によるものです。これを参考にした国もあります。イタリアでは，全員が投票に行きました。原発に反対する国民投票があましたが，これが本当の理由ではありません。不適切な言葉でしょうが，これらのことにおいて，全く完璧だと思われていた社会が，大きな問題を露呈していたために，パニックなったということです。

問題のひとつは，実はおそらく日本では——これは単に挑発なのですが——海岸沿いで何が起こっていたのか，正確には伝えら

れていなかったことです。つまり，自国の海岸線がどうなっているのか，ご存知なかった。知っていたら，何が起こり得るかを考え始めていたでしょう。津波は何も新しく発明されたわけでもないのですから。この名称には千年の歴史があるのです。海水レベルの上昇について言えば，これは測定できるもののひとつです。しかしその他の事象，たとえば，各地の豪雨，タイ，イタリア，ポルトガルでもありましたが，こういったことはこうした変化の一部です。

　ご質問に立ち返りますと，サッセン先生は政治階級が問題だとおっしゃいました。私があなたのご質問を考えますと，イタリアの持続可能な開発は，欧州連合のおかげで一部導入されたといえます。というのも，欧州連合にはとくに北に，環境保全に関してよりよい教育を行っている国があるからです。しかし，あちらでも昨今大惨事が起こっています。ですから，これらのことがもっと普及されやすくなっています。「オランダではこれが実践されうるんだ」といえば，こちらでも実践することが可能となるなのですから。あちらで実践されており，オランダ人は——サッセン先生，オランダ人のことを話すのはあなたに敬意を表してですが，ほかにも多くの国があります。オランダは特に徹底しています。法律を作り，コミュニティや国会で，ヨーロッパの法律にすべきだと欧州委員会に働きかけています。その後，すべての加盟国が，今や実行段階にあります。

　実行するのがなぜそんなに複雑なのか？　われわれが，コミュニティ，社会などにも疑問を呈すべきだからです。そこに問題があるからです。南欧における経済危機に触れられましたね。サッセン先生は，最近の金融危機に対するアメリカ社会のなかの大きな相違を提示されました。白人，黒人，ラテンアメリカ人などに言及されましたが，ここにいるわれわれの特権は，この場合，白人内部のものであることは確かですね。それで，どの社会にも，

イタリア社会にも，白人はいます。違った問題について，異なる種類の白人がいます。これらの白人は特権階級です。生産するよりも多くを消費し，間違った仕方で消費していたこの20,30年間何でも達成したと考えているので。

一方では，オバマ氏が言っていることには皆賛成しています。会合では，皆が同じポイントについて話します。しかし，そうした政策を実行しようとする段になると，社会は違った反応をしている。それは，われの社会が問題だからです。われわれの社会は，実態態以上のよい生活をしてきたため，いわゆる先進国世界といわれます。サッセン先生，もう一度すみませんが，昨夜イチゴが出されました。見るとそのイチゴにseasonと書かれていました。季節の果物だと。でも今は季節ではない。だから食べないほうがいいかと。でも見ると，あまりきれいなので，食べてしまいました。私は有罪です。私はこの特権社会の一部で，私の特権を返上することはないのです。

サッセン： 私が食糧問題に注意を向けさせたんですね。

モンタナーリ：われわれは気が付いたんですよ。季節の果物だった。私はリンゴを待っていたんです。

河村： 仙台市近郊の亘理のイチゴの問題がすぐに浮かびます。津波で流されてしまったのですが，出荷のピークは実は11月から12月だそうです。まさにその問題が出されています。モンタナーリ先生，どうもありがとうございました。

(6) エコ・アーバニティと国民国家・連邦国家・EU ── ユーゴスラビアをめぐって

いまのお話ともつながるのですが，ラドヴィッチ先生には，これはややタッチーな問題かもしれませんが，実はユーゴスラビアご出身だということから，お聞きしたくなった点です。

かつてユーゴスラビアは社会主義の連邦国家を形成していた。その解体の後，厳しい内戦を含んでクロアチア，セルビア，ボス

ニア・ヘルツェゴビナ等は結局国民国家を形成しようとしたのではなかろうかと見ています。おそらくそのことと，エコ・アーバニティ（eco-urbanithy）を強調され，多様な都市ということを強調されていることは，どこかつながっていると考えました。そうした国民国家の枠組みができることと，エコ・アーバニティとの関係は，どのように考えたらいいのでしょうか。

とくにグローバリゼーションの強力なインパクトの中で，どうやって，多様な環境と両立し得る多様な都市を実現するのかということ。このあたり，例えば国民国家の枠組みが本当に必要なのだろうか，ということです。そしてとりわけ，思想が問題になることを強調されていたと思うのですが，そうした思想は，何に依拠して出てくるのでしょうか。

都市の革新性，クリエーティビティーということを強調されているのですが，あるいはむしろ陣内先生やその他の方が強調されていますし，「足るを知る経済」もそうかもしれませんが，伝統的価値なのではないか，ということですね。このどちらを考えておられるのか。両方だと言われたらそれまでなのですけれども。

そして，そういったところからいかにしてパラダイムシフトが生じるのだろうかということ。江東区とか根津，谷中の例もよくご存じのようなので，少しそのあたりを補足していただければと思います。

それからあと全体的には，そうした都市と農村部との関係ですね。あるいは都市と農業と言ってもいいのですが，このあたりはどういうふうに考えておられるのでしょうか。都市連携というのはいいのですが，その周辺ということですね。よろしくお願いします。

ラドヴィッチ：どこから始めましょう？　今日は，サスキア・サッセン先生からひとつ引用させていただがきましたが，もうひとつ。2時間ありますか？　3時間？　何時間いただけますか？

どこかから始めてどこかで終わることにしましょう。時間のことも心得ております。まず，最後から2番目にお聞きになった伝統と近代性についてから始めましょう。19世紀半ば以来，日本文化に関する疑問がずっと存在しますね。黒船とともに近代性が入ってきたときからです。近代性の採用から始まっています。近代性を克服しようという努力から始まっています。今日，また別の種類の近代性の波頭に乗って来ている。

　思うに，それは日本だけの関心事ではありません。世界中のすべての社会，ルーツのある社会すべてが，その種の問題を持ち，または伝統と反伝統主義を取り扱うという課題を持っているのです。意図的に反伝統主義と申し上げますが，それは私たちが今いるこのビルの設計者，丹下健三氏は，常にこのビルを作ったときのように成功していたわけではありませんが，とてもたくさんの良い例を残しています。彼は都市計画家でもあったのですが，良い建築や良い都市計画とは，伝統と反伝統主義の弁証法的統合から生じるといいました。それ以下ではないと。二つの相対するもの，それらの弁証法的統合を追求する。これがこの事柄の複雑性の良い例になると思います。

　私が生まれた場所はユーゴスラビアと呼ばれ，今はもう存在しませんが，中には，いまだに自分たちはユーゴスラビア人だという者もおりますが，自分たちは恐竜だというのと同じようなものです……。複雑性のレベルというのは，その国の美と潜在力のことであると私は思うのですが，ユーゴスラビアのそれは膨大なものでした。異文明の断層線上に存在したということが致命的だったわけですが，それは初めてのことではありませんでした。おそらく最後のことでもないでしょう。

　それは，非常に異なった国づくりの努力でした。ユーゴスラビアとは南スラブ国という意味です。その取り組みは，共通のルートを見出そうとするものでした。その共通のルートとはまた，共

通の言語でもあったわけです。今皆さんには英語でお話していますが，ベルグラード出身のここでの学生には，セルビア語とも，クロアチア語とも，モンテネグロ語とも，ボスニア語とも同等に呼びうる言語で話します。同一の言語なのです。しかし，その同一言語を，国民性の再定義にあたり，それぞれ独自の固有で，自らのものだと主張したのです。

　ですから，世界でもあの地域には，日本列島のように公言されているような純粋性——もちろん，純粋ではないのですが——というものがないわけです。日本では，ナショナリズムの問題は，当然ながら内部の問題であり，また対外的な問題でもありました。そのはけ口を対外的な面に見出します。ユーゴでは，はけ口を内に見出してしまった。外に向かって爆発するよりも，内側に暴発してしまった。ですから，非常に，非常に難しい問題であり，サスキア先生のように，2時間ではとても足りません。フィデル・カストロのように最低7時間は要りますね。

　しかし論理的に言って，私がユーゴスラビアを離れた1993年にはまだ国が存在していましたが，「破壊のパトロン」と呼ばれる病理学的研究を行いまして，ムラディッチやその他のような将軍達が，街を破壊するときどのようにターゲットを選んでいるかを研究しました。都市計画というものにアプローチする非常に興味深い課題でした。都市を造る我々の眼だけでなく，都市を破壊しようという者の眼からも，何を持って都市は都市足り得るのかについての研究だったからです。

　たとえば私が生まれたモスタル市には，橋が7つありました。そのうちの1つはUNESCOの世界遺産に登録されていました。有名な橋でしたが，1993年11月16日に破壊されました。非常に興味深いことに，ほかの6つの橋は，軍事的ターゲットだったので何ということもなく破壊されたのですが，あの歴史的な橋，実用的価値など何もないあの橋が壊されたとき，モスタル市は死ん

だのです。

　サスキア先生がおっしゃったことで理論的には私も全く同感ですが、都市は突然変異体であるということです。常に不完全である。完全なのはネクロポリス（古代の共同墓地）だけです。しかし、私は自分が生まれた場所の死を見ました。都市もまた死ぬのです。これはひとつの重要なことだと思います。それで、都市性を考える。それは絶え間ない変化、不完全性、欠陥を有することについて考えることになる。そうした不完全性を大切にすることです。

　しかし、われわれに贖いきれない欠陥も存在します。この環境問題への無知さ、環境破壊的な都市は、都市性の本質ではありません。それを今日はお話したかったのです。都市は悪者ではない。ある特定の開発パターンが間違っている。あちこちにふらふらしていますね。たくさんご質問があったものですから。それに昼食のときに皆さんお分かりになったように、私は記憶力が悪いのです。何か重要なことを抜かしましたでしょうか？　それともポイント全体から外れていましたでしょうか？

河村：　私の表現がごちゃごちゃしていたのですが、ちゃんと真意をくんでいただいて、きちっといまお答えをいただけました。本当はあと90分ぐらいレクチャーをいただくのがいいのかもしれませんが時間がありません。

　私のほうで準備をした質問に関しては、ご報告者の方に一通りお話しいただきました。ここでお二方から、いまのことでそれぞれコメントをさらにいただいて、そこで休憩をして、休憩後はいまいろいろな形で問題に関して自由に議論していただきます。また、フロアのほうからもいくつか質問をいただいていますので、私のほうで質問を整理して演者の方にお答えいただきたいと思います。

（7）ローカル・コミュニティの再構築──ガバナンス・国民国家・都市・文化・風土

舩橋： それでは1点だけ論点を出します。今日のお話で，ローカルなコミュニティを再構築していこうということが多くの方から指摘されています。私のまったくその点には賛成です。ただ問題は，ローカルなコミュニティの再構築ということだけで果たして現在直面している世界的な経済危機が解決できるのだろうかということです。そうではないと思います。

　同時に今日のご発言の中で国際社会全体におけるガバナンスが必要だというご発言も何人かの方からありました。それにはまったく賛成です。問題は，ガバナンスとドミネーションは違うということです。ガバナンスというのは何らかのバリュー，価値を前提にして，その価値に沿っていろいろな組織や人々をうまくコントロールするということがあります。そこのところを今後もっと詰める必要がある。国際的な制御システムのガバナンスが失われている。そのためには価値の再確立。そしてポリシーや規範のレベルでの原則の体系的な確立が必要なのではないか。それなしにはコミュニティレベルの努力だけでは現在の状況の打開には限界があるのではないか。その点だけ申し上げます。

陣内： 2つ申し上げたいと思います。1つは皆さんが問題にしている，グローバルなレベルからローカルなレベルへという設定があるわけですが，これはいろいろな段階を考えなければいけないと思うのです。

　ヨーロッパの場合は，いま非常にぎくしゃくしているけれどもEUがそれなりに重要な役割をしてきて，いまどう克服するかという問題があります。日本の場合はアジアということも1つあると思うのですが，このアジアの中での連携とか広域の地域づくりというのはなかなか難しい状況があります。中国がダントツにやっぱり歴史的にも力があり，またすごく大きなパワーを発揮しているという中で，本当にお互いに真摯に理解し合って経済も文

化も人の交流もやっていくにはどうしたらいいのか。その中で日本はどう位置付けられるかという問題があると思います。

　それから国民国家の重要性はまだいろいろあるというご指摘が皆さんからありました。ただ，いまの日本の国家あるいは中央政府，あるいはそれを代表する一極集中の東京という存在と地方の問題というのはやはり大きく見直さなければいけない。権限，権力の問題，予算の配分とか全部そうですね。大きく変えなければ立ちゆかないだろうと思います。

　その場合，しかし地域という言葉は非常に日本語では曖昧で，便利な言葉でもあるのですが，ローカルと言ってもいろいろなレベルがある。例えば一番小さいレベルでは昨日見学した谷中。あれもローカル・コミュニティとして一番伝統があり，確かなローカルです。だけどそこが非常に形骸化している面もあるわけです。しかし可能性は大いにある。そこに頼るというのが「大字・字」ですよね。しかし「大字・字」だけではいかないだろうということは分かるわけで，その場合どういうふうになるかと言うと，もちろん都市というのがあるわけです。

　ヨーロッパは都市連合というのがありまして，モンタナーリさんのイタリアとは私はずっとお付き合いがあるのですが，都市あるいは都市連合というのが非常に有効で，リージョン，州が機能しているというのはよく分かります。日本ではこれが決定的に欠けてしまいました。本来はあったのです。本来はそれぞれの地域が，広域地域に，都市がネットワークを結んでいてあったんです。

　例えば少し広げてみると瀬戸内海の港町はみんな船でつながっていたんです。それから北陸の港町もみんな船のネットワークでつながって，物と人と情報が交流していたんです。おそらく東北の三陸もそれなりに結ばれていたんじゃないかと思うんです。それが近代に陸の交通になり，新幹線になり，飛行機になり，みんなズタズタになって関係なく生きていけるようになってしまい，

みんな東京一極集中の中に絡め取られて，みんな東京に援助を求めてくるということで，広域地域のつながりが本当になくなってしまったんです。これは大問題で，これこそが地域と言うときに一番重要な基盤になっていくもので，いま日本で一番弱まっているところだろうと思います。

　その中で東北というキーワードが非常に重要なものとして出てきて，私たちもサス研究のシンポジウムで東北学の提唱者である赤坂憲雄氏をお呼びしました。東北全部をひっくるめるのもまた大変かもしれないので，東北の中でのブロックもあるかもしれません。そういうことをちゃんと検証し，ストラテジーを組み立て直すことが重要だろうということが1つです。

　それからスワタナ先生が私にとって大変重要なことをおっしゃいました。タイらしさということです。これは日本らしさというふうにも置き換えられるのですが，日本の工業が韓国にやられたり，中国に持っていかれたり，どんどん産業社会の中の日本のリーダーシップと言いますか，そういうパワーを持ちつづけることがだんだん相対的に難しくなっていく。その中で日本はどういう価値を発見し，再評価し，伸ばしていくのか。

　これはラドヴィッチ先生がおっしゃる文化とも非常に絡むわけですよね。スワタナ先生がおっしゃったのも文化的底力，あるいはタイの人たちのセンス，国民性はおそらく自然風土とか長い歴史から人々の間に身に付いたポテンシャリティだと思います。それは文化的アイデンティティで経済を再興していく上でも，グローバリゼーションの中で自己アピールしてその集団をもう一回立て直す上でも一番重要なことです。

　では日本では何がそうなのか。いっぱいあるはずなんです。ヨーロッパの人たちと話をしていると，中国にみんな関心があるわけです。だけど多くはビジネスのレベルなんです。例えば建築家がそこへ行って大きなプロジェクトをやる，都市計画あるいは

修復のプロジェクトをやるということです。だけど文化的には日本にいま非常に注目していると思います。

　やはり西洋社会が20世紀，近代化，工業化社会の中で合理的なそういう仕組みをつくり，20世紀的な開発のモデルや考え方のモデルを提示してきたものが全部行き詰まっているというふうにかなり感じている面があるわけです。そうすると全然違う風土から出てきた日本のあり方，自然を非常に大切にするとか，小さなものを愛する普遍性とか。ラドヴィッチ先生がおっしゃったのもその1つですね。

　昨日もお料理をみんなで食べていて，出てくるお皿とかお箸が入っている千代紙とか，みんな感激するけど，あれは1つのエピソードじゃなくて本質だと思うんです。こういうものを大きく育ていく。伝統かクリエーティビティーかという設問があるけれども，これは両方がコンバインされなければいけないわけです。つまりグローバリゼーション，グローバルな世界を体験し，経験し，そういうものを全部知った人が日本の文化，我々が持っている伝統文化の良さを再発見して，それを現代から未来にどういうふうに結び付けて発展させるかということが一番重要なことです。グローバリゼーションとローカル，伝統というのは矛盾するどころか一緒にならないといけないのではないかと私は思います。

河村：　実に重要な提起をいただいたという気がいたします。いまのことも含めて，特にサッセン先生は司会のことを考えて少し留保されていたので，休憩の後はまずサッセン先生のほうから一言ということで始めたいと思います。それでは10分後に再開いたします。

　　　　（休憩）

河村：　時間になりましたので再開いたします。最初にサッセン先生か

らお願いいたします。

（8）グローバリゼーションと国民国家・国際機関──その位置と機能
サッセン： 河村教授が明らかに大変懸念されている問題に戻りたいと思います。ご同僚の舩橋先生もそれについて話されていました。国際次元の問題に関することです。パネル・ディスカッションの初めにお答えしたように，私はローカルを重視しますが，それは単なる一面にすぎない。今日，昔よりはるかに国際主義が，多くのレベルで機能している。ご存じのように，国際的な移民ネットワークが多数ある。人身売買に反対する女性たちもグローバルなネットワークを持っています。そういうものがたくさんあります。

　同時に，私達はまだ，幾人かの非常に強力な人物によって運営されているシステムの中で生活しているのだと思います。国際機関は100近くあります。こうした機関は2種類あります。ひとつは，IMF，世界銀行などで，活動的です。しかし，そのほか，国際標準化機構などはその仕事は終わり，グローバル経済システムとわれわれが呼ぶものの一部は，作成されたルールのもとで動いています。たとえば国際会計システムです。基準となるものが存在し，構造の中に組み込まれ，統治しており，内に特定の論理を有しています。

　そして，それらが皆共通の利益のためというわけではありません。法や国際協定を通して生じる物事の多く，国際的に適法であることの多くは，ほとんどの人々にとって必ずしも有益ではありません。ですから，一部の人のみの特権が組み込まれている形式化されたシステムこそが，真の問題です。その最良の例が金融の救済措置です。

　金融の救済措置で何が起こったのか？　行政府，「国家」ではなく行政府が，国家の法律を利用した。言い換えれば，行政府というのは中央政府ですね？　国の行政府です。それが国の法律を

使って，一国の納税者のお金をグローバルな金融システムを救済するために使ったのです。

彼らの主張は合法とされた。銀行の主張も，合法とされた。失業者の大部分，農薬の使用で毒された多くの人々，鉱業によって水を汚染された多くの人々の主張は認められていません。ここに深刻な非対称があります。国際機関や，国際条約，国際規範があっても，社会的正義が保証される訳ではありませんし，分散型ガバナンスが保証されるわけでもありません。しかし，国際条約や国際規範は必要だと思います。ただ現行のものではやっていけないということです。根本的な変革が必要です。

最後にちょっとしたポイントについて。コペンハーゲンは，環境問題の大失敗でした。何も成果を得られていません。京都議定書には何年もかかりました。各国政府は一定の規範について何十年も議論してきていますが，たいしたことはなされていません。ですから私にとって，これが，われわれが直面する喫緊の課題への対応を確保しようとする現在のやり方がうまく行っていないという証拠，非常に強力な証拠なのです。環境問題に関しては，有効な行動がなされた場所，レベルがあるとすれば，それは都市のレベルであり，ナショナルな政府レベルではありません。

ですから，何か抜本的な変革が必要だと思います。それは非常に，非常に，困難なことでしょう。私の頭に浮かぶただ一つのことは，この『領土，権力，諸権利（Territory, Authority, Rights）』という本の一部なのですが，この中で私は真剣に歴史を見つめ，変化や変容ということを理解しようと試みました。そして，歴史的証拠という意味で見出すことは，現在の諸機能が組織ロジックを転換することが可能だということです。ある時点でネガティブなものが，別の時点で別の組織化ロジックに組み込まれ，ポジティブになることも可能なのです。

話の冒頭で国家について触れましたが，複合機能は，現時点で

　　　　　は，過度にナショナリスト的で，企業利益の影響下にありすぎますが，組織化ロジックに切り替えることができれば，国家を，より国際主義的に，より脱ナショナル化した，そしてより世界中の庶民のためを思うようにさせうるのは，複合機能なのです。これは一つの例ですが。国家のすべてを消失させなければならないということではありません。国家の諸機能が発揮される基本的な組織化ロジックが変わる必要があるのです。

　　　　　何人の方が通訳を通してお聞きかわかりませんが，通訳の方が私の話についてこられたといいのですが。私の考えるのは，現時点でわれわれが変えることができると思っている以上に，はるかに多く変えることができるということです。国家全体を捨て去ったりするのと同じように，われわれの持つ諸機能も投げ捨てるのではなく，利用すべきです。ただ，ギアを入れなおすのです。

　　　　　それから，率直に申し上げますと，ここ30年の間にナショナルな国家はわずかながら国際主義的になることを学んできました。しかし残念なことに，それは多国籍企業と金融業界の利益に奉仕するためでしかありませんでした。ですから，この国際主義は世界の大衆などのためになるよう，ギアを入れなおす必要があります。この問題に関しては，明らかにもっとお話すべきことがありますが，時間がありません。

河村：　　国際機関のレベルの問題ということで非常に複雑で，しかし非常に重要であるということだったと思います。私のほうで準備した質問，それから補足コメントも含めてお答えをいただきました。あとは自由にご議論いただきたいのですが，何かございますでしょうか。ないしは提起された論点についてのお答えですね。

（9）都市と都市間ネットワークの意義——都市と農村の関係の再構築

陣内：　　河村先生のご質問の中で，モンタナーリさんには歴史的背景のありそうな都市間ネットワークはどうなっているのですかという

お話がありました。あとラドヴィッチ先生には都市と農村の関係というお話があって，これは両方とも，テリトリー，ローカルを考える上で，広域の地域を考える上で何かつながりそうな気がします。このへんちょっと議論していただきたいと思います。

河村：　　いかがでしょうか。モンタナーリ先生。まず1つは都市間ネットワークと，都市と農村の関係という質問に関して。

陣内：　　モンタナーリさんとラドヴィッチさんにご回答いただくのがいいでしょう。

河村：　　じゃあどちらでも。

モンタナーリ：陣内先生がお聞きになりたかったことが想像できます。以前イタリアについて話してくれとおっしゃいましたね。このテーブルにはどうもイタリア人は一人しかいないようで，それは陣内先生ですね！［笑］私はヨーロッパ人であり，できればローマ人です。イタリア人のような気がしません。ですから，陣内先生が何をお考えかわかります。

　最近日本に来てみて，イタリア，とくにイタリアのある地域に，おそらく存在しているもので，日本で失われきているものがあることも事実です。実際，世界中，都市部で働く人間が増え，農村地域が見捨てられてしまった。つまり都市化です。私が日本に初めて来たとき，私はウィーンでブライアン・ベリー理論の仕事をしていました。多くの学際的な比較分析をしいました。当時，われわれはすべてがこれに基づいて進んでいると確信していました。その後，とくに農村部ではグローバルな問題の圧力の下で，生き延びるのはもはや不可能なことを見いだしました。イチゴの話が出ましたが，内陸部や丘陵部でイチゴを生産するとしましょう。人口が非常に少ない。皆引っ越してしまったからです。理論分析からわかっていることですが，人々は常に移動している。若い人，よりクリエイティブな人ほどそうです。年寄りを置いて，自発性のない人たちを置いて出て行ってしまう。そしてその地域は見捨

てられる。

　イタリアのある地域——陣内教授はおそらくトスカーナなどをお考えでしょうが，ほかにもあります。しかし日本でも同様です。私は四国にいましたから。そこではいくつかの島にいました。瀬戸内海に行って，それがいかに重要かもみてきました。その美しさも。何を取り戻せるか。東京で2，3日前にも言った仲間内のジョークですが，一種の茶道を作ってみたいと。幸いにも今日，昼休みの時間にマーケットへ行き，何人かに話を聞きました。そしてこの緑茶を買いました。この緑茶は目玉商品の一つだったのですが，実は日本国外からのものなのです。それで企ては失敗というわけです。緑茶が作られているところの風景を発見して，新しい再利用を構築するのは不可能でした。値段が高くなりすぎるからというのです。トスカーナでイチゴや，ワイン，オリーブ油を作るのと同じです。

　あるいくつかの理由によって，より革新的な若者たち—私の学生の中にも，内陸部から首都圏の都市に勉強に出てきたというのがいます。ほかの大学で学位をとって，たとえば法科の学位があれば，東京やローマに住まなければならないと思うわけです。生活の質も時としていいですし。素晴らしい学位がある，就職の可能性がある，しかし通勤に一日2，3時間かかる。そこでこの素晴らしい風景を見て，学んだことをもっと革新的な方法で活かせばよかったと気づくのです。

　私が提起する問題とは—ここ日本で数回議論したことですが，質の問題です。質的生産。そうなれば，もう中に何か入っているビンを売るなどといったことではなくなります。ですから，モロッコで栽培されたイチゴや，チリ産のワインなどに出会うこともなくなるわけです。テリトリーを売っている。風景を売っている。その地域の地理，文化遺産，自然遺産を含んだ風景を売っているわけです。

そうなってくると，様々な活動がすべてつながっているブランドを組織し始めることになります。するとその場所にとどまり，生活する可能性も出てくる。そうした活動はいまや非常に重要になっている——現時点ではリスクもありますが。トスカーナではとくに成功していて，新聞でも時々トスカーナと呼ばずに，キャンティシャー（Chianti-shire）と呼びます。われわれは外国のものといったら，ヨーロッパでは，ドイツもフランスもあるのに，何でもイギリスのものと混同するのです。

　しかし，これがリスクなのではありません。最近の映画で，ロンドン市内で働いていたある男が，故郷へ帰ってワインを造り始めるというのを思い出しますが，これが今までは金融的投資の手段とみなされてきたことが問題で，もはやイタリア人の代わりをイギリス人がするのではなく，大きな会社があることです。亡くなる直前に，月でもワインを造りたいと宣言したモンダヴィがいました。彼のワイン製造会社は，ニューヨーク証券取引所に上場されています。彼はフレスコバルディを買収しましたが，フレスコバルディは完全に違う方向へ進んでいます。もしトスカーナにこの種の人が来すぎますと，地元に根ざした革新的な人々が駆逐されてしまうでしょう。そうしたリスクがあります。

　ですから，これが考慮されなければならない要素です。なぜなら，あるときお金をたくさん持った人がやってきたら，人々は買収に同意し，都市と田舎，生産と風景の均衡を変えてしまうことがありえます。とくに，文化遺産を二の次に考えてしまうことになる可能性があります。

　同時に強調したいのは，情報通信技術の導入のおかげで，トスカーナから1万キロ離れたところに住んでいる日本人が，トスカーナへ旅行し，気に入った場所を見つけ，友人がいる，定期的にそこへ行っている，ということです。この地域は成功したのです。新しい均衡が達成されたのです。

これと同じものを他の地域でどうやって作るか？　他の諸国とは言いません。イタリアの他の地方でさえ，時に難しいものです。なぜなら，地方の発展はある部分は人間の問題であるからです。この基本的資源である革新的な人々がいなければ，どうやって始められるのでしょうか？　こうしたことを達成するために社会を変えることがどうやってきるでしょうか？　消費に基づいた社会から，持続可能な開発に基づいた社会に，どうやって移行することができるのでしょうか？

　まとめに申し上げますと，去年だったかと思いますが，こうした問題についてお話をするために，世界観光機関によって京都に招かれました。それと食べ物――。あちらはとくにそれを考えておられました。お話は素晴らしかったといわれました。オバマ氏のことが頭にあるため，皆がオバマ氏のようなものでした。オバマ・ナンバー1，ナンバー2。ホテルに行きますと，スイス・マーマレードが出ました。サッセンさんはこれを予想していましたが，スイスで作られたマーマレードです。しかしそれは，ヨーロッパでわれわれが買う製品の多くと同じように，1万キロほどの旅をしてきた物です。計算すると，このマーマレードが京都に着くまでには，2万キロ旅をしたことになります。この種の習慣，行動，または流行というものは，絶対に変わらなければなりません。このホテルのオーナーから答えを得ることは不可能ですが，私の推測では，日本人のお客さんは，高いお金を払っているのだから最高のものを求める，その最高のものがこの場合スイス・マーマレードだったのではないかと思います。これは破廉恥なことです。

河村：　　ありがとうございました。
陣内：　　いまのお話に出てきたトスカーナ地方は，ワインのキャンティなどで有名です。中世ルネッサンスの農村風景が受け継がれているところで，いま再評価されています。非常に農業ゾーンが活性

化している地域のお話でした。

(10) ユーロ危機とグローバル金融の問題点 ── 南欧危機の位相

サッセン： 少し付け加えさせていただけますか。大事なことだと思いますので。確かに，非効率と官僚主義が問題です。しかし，国際システムが債務危機を生み出すのは初めてのことではありません。イタリアは現在危機にあります。銀行が，政府債務が減ると信じて危機を作ってしまったからです。それに投機した。

　単純にいって，イタリアは全く危機にあるべきものではありません。経済は非常にいいですし，やや膨れた国家官僚機構があったとしても，経済がよければ問題ではありません。こうした危機は作り上げられるのです。ギリシャ経済は割りと単純なものですが… 10年前ゴールドマン・サックスは，デリバティブを発明しましたが，それは欧州連合加入にあたりギリシャの状態を偽るもので，それを欧州連合も信じたのです。同時にゴールドマン・サックスは，ニューヨークに戻り，別の証券を発明し，それはギリシャが破綻する方に賭けをするというもので，それで儲ける。

　これは金融システムの，犯罪行為とは言わないまでも，不正行為のレベルであると言いたい。ギリシャのような国，あるいはイタリアのような国の金融システム，その危機を，膨らみすぎた行政事務という観点から説明はできません。そんな言い方は無くさないといけません。われわれのシステム内で許容されてきてしまった犯罪性のレベルは，全く異常です。それこそ信じがたいものです。

　こういった二次的なものが第一にされるのには本当に腹が立ちます。ほとんどの国が，官僚機構の面では非効率的なのです。それが問題なのではありません。全く異なった獣の話をしているのです。この獣は排除しないといけません。なのに何もありません。オバマが今起こったことについて一度もまともな声明を出すのを

聞いたことがありません。ウォール街のトップ金融マンの誰一人として，訴追されたものはありません。この獣を告発しなければなりません。これは，すべての国で起きている腐敗行為なのです。

　ギリシャは，デフォルト（債務不履行）をすべきでした。計算すれば明らかなことではないですか。後1分ほどよろしいですか？　腹が立って仕方ありませんので。きちんと正しい説明をしたい。もしギリシャが銀行に否といっていたらと思います。というのも，ギリシャの救済に使われるはずの欧州連合の税金は，すべてギリシャにはまったくいかないのですから。まっすぐに銀行へ行ってしまうのです。銀行は，2013年まではギリシャに債務不履行をして欲しくなかった。なぜなら，2013年には，何だと思いますか。ギリシャの負債の全額が手に入り，法律によって欧州中央銀行が自動的にそれを引き受けて支払うことになっているのです。すなわち，欧州連合の納税者が負債の全額を銀行に支払うのです。もしギリシャが債務不履行で，ユーロから脱却してドラクマに戻り，銀行に「負債の利息は払いません」と言っていたら，自動的に予算は均衡するし，GDPの6％相当が予算に加算されることになったはずなのです。

　ですから，皆きちんと調べないといけません。市民一人一人が，本当のところはどうなのか，調べないといけません。金融はロケット科学ではないのです。私はレクチャーをしますが，フットボール場にいる1万人の平均的な聴衆に，40分間で金融のすべてを説明します。それで皆わかるのです。しかしわれわれは，行為者が誰なのか，その名前を挙げないとなりません。こんなに時間を使ってしまって，ここに1万人いればよかったのですが。すみませんでした。ただ説明したかったのです。市民や，官僚や，あまりに多くの労働者達が原因だとされることに，ほとほとうんざりしているものですから。いやいや。

モンタナーリ：彼らは存在するのですか？

サッセン：　存在しますが，それが危機の源ではありません。

モンタナーリ：イタリア政府は，肥大化して非効率が故に破綻した…。

サッセン：　全く違います，全く。

河村：　　　口を挟ませていただけますか。

ラドヴィッチ：ちょっとよろしいですか。これが本当のシンポジウムになってきました。これが本当のシンポジウムです。ディスカッションが始まるところです。サスキアさん，それが，まさに先ほど最後のスライドで私がお聞きしたことです。ギリシャだけでなくて，PIIGS全部が「払わない」といったらどうなるのですか。システムが崩壊したら？　それがこの危機のポジティブな所産となるでしょうか？

サッセン：なぜわれわれはそんなに恐れるのか——アルゼンチンがした事を見てください。彼らは立ち直りました。成長率は以前よりもっと高い。今やアルゼンチンは，ギリシャとは非常に異なる経済になっている。各国がそれぞれの道を見つけなければなりません。今のような経済システムは，大多数にとって有益なものであるとは思えません。環境にとっても良いものではない。彼らはやってしまえばよかったんです。破産宣告をしてしまえばよかった。

ラドヴィッチ：かつては地中海が世界のすべてだったんですよね。

サッセン：　といいますと？

ラドヴィッチ：地中海地域が世界だった。われわれが世界であり，自分達の経済があり，返済はしない，と言うことはできないのでしょうか？

サッセン：　それはどうでしょうか。詩的なレベルまで持っていこうとすると，私にはわかりません。

ラドヴィッチ：いえいえ，ただ勧めているだけです。

サッセン：　いえ，ただデフォルトすべきだったのです。絶対にそうすべきだったのです。

ラドヴィッチ：私もそのことを言っているのです。

(11) グローバル金融危機への対処のロジックとその問題点

サッセン： 現在は取るに足らない存在なのですから。デフォルトになりつつある。しかしそれまでに，すべての緊縮政策措置によって，身ぐるみはがれてしまう。よろしいですか。ジョセフ・スティグリッツは私の同僚でした。シカゴから私を採用したのは彼です。彼は新古典派の経済学者です。彼はギリシャ人に，「デフォルトしなさい。銀行に負債を支払うのはやめなさい。」と言ったのです。彼は，われわれの政府が国の法律を使い，国の納税者の税金を使って銀行を救済するのに反対した。２万１千件の取引。スイスの銀行。オーストリアの銀行。アメリカの銀行。アメリカの企業。彼らは皆やってきて安価な税金を使い，今や政府にはお金がなく，社会保障や保健を削減しなければならなくなっている。

ラドヴィッチ：お話になっていた限界のいくつかを生み出しているのは，買弁システムでしょうか。

サッセン： もう終わりにしないと。センさん，お話ください。私はもうこれ以上は...

セン： １９８０年代を覚えていますね。１９８２年，ブラジルがデフォルトを望んだときのことを覚えていますか。IMFが共同融資計画を推進し，ブラジルにではなく，ブラジルを通して銀行にお金を提供しました。

サッセン： まさにそのとおりです。

セン： さもなくば，シティバンクは崩壊していた。それはシステム全体とドルの終焉を意味します。ですから，これは銀行が程度の差はあれ囲い込まれている特異なネットワークなのですね。それが巨大金融，巨大資本です。今日では国際機構や，欧州連合さえ，そのシステムを崩壊させるようなデフォルトは望まないのです。むしろ，緊縮財政のようないわゆる従来型の戦略を推進するようになっていますが，それは犯罪的だと思います。

サッセン： そうです。全く同意します。

セン： インドの例をひとつ申し上げます。あまり表に出て問題となっていませんが，それは，インドや中国が非常に繁栄していると思われているからです。両国は，外貨準備を膨大に保有しています。インドは２７５０億ドル，中国は１.３兆ドルです。こうした外貨準備は，どこから得るのでしょうか？　中国の場合，もちろん貿易黒字がありますから，それで資金が入ってきます。多くはそれです。しかし，中国は資本市場も開放しました。流入してくる資金はよいものばかりではありません。投機資金ですね。しかし，インドの場合，貿易黒字によって資金が入ってきているわけではありません。資本勘定の純黒字ベースで，しかも，外国直接投資ではなく短期資本によって資本が大量に流入している。

　今やこれによって，何らかの予防置などのため，政府が外貨準備保有にしがみつく状況が作り出されているのです。政府はそうした外貨準備を食糧輸入には使いたがらない――いろいろな事情があったとしてもです。これらの外貨準備が蓄積されますと，自動的にハイパワード・マネーとみなされ，それは一定のマネーサプライ（貨幣供給）を生み出します。それが銀行システムの原理です。マネーサプライが拡大しますと，伝統的理論に従って，銀行，とくに中央銀行は，直ちにマネーサプライのコントロールや，何らかのインフレ・ターゲットの設定を行います。

　インフレは加速していますが，マネーサプライが増えたからではありません。ほかに多くの理由があります。食糧供給の縮小，などなど。そこで，今や政府は，ごく短く言えば，中央銀行であるインド準備銀行が，連続的に金利を引き上げ，実体経済に確実に打撃を与える形で，ブレーキをかけています。金利が高くなったら，誰が投資や消費のために借り入れができるでしょうか？同様に，政府・中央銀行は，そうした事情に対応して，マネーサプライをコントロールするために信用準備率などを引き上げ，多かれ少なかれ引き締め政策をとり続けています。

　　　　　　想像おできになるでしょう。それからもちろん，財政緊縮措置をとっています。限度以上に財政予算を超過することはできません。政府が国債を売ることによってマネーのコントロールを行おうとすると，予算内に利子債務を生み出します。それは，社会保障支出に可能な予算が減少することを意味します。これらはすべてつながっている。非常にうまくつながった話で，そこでは，金融が，みずからの言い分に従ってやりたいようにやっている。

サッセン：　ところで，われわれは金融について議論しましたが，少し問題を広げてみましょう。

河村：　そうですね。何かコメントはありますか？

ラドヴィッチ：ひとつ短くコメントしたい。われわれは議論を金融に絞ってしまった感があります。もちろん皆同意の上ですが。

サッセン：　いろいろなことについて話してきましたよ。

ラドヴィッチ：はい，皆それには同意したと思いますが，われわれの持続可能な未来について語るのに，同じことを何度も何度も繰り返しているように思います。持続可能な経済と金融についてのみ語っている。それを広げる必要があると思います。経済が世界全体ではありません。経済を世界全体と混同するのは間違いです。

　　　　　　われわれ全員が同意したこととは思いますが，もう15回も話している。もう一歩踏み込むべきでしょう。持続可能な未来について，サスキア・サッセン先生が冒頭でおっしゃって，語られなかったことのいくつかの論点に立ち戻りたいと思います。おそらく，そうした論点に焦点を絞り，本日まだ語られていないいくつかの点に光を当てたらよいと思います。

河村：　司会者がすべき仕事でございました。ありがとうございます。それではタダニティ先生。

タダニティ：はい，少しだけ。30秒ほどで。タイの例です。トムヤムクンをまだ覚えていらっしゃるでしょう。タイから始まった金融危機です。そう，良くご存知と思いますが，10年ほど前のことです。

当時，投資家，タイの投資家は，銀行からたやすく資金を得ました。国内の銀行だけでなく，海外からも。そしてご存知のように，崩壊しました。

しかしもうひとつのポイントは，人々が予想したよりもかなり早く回復したことです。理由のひとつは，われわれローカリゼーションに向かったことでした。人々が故郷に戻ったのですが，それは，家族がまだ農家だったから可能となりました。それは，農業部門が都市からの失業者を吸収できることを意味し，都市から農村部にやってきたときに，われわれがセーフティ・ネットとよぶものがあるのです。時を置かずして，人々，労働者，失業者が回復する。つまり，都市部と農村部のつながりがあることがわかります。それがこの惨事からわれわれが学んだ教訓なのです。実践すべき，学ぶべき教訓はまだあります。ありがとうございました。さらに進みますか？

(12) まとめと展望

河村： これから1時間ぐらいすると大変ヒートアップした議論になっていくところですね。いまの議論について私も報告した立場から一言言いますと，アメリカ発のグローバル金融危機の第2幕として発生したヨーロッパの危機によって，もうグローバルなシステムが崩壊する瀬戸際までいった。一度崩壊すれば，必ず今日ずっと出てきた，いかにそれから再生していくのかという点がはっきりしてきます。

1つはローカリティーの問題。それから国民国家の問題。国民国家は，サッセン先生も大きく強調されていましたが，実際には，実に複雑で多様な役割を担っている。しかし，いかにしてそうした機能をきちんとサステイナブルな方向に向けるかが問題です。1つは公共圏の問題かもしれませんし，都市の連携や伝統を生かした多様な都市の拡大といったことになるのか。あるいはもっと

グローバルなガバナンスの構築を推進するのか。こうした点はまさに差し迫った問題になっていて，おそらくG20の調整では片付かないだろうというところまで来ていると思います。そういった問題点が本日，実に明確になってきたと理解しています。

　フロアからももっといろいろなご質問その他コメントをいただきかったのですが，残念ながらタイムアップとなりました。本日提起され，議論された実に重要な主要な論点を整理し，第1回目の国際シンポジウムではありますが，法政大学サステイナビリティ研究教育機構の総合研究プロジェクトの成果として出版し，広く世の中に問いたいと考えています。

　これを出発点にして，また皆さまとも知恵を出し合いながら，本当に日本は二重の危機というふうに私は認識していて，なんとかしなければいけないということを強く考えていますので，今後ともさまざまな形でご協力をいただいて先に進んでいきたいと思います。

　拍手をお願いします。それからこれだけ大きな国際シンポジウムを立ち上げるにあたりましては，裏方と言いますかサス研関係の若手に大変ご尽力いただきました。その方々，それから事務方にも，ぜひ拍手をいただきたいと思います。それから最後に，こうし大規模な国際シンポジウムの実現には，法政大学当局，理事会，総長に全面的なバックアップをいただきました。内部の話ではございますが，このことも一言申し上げておきたいと思います。本日はありがとうございました。

〈第3部　未来への研究構想〉

法政大学サステイナビリティ研究教育機構総合研究プロジェクト

「グローバリゼーションによる社会経済システム・文化変容と
サステイナビリティの総合研究」

1. 総合研究プロジェクトの学術的背景

(1) グローバリゼーションとシステム・サステイナビリティ問題

　1990年代以降とみに顕著となったグローバリゼーションは，各国・各地域の政治，経済，社会，さらに文化面まで，非常に広範な分野におよぶ特徴的な現象として，その実態や影響，賛否をめぐり世界的に大論争を巻き起こし，多方面からの多様な研究蓄積を生んできた。グローバリゼーションのダイナミズムは，とりわけ，中国などBRICs諸国やアジアなど新興諸国の顕著な経済発展の促進を含む，グローバルな経済成長の枠組みを出現させる一方で，資源制約や地球環境問題の深刻化，地政学的な政治軍事的危機を伴い，また，「百年に一度」とされ，現在EU・ユーロ危機で「第二幕」を迎えている現下のグローバル金融危機・経済危機の衝撃が，現下の社会経済システムの持続性に大きな疑問を喚起するとともに，グローバリゼーションそのものにも大きな転換を迫るものとなっている。とりわけ，わが国は，グローバル金融危機・経済危機の影響から脱しきれないまま，「千年に一度」の東日本大震災・津波被災と，福島原発危機に見舞われ，いわば「二重の危機」に直面しており，被災地の復興・再生を図り，また，持続可能な未来に向けた日本の社会経済・政治システム全体の再生が鋭く問われている。

　グローバリゼーションは，各国・各地域の政治，経済，社会，さらに文化，思想面まで，非常に広範な分野に及ぶ特徴的な現象として，その実態や影響，賛否をめぐり世界的に大論争を巻き起こし，多方面からの多様な研究蓄積を生んできた（全体的要約および概観として，D. Held, *Debating Glob-alization,* Polity, 2005; D. Held and A. McGrew, *The GlobalTransformation Reader,* Polity, 2003 & *Globalization/Anti-Globalization,* Polity 2007 など）。そうした研究を通じ，本

研究が解明の対象とするグローバリゼーションの基本定義や，解明すべき論点と問題領域は，ほぼ明らかになってきている。

グローバリゼーションとは，ごく一般的にとらえれば，経済・社会・政治・文化のあらゆる活動が，ますます国境を超えて拡がり，一国・一地域の事象が国境を超えて互いに影響しあう関係が，飛躍的に高まってきている現象と定義できる（こうした一般的定義は，かなり早期から明らかにされている。とくに，*Anthony Giddens, Consequences of Modernity,* Polity 1991; Saskia Sassen, *Losing Control?,* Columbia University Press, 1996; M.B.Steger, Globalization, Oxford University Press, 2003 など）。それは，企業・金融・情報のグローバル化と政府機能の新自由主義的転換を主要経路として顕著に進行し，まさにグローバルな規模で，各国・各地域の経済・社会・政治のあらゆる面で，システム転換と変容を促す大きなインパクトを与えてきた。その影響は，文化・思想にまで及び，パラダイム転換を促すものとして作用してきた。

経済面では，企業システムや経営組織，会計制度，金融制度・金融市場，さらには労使関係・労働市場にも，実態・制度両面から大きな転換と変容を生じてきた。また，世界的に周辺領域までも市場関係の浸透度合いが大きく高まり，近代国民国家と国民経済的枠組みの相対化を進行させ，政府機能についても，市場主義の拡大に伴って新自由主義への転換の趨勢が強まり，財政・税制，「福祉国家」・社会保障制度，経済開発戦略や産業政策など既存のシステムの転換や制度変容を生じてきた。さらに，IMF，WTOなど国際機関や地域経済統合（FTAやEPA等を含む）その他の国際協定の複雑な動向と連動しながら，世界的な産業集積・国際分業関係の変化と国際資金循環構造の変容を伴って，世界的に，国際通貨・金融システム，世界的資金循環構造や決済システム，国際分業関係，通商システムの変容と転換を進行させてきた。そのプロセスで，とくに1990年代以降，とりわけアメリカおよびニューヨーク金融ファシリティを軸として，グローバリゼーションの結節点となる「グローバル・シティ」の都市機能と都市間ネットワクの発展を伴いながら，EU，日本などの中心部経済だけでなく，新興経済諸国・地域を

結んだ，グローバルな規模の「経済成長の連関」(=「グローバル成長連関」，河村哲二『増補新版　現代経済の解読』，御茶の水書房，2013年など）が形成され，世界的に経済成長・経済開発を促進する世界的フレームワークが出現した。

　それは主に，次の2面の発展が有機的に結合したグローバルな規模の経済成長の構造とメカニズムであった。①「グローバル・シティ」機能——グローバル企業・金融機関の本社機能・開発・企画機能の集積とそれを支える専門サービス，その他住宅などを含む都市機能が集積した都市空間とその機能——とそのグローバル・ネットワークの重層的発展（R Reichが1990年代初めに実質上提起し，S. Sassenらが発展させてきた議論）と，②グローバル金融センターであるニューヨークの金融ファシリティを結節点とし，米ドルの国際基軸通貨性に支えられたグローバルな資金循環構造（Saskia Sassen, *Global City,* Princeton UniversityPress, 2001; *Cities in a World Economy,* Pine Forge Press, 3rd edition, 2006; Ryuichiro Matsubara, "A Critical Point on the Horizon for Interdependent Japan - U.S. Markets", The Japanese Economy, 2005）など，各種の研究がある。

　そうした経済成長のグローバルな連関の活発な作用が，アメリカのみならず，イギリス・ヨーロッパや日本，その他の周辺諸国・地域の経済成長をもたらし，またとくにこの間の新興経済地域（とりわけ中国や東南アジア）の工業化と経済発展を加速させる中心的な関係となって，金融的，実体経済的にこの間の世界経済の経済成長の「エンジン」となった。なかでもアメリカは，国際基軸通貨ドルとグローバル金融センターであるニューヨークの金融ファシリティを有し，企業・金融・情報のグローバル化と新自由主義的な政府機能の転換を主導するとともに，この間世界的な政治軍事面の「秩序提供者」——功罪両面あるが——としてグローバリゼーションの展開の世界的な「舞台」を形成する中心的な役割を果たし，そうした「グローバル成長連関」の中核を占めて，自らの高い経済成長を実現し，かつ世界経済の拡大を牽引した。

　一面では，そうした経済グローバル化を通じた世界的な経済成長の加速

は，各国・各地域内や各国・各地域間の「格差」の顕著な拡大や，アフリカ等の崩壊国家の問題，地域紛争・テロリズムの問題など，政治・軍事的な危機を生じる大きな元凶との批判（J. Stiglitz, *Globalization and Its Discontents*, W. W. Norton & Company 1, 2003,その他多数）が提出され，反グローバリズムの潮流も幅広く現れた。同時に，新興経済諸国の経済発展の加速を含む世界的な経済成長は，気候変動やその他の地球環境問題や資源制約をグローバルに拡大した。とくにこの間出現した「グローバル成長連関」が大きく作用することにより，アメリカ，EU，日本等の先進諸国・地域だけでなく，とりわけ中国その他「世界の成長センター」として登場したアジア，さらにインド，ロシア，ブラジル，その他の新興工業地域の工業発展と経済開発が大きく進み，そのなかで地球温暖化など気候変動問題など地球環境問題や，資源制約の問題を非常に深刻化させた。

そうした問題については，すでに80年代から国連のブルントラント委員会（「環境と開発に関する世界委員会」WCED）など，「持続可能な開発」（sustainable development），「持続可能な成長」（sustainable growth）の概念が提起され，幅広い議論が繰り広げられ，実際にも，地球温暖化問題と気候変動枠組み条約に見られるように，各国・各地域内の個別的対策にとどまらず，グローバルな対処の枠組みの構築も，理論的・実際的に様々に模索され一定の進展をみせてきた。また，世界経済の新たな「成長連関」そのものの問題点としても，すでに2000年代半ばにはその持続可能性に対する疑問——主としてアメリカの大幅な経常収支赤字構造とグローバル・インバランスの問題（M. Labonte, "Is the U.S. Current Account Deficit Sustainable?," CRS, December 13, 2005）——が提起されてきた。

グローバリゼーションがもたらす諸問題については，以上のように，それぞれの側面についてはさまざまに論じられ，新自由主義批判を含む反グローバリズムの潮流も幅広く出現してきたとはいえ，グローバルな政治・経済システムそのものの問題性の核心は，必ずしも十分総合的に解明されてきたとはいえなかった。しかし，今や，グローバルな規模でも，またとりわけ大震災・原発問題に揺れるわが国にとっても，その「システム・サステイナビリ

ティ」そのものが鋭く問われるに至っている。

　第1に，グローバルには，2007年春から始まり2008年秋の「リーマン・ショック」前後から急速に深刻度を増した「第一幕」に続いて，EU・ユーロ危機により「第二幕」を迎えている，「百年に一度」とも形容される（A. Greenspanアメリカ連邦準備制度理事会前議長），グローバル金融危機・経済危機が，社会経済・政治システムそのものの持続可能性（「システム・サステイナビリティ」）に深刻な問題を突きつけ，またグローバリゼーションそのものにも大きな転換を迫る事態となっている。今回のグローバル金融危機・経済危機は，とりわけその「成長のエンジン」であった金融システムの制度不備と機能不全を通じて，「グローバル成長連関」そのものの危機に発展したものであった。こうしたグローバル金融危機・経済危機の「第一幕」では，この間，とりわけ2008年11月の「G20」声明以降，中央銀行による非伝統的緊急対策，異例に大規模な政府財政支出の発動が，大規模な「負のスパイラル」を食い止め，回復に向かうかにみえた。しかし，そうした対策は，アメリカ，日本，およびヨーロッパ諸国の国家債務問題に振り替わり，極端な金融緩和は食料 - 資源価格高騰と中国等の新興経済のバブルを生み，今や，ギリシャ危機・PIIGS諸国を焦点にしたEUの政府債務危機・ユーロ危機によって，危機の「第二幕」が進行している。こうした事態は，グローバルな政治・経済システムの「システム」そのものが深刻な危機に陥って，その「システム・サステイナビリティ」そのものが鋭く問われている事態である。

　さらに，第2に，何よりもわが国においては，グローバルな金融危機・経済危機の打撃から十分回復せず，先進国最悪の政府債務の累積を抱えたまま，東日本大震災・津波被災と原発危機といういわば「二重の危機」に直面しており，厳しい財政制約のもと，少子高齢化の進行と地域社会の疲弊が進み，他方では，グローバル競争の圧力に直面して，新しい「成長戦略」が模索されており，今や，いかに経済・社会の全体的な再活性化と地域の再生を図り，環境問題とも両立しうる持続的な未来を開くのか，大きな課題に直面し，政治・国家システムそのものまでもが問い直される事態を生じている。

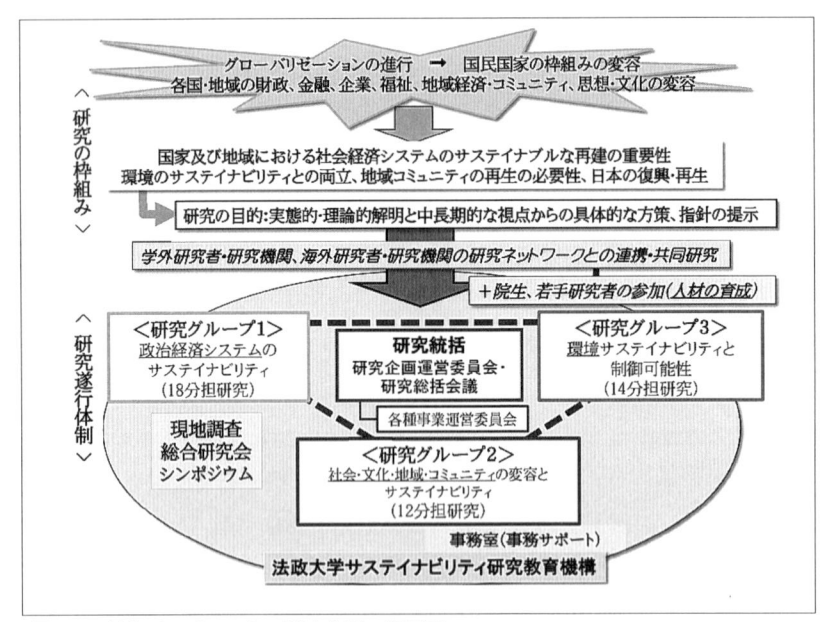

図1-1 研究プロジェクト・研究体制の概要図

(2) グローバルなシステム・サステイナビリティ問題と日本と世界の社会経済再生への課題

こうした事態は、さらに立ち入れば、次の2面から、「システム・サステイナビリティ」の再建という問題が、わが国のみならず、世界的に喫緊の課題となっていることを意味する。

第1に、世界的には、今回のグローバル金融危機・経済危機は、先行研究が解明してきた、経済グローバル化を通じて出現した「グローバル成長連関」の中心的な関係そのものの危機であり、その影響は急速に世界に波及し、「世界大恐慌」の再来が危惧されるほどの深刻な事態を生んだ。それは、新たな「グローバル成長連関」を軸とする世界的な成長のシステムそのものが、とりわけアメリカを中心とした国際金融メカニズムに、大きな制度的不備とシステム欠陥を内在し、金融バブルとその崩壊を通じて、急激な経済危機がグローバルに広がるという、根本的な不安定性を内包したことを明確にした。

そのため，この間の,グローバリゼーションのインパクトによって変貌を遂げてきた経済・社会システムそのものの，安定的「持続性」（サステイナビリティ）が鋭く問い直されている。金融システム，企業システム，労使関係,さらには政府機能やライフスタイル・生活価値などの社会経済的関係全般を総合した，経済社会の安定的持続を導く，システム再建そのものが大きく問われる事態となっている。しかも，経済的サステイナビリティの動揺は，資源，エネルギー，食料，森林，水などの確保と管理の能力を揺るがせるため,環境サステイナビリティの困難化と相互促進的である。

　グローバル金融危機・経済危機の「第一幕」は，アメリカをはじめ各国中央銀行による非伝統的手段による緊急対策や，異例の規模の政府財政支出による景気対策が，金融機能麻痺と経済の大幅な下降を食い止め，回復の可能性が出てきている。こうした事態の本質は，「市場の危機」に対し，市場機能を一部，国家財政及び中央銀行が肩代わりすることを通じた危機への対処であると見ることができるが，こうした危機への対応は，ドバイショックやギリシャ危機をへて，とりわけPIIGS諸国の財政問題を焦点としてEUとユーロ危機として，今や「第二幕」が進行中である。危機の「第二幕」の焦点となっているEU・ヨーロッパだけでなく，実際には，アメリカ，また何よりもわが国も，緊急対策によって一段と膨張した巨額の赤字財政と政府債務の累積への対応と財政再建が，大きな課題となっている。またアメリカの連邦準備制度の異例の量的緩和をはじめとする金融の超緩和の措置は，投機資金の流入による，原油や食料，資源価格の高騰や，中国など新興経済地域経済のバブル的な拡大を促進する事態を生じ，さらに危機の「第二幕」にょって，経済の減速と「バブル崩壊」が懸念されている。その意味で，まさにサステイナブルな経済・社会・政治システムの総合的な再構築が，世界的にも，また何よりもわが国の最大の課題として大きく浮上している。金融システムの制度的欠陥を是正して「バブル」的発展を防止し，より安定的持続的社会経済を実現しうる企業システム・労使関係の構築，政府の各種規制のあり方，環境サステイナビリティを実現するための富の再分配の方策，福祉プログラム・セーフティネットなどの政府機能のあり方，さらには地域・

地方経済の再活性化を実現しうる地方分権のあり方，などの再検討と新たな制度設計の問題が，アメリカやヨーロッパ，また日本，その他の各国・各地域や国際機関において鋭く突きつけられている。またそうした課題に対する国際調整のフレームワークや新たな法的枠組みとグローバル・ガバナンスの再構築も，最も重要な課題の一つとなっており，政治システム・法体系の大きな再構築も鋭く問われている。

　こうして，今や，国家財政の再建，国際通貨・金融システムの持続可能な再建とそれを実現しうるグローバ資源制約・再生可能なエネルギーへの転換地球温暖化の防止と両立しうる持続可能な成長・開発への転換など，政治経済社会のシステムをいかに構築するのか，そうした課題を解決しうる国民国家レベルの政治システムやガバナンス，さらにグローバル・ガバナンスの仕組みをいかに構築するのかが，短期的な危機への対応を超えて，世界的に中長期的な大きな課題となっている。

　第2に，グローバル金融危機・経済危機と震災・原発危機という「二重の危機」に直面するわが国にとって，社会経済・国家システムの持続可能な再生という課題は，より喫緊の課題として現れている。グローバル金融危機・経済危機の影響から脱しきれないまま，日本は，今回の「千年に一度」の大震災・大津波被災とチェルノブイリ事故にも迫る深刻な福島原発危機と放射能汚染に見舞われた。中央政府の統治能力にも深刻な疑念を生み，戦後のみならず，明治以来の社会経済・国家システムの基本的なあり方そのものまでも，問題とされる事態を生んだ。とりわけ今回の大震災・津波被災と原発危機の中心となっている東北は，「グローバル成長連関」と連関しながら，量産拠点の海外移転に伴う産業空洞化・産業集積の再配置と企業と雇用の制度不備の拡大と並行しつつ，東京を軸とするグローバル・シティ機能への依存の拡大と農村をはじめ地域とローカル・コミュニティの疲弊（高齢化，限界集落，シャッター商店街の拡大等）が進行し，それが，津波被災と原発危機問題をより深刻化している。グローバル化に翻弄され，「バブル経済」崩壊後の「失われた20年」とグローバル金融危機・経済危機による厳しい財政危機のもとで，そうした問題を総合的に解決し，いかに持続可能な政治・社

会経済システムとガバナンス機構の再生を図るのか,大きな課題に直面している。その意味で,日本の現状は,「システム・サステイナビリティ」の問題を集約的に示しており,そうしたわが国の焦眉の課題は,グローバリゼーションのインパクトのもとで,金融危機・経済危機,格差拡大と社会混乱,環境問題の深刻化,国際紛争の激化や崩壊国家などの問題の深刻化に直面している,現在の世界に共通する普遍的な課題である。

(3) 近代国民国家の枠組みの再構築と「地域・ローカル」レベルからの再生の研究の重要性

今や,こうした事態の実態の具体的解明と,将来に向けた問題解決と,経済社会・政治システムのサステイナブルな再建と再生の方向の展望と指針を与えることが,世界にとっても,またわが国にとっても,強く求められている最も重要な学術的研究課題となっている。その関連で,長期的に見るとそうした課題の真の解決に,一方では,企業・金融を中心とする市場関係のグローバル化に対する国民国家レベルでの政府規制(金融に対する「ヴォルカー・ルール」や銀行・証券業務の再分離などの規制や,投機取引に対する「トービン税」が典型)など対する「国民国家」の機能の再構築と,さらにそれを実現しうる新たなグローバル・ガバナンス機構の形成が強く主張されている。しかし同時に,とりわけ強調されるべき点は,そうしたいわば「市場対国民国家」という枠組みを超えて,グローバリゼーションのもう一つ重要な側面である,地域経済やコミュニティのレベルでの社会経済の再生とそのグローバルな連関の発展が,問題の真の解決の基盤となる点である。

すでにさまざまに論じられているように(とくに,S.サッセンの「グローバル・アセンブリッジ」の議論:Saskia Sassen, *Territory, Authority, Rights: From Medieval to Global Assem-blages,* Princeton University Press, 2008 [伊豫谷登士翁監修,伊藤茂訳『領土・権威・諸権利』明石書店,2011年]),グローバリゼーションのインパクトのもとで国民国家のフレームワークが相対化し,さまざまな新たなグローバルな連関が国民国家の枠組みの内外で拡大し,そ

の中で，伝統的生活価値の「再帰的」(A.ギデンズ，前掲) 復活など，ライフスタイル・生活価値の転換の問題が大きく浮上し，同時に文化・思想面でも大きなパラダイム転換を伴っている。そこには，グローバリゼーションのインパクトによる政治・経済・社会システムの変容と新たな制度・システム形成のダイナミズが大きく作用している。本研究課題がめざす，経済社会・政治システムのサステイナブルな再建と再生の方向の解明にとって，そうした側面からの研究が強く求められている。

　グローバリゼーションは，企業・金融・情報のグローバル化と政府機能の新自由主義的転換を主要経路とするグローバリゼーションのインパクトに対し，各国・各地域の既存の諸条件との軋轢や対抗がせめぎ合う中で，新たな制度形成・システム形成がグローバル，ローカルに進行するという，「ハイブリダイゼーション」ダイナミズムを伴うものである。グローバリゼーションのインパクトは，現地の既存の制度に対して，大きな解体圧力を生じるとはいえ，それは単純に既存制度を破壊するのではなく，各国・各地域で.政治的，経済的，社会的，文化的な対抗や抵抗を幅広く生み出す（反グローバリゼーションの潮流に関する事例的研究は数多いが，こうしたダイナミズムとその具体的事例の代表的研究としては，James H. Mittelman, *Globalization Syndrome: Transformation and Resistance,* Princeton University Press, 2000 [田口富久治他訳『グローバル化シンドローム』法政大学出版局，2002] など）。その結果，グローバリゼーションによる解体圧力と現地の対抗や抵抗が拮抗しながら，結果として政治経済的，社会・文化的に，ハイブリッド化（混合）を通じて，新たな制度とその結合として新システムを形成するというダイナミズムが生じる。こうしたダイナミズムはすでに本研究プロジェクト「グループ1」の先行研究プロジェクト（後述）が「ハイブリダイゼーション」プロセスとして，とりわけ企業経営・生産システムの海外移転と現地諸条件によるその変容のダイナミズムを解明する分析（最新成果は，Tetsuji Kawamura, ed., *Hybrid Factories in the U.S. under the Global Economy,* Oxford University Press, 2011 がある。経営・生産システム移転論として一般化した議論としては，R. Boyer and others, eds., *Between Imitation and Innovation,*

Oxford University Press, 1998 などがある）として，実態的かつ具体的に解明してきたものであり，その研究成果をもとに発展させてきた分析概念である。本研究プロジェクトでは，各国・各地域の内部の社会的・文化的・歴史的諸条件によってさまざまに異なるグローバリゼーション圧力への対応と制度変容・システム転換の多様性——とくに地域大国である新興経済諸国で顕著に現れるが，実際にはアメリカさらに日本やヨーロッパでも同様である——をとらえる中心的な分析概念となるものであり，ルーマン（Niklas Luhmann, *Okologische Kommunikation,* Westdeutcher Verlag, 1986 ［庄司信訳『エコロジーのコミュニケーション』新泉社，2007年］，その他）やギデンズ（前掲書，その他）などの，各種の社会理論と統合的に組み合わせることにより，グローバリゼーション・ダイナミズムの基本的関係を統合的解明する上で，非常に有力な研究手法と理論フレームワークを提供するものとなる。

2. 主要研究領域（グループ1〜3）の研究課題およびその相互連関と総合研究プロジェクトの研究組織

(1) 研究組織の概要

　本研究プロジェクト「グローバリゼーションによる社会経済システム・文化変容とサステイナビリティの総合研究」は，以上のように，この間のグローバリゼーションのダイナミズムと，とりわけ現下のグローバル金融危機・経済危機のインパクトがもたらす経済，政治，社会システムの転換と社会・文化変容を，実態面，理論面から総合的に解明するものである。そうした研究を通じて，わが国のみならず世界的に喫緊の課題となった政治・経済・社会システムの，地域再生・環境と両立しうるサステイナブルな再建の方向を，グローバル・レベル，各国・地域，ローカル・コミュニティ・レベルの多層にわたって，理論的・思想的パラダイム転換の問題もあわせて総合的に解明するものである。こうした研究課題について，本研究では，グローバリゼーションとその転換のインパクトおよび，システム・サステイナビリティの再生を焦点として，主要研究領域別に，3つの研究グループ，すなわち，政治・経済的側面からの解明を行う「グループ1」，社会・文化，思想的側面およびコミュニティレベルでの解明を行う「グループ2」，「環境サステイナビリティ」とその制御可能性の解明を行う「グループ3」を設定して，個別研究課題の分担研究を全学横断的に組織して，学外・海外研究者，研究機関，政府機関等との共同研究ネットワクを糾合しながら，解明を進めるとともに，そうした研究活動と成果を，法政大学サステイナビリティ研究教育機構による組織・運営機構を通じて統合する。それを通じて，文・理融合を含む学際性・国際性を兼ね備えた総合的研究として，課題の研究に取り組む。
　グループ1「グローバル政治経済システムの転換とシステム・サステイナ

ビリティの総合研究」では，グローバリゼーションのインパクトの主要経路である政治・経済側面に研究の重点をおいて，とりわけ最近のグローバル金融危機・経済危機の影響によって明確となった，グローバリゼーションとその下での政治経済システムの変容の実態と問題点を具体的・理論的に解明し，グローバリゼーションのダイナミズムの最も中心となる部分を解明する。そうした解明を通じ，将来にわたるグローバル・レベルおよび各国・各地域の政治・経済システムのサステイナブルな再建や安定化の方向を，「グループ2」におけるそのための社会・文化基盤や，コミュニティ再生の解明および「グループ3」における環境サステイナビリティの研究と連動させながら総合的に探求する。グループ1の研究は，「グループ2」における都市・地域・コミュニティ・社会・文化変容の研究，および「グループ3」における環境・環境サステイナビリティの重点研究を統合する核となるグローバリゼーションとシステム変容に関する研究を提供するとともに，世界各地の海外研究者ネットワクの研究の具体的統括，および世界の地域別研究を「よこぐし」的な統合とコーディネーションの中心的な場を提供する。

　グループ2「グローバリゼーションによる社会・文化・地域・コミュニティ変容とサステイナビリティの総合研究」は，政治・経済システムのサステイナビリティ，環境サステイナビリティ問題に対し，サステイナブルな社会経済システムの総合的再生の社会・文化，思想面のベースとなる基本関係を解明する意義を担うものである。グローバリゼーションの進展は，世界各地の巨大都市から農村の地域社会に至るまで大きなインパクトを与え，流通経済システム，生活環境，ライフスタイル，そしてコミュニティや人間関係を大きく変容させつつある。同時に，グローバル・レベルのインパクトと既存の社会・伝統文化等との間に軋轢やコンフリクトが生まれ，その相互作用を通じて新たな制度の形成とシステム転換もまた進行している。こうしたグローバリゼーションのダイナミズムをもった現実的な動きが展開する場として都市や地域を位置づけ，そこにおける多層なレベルでの社会・文化・思想の変容と制度・システム形成の実態と変容に関し，各国・地域ごとの多様性をも含めて解明することが重要である。同時にまた，グローバリゼーション

の進行によって，それぞれの都市や地域に育まれてきた文化的アイデンティティを喪失し，地域社会のポテンシャリティが弱体化する危惧が強まる状況にあって，グローバリゼーションの流れの中でも逞しく，自律性をもって，各都市やローカル社会の独自の論理を据えた発展を探る必要性が高まっている。こうした視点から，本研究領域では，12名の分担研究を通じて，都市や地域の社会が基底部分にもつ長い歴史の経験の中で育まれた（眠つている）資産，技術・知恵の蓄積を発掘し，見えるかたちに可視化し，繁ぎ合わせ，ローカルな価値を逆にグローバルな状況に対して発信する道筋，方法を探究することを研究の核として解明する。

グループ3「環境サステイナビリティと制御可能性の総合研究」は，社会制御過程を把握する包括的で重層的な社会学的な理論枠組を基礎に置きながら，環境サステイナビリティの確保のために必要とされる社会制御の仕組みと社会制御の原則を実証的，規範理論的に探究する。

グローバリゼーションに伴う経済・社会システムの変容の中でも，環境サステイナビリティ問題の重大化と環境サステイナビリティの確保の見地から制御可能性の増大は，21世紀社会にとっての喫緊の課題となっている。とりわけ，福島原発震災は，現代社会における科学技術に立脚した経済成長政策と環境サステイナビリティとの両立という課題をもっとも切迫した形で提起している。今日の社会における制御能力の不足は環境サステイナビリティをめぐってとくに顕著に露呈しているが，それは単純な「合理性の不足」が原因ではなく，個々の組織や制度や国家に準拠した局所的，短期的な合理性（rationality）探究の努力にもかかわらず，それらが広域的に相互作用し，長期的な連鎖的効果を発揮するにつれて，さまざまな非合理的な事態や格差や逆連動や悪循環と閉塞が生み出されているためである（負の創発的メカニズム）。

グローバリゼーションそれ自体は，制御困難性の増大と制御可能性の増大という両義的な可能性を有しているが，重層的な制御システムに対応するそれぞれの水準の「公共圏の豊富化」こそが，制御可能性を高め，とりわけ道理性（reasonability）の実現による「負の創発的メカニズム」克服のための

鍵である。そうした認識に基づき，本領域では，14名の分担研究を設定し，さまざまな環境問題の個別的検討の上に，公共圏論と独自の理論的視点である「制御システムの階層性論」とを結合し，環境サステイナビリティの実現のための制御可能性をいかにして高めるかを，環境科学を中心とする理工系研究と総合して，総合的に探究する。それを通じ，喫緊の課題として現れている社会経済システムのサステイナブルな再建の方途を，各種社会理論から重点解明する方法的な面からの解明モデルを明らかにする意義を担う。

(2) 研究グループ1～3の研究の背景と先行する研究プロジェクトとの関係

以上の本研究プロジェクトの「グループ1」，「グループ2」，「グループ3」という3つの主要研究領域は，それぞれ，主に，次の3つの主要先行研究の研究成果と知見とを総合して発展させる研究として設定されたものである。

(1) グローバリゼーションとその転換のインパクトに関する2つの先行総合共同研究プロジェクト——①「グローバリゼーション」の総合研究による研究成果と知見——主に「グループ1」の領域の中心部部分を構成。

(2)「都市における水辺空間の再生に関する研究」「水都に関する歴史と環境の視点からの比較研究」——「グループ2」の領域の中心部分を構成。

(3) 環境サステイナビリティと社会制御システム主題とした「公共圏の創成と規範理論の探究」に関する先行研究プロジェクトおよび，その継承としての「公共圏を基盤にしてのサステイナブルな社会の形成」——主に「グループ3」の領域の中心部分を構成。

「グループ1」の研究では，これまでに，経済，人文，社会の各領域をカバーし，グローバル化のダイナミズムと各国・各地域の経済，社会，文化変容の実態と影響を総合的に解明した。とりわけ，グローバル化による〈アメ

リカ——新興経済地域〉の「グローバル成長連関」を具体的に析出した。

　当該研究の研究課題は，アメリカ発の今回の深刻な金融危機が，グローバル化で登場した世界の「成長エンジン」を大きく毀損し，転換させるとの観点から，一連の先行研究成果と知見，国内・海外共同研究者，大学・研究機関，企業，政府関係とのネットワークを活用し，アメリカ，日本，新興経済地域それぞれの実情およびその相互作用を具体的に解明することを目指すものである。すでに本申請研究の内外の主要メンバーが参加し，2009年度に，アメリカ・メキシコ——カリフォルニア（サンフランシスコ地域，ロサンゼルス地域，メキシコのティファナ地区を含む）およびニューヨーク・シティを中心に——の実態調査を実施，アジア地域については，2010年度に，工業発展の主要コリドー（主回廊）の主軸都市・地域に沿って，タイ（バンコクおよびその周辺）・ベトナム（ホーチミン市とその周辺），シンガポール，インド（チェンナイ，バンガロール，プネー，デリーとその周辺）の実態調査，2011年度には，沿海部（上海，杭州，蘇州，寧波，その他の長江デルタ，広州・深圳1・東莞・珠海その他珠江デルタ），中国調査を実施した。さらに，2012年度は，ブラジルを中心に，アルゼンチン，チリの実態調査を実施し。こうした研究を通じ，本研究課題の最も重要な部分を解明している。

　「グループ2」は，(2)の学術フロンティア推進事業により設置され，活動を大きく拡充してきた，「環境の時代」を切り開く真の「都市と地域の再生」のための方法を研究，およびその研究成果をベースとしながら，グローバリゼーションのインパクトが，世界各地の巨大都市から農村の地域社会に至るまで，流通経済システム，生活環境，ライフスタイル，そしてコミュニティや人間関係を大きく変容させ，同時に，グローバル・レベルのインパクトと既存の社会・伝統文化等との間に軋轢やコンフリクトが生まれ，その相互作用を通じて新たな制度の形成とシステム転換もまた進行しているという，グローバリゼーションのダイナミズムをもった現実的な動きが展開する主要な場として都市や地域を位置づけ，そこにおける多層なレベルでの社会・文化・思想の変容と，制度・システム形成の実態と変容に関し，各国・地域ごとの多様性をも含めて解明する。

また同時に，グローバリゼーションの進行によって，それぞれの都市や地域に育まれてきた文化的アイデンティティを喪失し，地域社会のポテンシャリティが弱体化する危惧が強まる状況にあって，グローバリゼーションの流れの中でも逞しく，自律性をもって，各都市やローカル社会の独自の論理を据えた発展を探る必要性が高まっている。ここでは，その都市や地域の社会が基底部分にもつ長い歴史の経験の中で育まれた（眠っている）資産，技術・知恵の蓄積を発掘し，可視化し，繋ぎ合わせ，ローカルな価値を逆にグローバルな状況に対して発信する道筋，方法を探究する。

　「グループ3」の領域は，「制御システムの階層性論」——社会問題の解決過程を，①事業システム，②地域社会制御システム／機能分野別の社会制御システム，③国家体制制御システム，④国際社会制御システムの四つの水準の相互関係において把握する——を理論フレームワークとする。この理論枠組は，各水準の制御システムが有する制御中枢圏の制御能力の高度化の条件を，公共圏からの批判による政策原則の道理性と合理性の促進に求めつつ，「環境・経済・福祉の総合的サステイナビリティと制御可能性」を探究するものである。グローバリゼーションに伴う経済・社会システムの変容の中で，社会における制御能力の不足は，福島原発震災に代表的に示されるように，環境サステイナビリティをめぐってとくに顕著に露呈し，制御可能性の増大は，21世紀社会にとっての喫緊の課題となっているが，同時に，今回のグローバル金融危機・経済危機によって経済システムそのものについても鋭く問われている。本研究テーマによる環境サステイナビリティの解明は，グローバルレベル～地域・コミュニティレベル全体において，社会・経済システムのシステム・サステイナビリティの再建に重要な知見と指針を与えるものとなる。この課題を果たすための理論枠組みの構築は，基礎理論の水準ですでに果たされている（舩橋晴俊『組織の存立構造と両義性論——社会学理論の重層的探究』東信堂，2010年）。また，環境問題と環境政策の世界的，歴史的な動向についてのデータ集積も体系的に成し遂げられている（環境総合年表編集委員会編『環境総合年表——日本と世界』すいれん舎，2010年）。

　本研究プロジェクトは，以上のように，これまでの私立大学学術研究特別

2.主要研究領域(グループ1~3)の研究課題およびその相互連関と総合研究プロジェクトの研究組織

推進事業プロジェクトおよび科学研究費補助金等の各種外部資金による先行研究プロジェクトの研究成果と知見および研究体制発展させ,「グループ1」における, グローバリゼーション・ダイナミズムと政治経済・社会システムの不安定性の実態的・理論的研究と,「グループ2」における社会・文化変容, 都市, 地域, ローカル・コミュニティ再生の研究,「グループ3」における社会理論による環境サステイナビリティ研究を統合し, グローバリゼーション・ダイナミズムと, そのもとでのシステム・サステイナビリティの総合的解明を目指すところに, 最大の特徴と意義がある。また研究体制の面では, 各グループの研究成果は, 研究企画運営委員会・研究総括会議において, 定期的にレビューし, 研究プロジェクト全体の研究課題を総合的に解明する体制を取つている。こうして, 本研究プロジェクトは, これまでの研究蓄積を最大限活用しながら, 学内のみならず学外・海外の研究者, 大学, 研究機関や政府機関などの幅広いネットワークを糾合して, わが国および世界の最も重要な研究課題を総合的に解明するとともに, そうした研究を実践的に担いうる全学的な戦略的研究拠点・教育機構を形成し, 確立する意義を担うものである。

※ 以上の総合研究プロジェクトの推進の一環として, 2011年11月20日に, 主要三領域の研究グループが共同し, 三分野を総合した国際シンポジウム「持続可能な未来の探求――グローバリゼーションによる社会経済システム・文化変容とシステム・サステイナビリティ:「3.11」を超えて」(法政大学サステイナビリティ研究教育機構主催・朝日新聞社後援――会場:国連大学本部ウタント国際会議場) を開催し, 本研究プロジェクトの趣旨と目的にそって, 集中的に議論した。「はしがき」で述べたように, 本書は, その記録である。(第1部, 第2部)。

3. 主要研究分野および個別研究班の研究課題と内容一覧

研究グループ1

「グローバル政治経済システムの転換とシステム・サステイナビリティの総合研究」

　研究プロジェクト「グローバリゼーションによる社会経済システム・文化変容とサステイナビリティの総合研究」の全体研究は，この間のグローバリゼーションのダイナミズムと，とりわけ現下のグローバル金融危機・経済危機のインパクトがもたらす経済，政治，社会システムの転換と社会・文化変容を，実態面，理論面から総合的に解明するものである。そうした研究を通じて，わが国のみならず世界的に喫緊の課題となった政治・経済・社会システムの，地域再生・環境と両立しうるサステイナブルな再建の方向を，グローバル・レベル，各国・地域，ローカル・コミュニティ・レベルの多層にわたって，理論的・思想的パラダイム転換の問題もあわせて総合的に解明するものである。その中で，本「グループ1」の研究では，とくに，グローバリゼーションのインパクトの主要経路である政治・経済側面に研究の重点を置き，とりわけ最近のグローバル金融危機・経済危機の影響によって明確となった，グローバリゼーションとその下での政治経済システムの変容の実態と問題点を具体的・理論的に解明し，グローバリゼーションのダイナミズムの最も中心となる部分を解明する。そうした解明を通じ，将来にわたるグローバル・レベルおよび各国・各地域の政治・経済システムのサステイナブルな再建や安定化の方向を，「グループ2」におけるそのための社会・文化基盤やコミュニティ再生の解明，および「グループ3」における環境サステイナビリティの研究と連動させながら，総合的に探求する。

　それを通じて，「グループ2」における都市・地域・コミュニティ・社会・文化変容の研究，および「グループ3」における環境・環境サステイナ

ビリティの重点研究を統合する核となるグローバリゼーションとシステム変容に関する研究を提供するとともに，世界各地の海外研究者ネットワークの研究の具体的統括，および世界の地域別研究を「よこぐし」的な統合とコーディネーションの中心的な場を提供する。

(1)「政治経済システムのグローバル化とシステム・サステイナビリティの実態的・理論的研究」

本研究は，3つの先行共同研究の研究成果と知見を発展させ，これまで蓄積されてきた海外研究者・大学・研究機関との共同研究・研究連携のネットワークを引き継ぎつつ，この間のグローバゼーションの進展と，それに対する今回の金融危機およびその実体経済的影響によって生ずる経済組織や経済発展構造の変容と転換の最も中心となる点を，具体的かつ総合的に解明する。とりわけ，アメリカを中心として確立されていた戦後パックス・アメリカーナの政治経済秩序の変容と転換を最大の震源として進行したグローバリゼーションとそのインパクトの主要経路である，企業・金融・情報のグローバル化および政府機能の新自由主義的転換と，その帰結の一つとして出現したアメリカ自身および〈アメリカ—新興諸国〉関係を軸とする「グローバル成長連関」について，その最も基本的な関係の実態を重点的に解明し，現下のアメリカ発のグローバル金融危機・経済危機が，その最大の震源であるアメリカ，および新興経済地域（とくに中国，東南アジア，インド，メキシコ，ブラジルなど，新興経済に与える影響とその相互関連を，政策および実体経済の両面から解明する。それを通じて，とくに「グローバル成長連間」の変容と転換を軸に，グローバリゼーションそのものの転換の実態を解明する。

(2)「グローバル・ガバナンスと東アジアにおける制度形成の研究」

東アジアを対象とした東アジア研究と，地球的問題群を中心としたグローバル・ガバナンスの研究として，「政府機能と国民国家」と「グローバル・

ガバナンス」の実態的な解明とともに，その理論的解明とパラダイム転換を主として研究する。とりわけ，グローバリゼーションの進展において，経済統合が進む一方で，中国の台頭やインドの存在感の拡大などで流動性を増すなど，近年とみに重要性を増している東アジアを中心に，国際政治枠組みの転換と変容の過程を，第1に，アメリカ合衆国，ロシア，中国，またさらに朝鮮半島，東南アジアの角度から，地域の特性に注目し，総合的に分析する。

第2に，理論面について，グローバル・ガバナンス，平和構築，マスメディア，地域，国際司法の，それぞれの視座から解明する。研究方法としては，東アジアの地域レベルと地球的問題のレベルの双方において，サブ・グループごとに研究単位を設定し，それぞれの視座をクロスさせた研究会活動を展開，相互の研究ネットワークの深化と拡大を図ることにより，本研究班は，政治経済分野だけでなく，本研究プロジェクト全体における「グローバリゼーションとシステム・サステイナビリティ」問題に関して，近代国民国家フレームワークの変容とグローバル・ガバナンス研究について，とりわけ東アジア地域を焦点として解明する意義を担う。

(3)「グローバリゼーションによる政府機能の変容と日本型福祉国家の再構築に関する研究」

グローバリゼーションの進展と「リーマン・ショック」による世界的な政策レジームの変容という歴史的転換を念頭に，1) アメリカとスウェーデンという両極にある福祉国家の税財政改革の全体像を解明し，2) 動揺が叫ばれて久しい日本の福祉国家システムに与える展望を明らかにする。その上で，3) 新しい公共部門，福祉国家の役割がどのようなものかを解明する。この研究は，次の2つの共同研究を背景としている。

第1に，UCSanta BarbaraのElliot Brownlee教授と2009年12月に開催した「シャウプ来日60周年記念国際シンポジウム」である。同コンファランスでは，シャウプを中心とするアカデミック・ネットワークが戦前・戦時期に形成されたわが国の税財政制度をどのように修正し，今日的なそれへと導いて

いったのかを多角的に検討した。これらの成果は英文での著作として公刊されるが，本研究では，同コンファランスへの参加者を中心に，その成果をより包括的，複眼的に展開することを目指し，日本型福祉国家を支える税財政制度がグローバリゼーションおよびレジームシフトのインパクトによってどのように変貌を余儀なくされつつあるのかを実証的に明らかにする。

第2に，European University InstituteのSvenSteinmo教授，Tromso UniversityのAndreas varheim教授と共同で進めてきた社会的信頼と福祉国家財政に関する共同研究である。ここで明らかにされたのは行財政制度のデザインが社会的信頼に影響を与え，それが福祉国家の質や財政赤字の水準に影響するという事実を明らかにしたものである。本研究では，アメリカおよびスウェーデンの公共支出，資金調達のデザインがどのように両国のSocialCapitalに影響し，これが福祉国家財政の安定性ないし不安定性にどのように影響したのかについて考察する。このようにすでに一定の蓄積が進められてきた国際共同研究の成果を発展的に統合し，最終的には，新しい国際的な政策秩序のもとで求められる福祉国家の在り方，新しいポリシーミックスの可能性について明らかにする。

(4)「金融グローバル化と金融不安定性の研究」

本研究は，この間のグローバリゼーションの進展の主要経路として，企業のグローバル化と並行しながら顕著に進行した金融グローバル化とその問題点について，国際通貨・金融システムの制度変容と転換，金融自由化とそのインパクト，金融・証券市場の制度転換と不備，金融不安定性，世界的資金循環構造・決済システムの変容と転換，国際通商システムの転換，マイクロファイナンス・コミュニティファイナンスなどの主要な側面について実態的・理論的に解明するとともに，とりわけ，今回の金融危機の原因や発現のメカニズム，制度不備と金融再規制のあり方など，グローバル化に伴う金融不安定性の問題を，金融諸理論の再検討とあわせて研究する。

(5)「企業活動のグローバル化とそのインパクトの実態的・理論的研究」

本研究は，この間のグローバリゼーションの中心的な経路となっている企業活動のグローバル化について，この間の国内・海外の企業活動の現地実態調査の成果に立って，次の諸点を中心として，それぞれの側面からのケース分析を含む具体的研究とその総合により，企業システムそのものの変容と転換とあわせて，実態的・理論的に研究する。

1) 企業間ネットワーク・国際M&A。企業システム・経営組織の変容（本社のコントロールメカニズムとグローバル管理組織，国際的人事管理・経営の現地化，会計制度・会計基準の転換など）。
2) 海外経営戦略（海外子会社の戦略的位置づけ，生産管理，部品調達・アウトソーシング体制，技術移転）。
3) 対内・対外直接投資，国際分業・貿易ネットワークの転換というグローバル・マクロ経済的影響。
4) 「大競争時代」の企業経営の国際比較（アメリカ企業，日本企業，ヨーロッパ企業，アジア企業その他）。
5) 労使関係・労働市場の転換，国際労働力移動。

以上のテーマの俯瞰的・横断的研究を通じ，グローバリゼーションの世界的インパクトの主要経路となっている企業活動のグローバル化の実情とその影響の実態的な解明を図る。とくに，グローバルに事業展開している主要企業（アメリカ，日本，中国，インド，その他）の各工場，本社・地域本社・統括会社，販売・営業・研究開発拠点，および金融諸機関（銀行・証券会社・各種金融会社等）の本支店，営業・事業拠点，関連専門サービス各社の事業内容，事業ネットワーク，経営組織について，これまでの展開と今回の金融危機・経済危機によるその転換の実状を，内外の研究者のネットワークを通じて，計量分析，現地実態調査，資料分析などを融合して解明する。

(6)「グローバリゼーション下の産業革新の可能性の研究—電機自動車の普及を促進するインフラ整備とスマートシティの可能性の研究」

　本研究では，グローバリゼーション下の産業革新の可能性を探求する研究の一環として，化石燃料や原子力に依存した世界規模のエネルギー危機やCO_2排出量による地球温暖化への解決策の一部として開発が進められている電気自動車とその発展的応用技術であるスマートシティの普及促進への提言を行うものである。とりわけ，グローバルな大量生産時代を迎えた電気自動車の市場拡大に関して，従来の需要—価格均衡のモデルに基づく市場モデルに充電インフラの普及率などを考慮し，今後の市場発展を予測する動的なモデルを提案し，国内外の市場・産業動向調査を通じて得た実データから主要パラメータの特性を同定するとともに，モデルの有用性を検証したうえで，各種の電気自動車および実験的なスマートシティなどの振興政策を評価することを目的とする。

(7)「グローバリゼーション下のIT技術発展の可能性の研究—高信頼グローバル情報システム開発のためのサービス指向形式工学手法と支援環境に関する研究」

　本研究は，グローバリゼーション下の技術発展の可能性の研究の一環として，グローバリゼーションの高度インフラストラクチャーとしてのグローバル情報システムのグローバルな開発プロジェクトの発展可能性について，とりわけ情報工学における情報技術開発の面から具体的に探求する。オンライン銀行システム，証券取引システム，航空券予約販売システム，e-commerceシステムなどの典型的事例にみられるように，急速に拡大しているインターネットに基づくグローバル情報システムは，グローバリゼーションの主要な経路と手段として大きな発展を遂げてきているが，それは大量の情報通信を必要とするため，システムの信頼性および情報の安全性が極めて重要となる。しかも，近年，国際協力によるグローバルな情報システムの研究開発プロジェクトは，世界中の複数の場所で同時分散的に実行される

に至っている。

　こうした分散的な環境の中で実行される開発プロジェクトの生産性，信頼性，および安全性の向上のためには，形式手法とサービス指向開発手法という最新のソフトウェア工学技術と支援環境が不可欠である。そこでは，形式手法とサービス指向手法とを統合し，厳密性と実用性を確保したより有効なサービス指向開発手法の確立が大きな課題となっている。そのためには，情報システムの要求分析，仕様の作成，モデリング，実装，検証，テスト，および更新のために有効な理論と技術の提供が重要な課題となるが，とりわけ，分散的な開発環境の中で，いかにしてこうした開発手法を有効に支援することができるのかも，重要な課題となっている。こうした視点から，本研究では，とくに，次の4つの側面から研究する。

1) サービス指向形式工学手法の確立。このため，既存のSOFL形式工学手法に提案された「三段階形式モデリングアプローチ」に，既存のソフトウェアサービスの検索，検証，および再利用という活動が適切に統合されるフレームワークを確立する。

2) サービスの定義，検索，検証，およびテスト技術の開発。半形式仕様によってサービスの機能が正確に定義され，非形式要求仕様によって既存のサービス候補が確定され，形式仕様によって採用するサービスの機能が検証及びテストされる技術を解明する。

3) 情報システムの信頼性と安全性を確保する検証とテスト技術の発展。Hoare論理に基づく既存の形式的検証理論を生かして，既存の形式仕様に基づくテスト技術を発展し，ウェーブ情報システムの信頼性と安全性を検証とテストする技術を確立する。

4) インターネットに基づく分散ソフトウェア開発・支援環境技術の開発。分散している開発者の管理，通信，協力，及び全ての開発活動のソフトウェア支援環境技術を研究し，SOFLに基づくサービス指向形式工学手法の支援環境の開発。

(8)「グローバリゼーション下の日本経済のサステイナビリティの研究
　　——実体・金融の両面からの分析」

　本研究は，世界的な経済グローバル化の中で，現在，喫緊の課題となっている日本経済の将来性・サステイナビリティの解明にとっては，①実体経済の面における海外とのlinkage，②金融面での海外とのlinkageや国内金融システムの問題点を，あわせて解明することが不可欠である。本研究は，すでに進めている先行研究の研究成果と知見を発展させ，以下の二面を重点として研究する。

1) 実体経済面では，この10年間，外需依存的なわが国経済は，特にアジアと経済的連携を深めた。これに関連して，日本―アジア諸国の景気連動性の要因を，景気循環会計の方法で分析し，あわせて貿易構造の分析を行う。データの収集と既存研究のサーベイを開始している。
2) 金融面では，とりわけ，CDOやCDSに関する規制・金融機関行動に関する国際的な規制のあり方を分析する。また，「失われた10年」において，わが国で発展した新しい企業金融に関する計量分析を行い，その問題点をあわせて明らかにする。すでに，金融アーキテクチャーについて，2010年度までの状況に関するデータ収集等を完了し，国内金融については，第一弾のマクロ的なデータ分析を経済産業研究所よりWPとして公表済みである。

(9)「東北製造業の震災津波被災実態と復興の展望の研究
　　——グローバル化と地域再生の視点から」

　本研究は，地域再生の視点から，今回の数百年に一度の史上最大級の東日本大震災・津波被災地の復興について，農業・漁業・水産加工業と並んで，最も重要な鍵となる地場製造業の復興・再生と拡充の問題を，国内およびグローバルなサプライチェーンの寸断とその影響という問題を焦点として，多くの研究蓄積がある自動車・電機産業を中心に解明し，主力工場と「ティ

アー3」以下の中小企業・地場サプライヤーレベルの復旧・復興と基盤拡充を軸とする被災地再生の具体的方策と，必要な支援策・政策的諸措置を析出し，提言することを目的とする。

　今回の東日本大震災・津波は，安否不明を含む2万人の犠牲者，避難者数十万人に及ぶ膨大な被災と地域社会の壊滅的な打撃と同時に，大津波による農業・漁業と製造設備・施設への直接の被災，送電網・原発を含む停電や電力不足，道路・鉄道・港湾施設等の社会インフラの毀損とあいまった，工業的な損害も非常に大きい。とりわけ，この間大きく進展してきたグローバル事業展開に伴う日本企業のグローバル・サプライチェーンの拡大に伴い，国内産業編成・地理的集積が大きな変容を遂げ，その結果，今回の震災・津波被災のサプライチェーン問題が，震災・津波被災地，さらに東北，ひいては日本経済全体の再生にとって，非常に重要な意義を持つことが明らかとなっている。

　本研究は，こうした経済グローバル化のインパクトの中で，地域産業空洞化の防止と地域活性化を実現しうる方途と指針を，地元拠点大学（東北学院大学）等と緊密に連携して，県・市町村の産業振興部所，各主要企業・地場メーカーの協力を得た実態調査を通じて明らかにする。それは，グローバル経済下の地域再生という日本経済が直面するより広い課題に対しても具体的な指針と展望を与える意義を担う。

(10)「周辺部経済・開発問題・地域経済統合とサポーティング産業発展の実態的解明――東アジアを中心として」

　本研究は，この間，グローバリゼーションの進展とアメリカを軸とする「グローバル成長連関」との関連で，工業化・経済発展を加速し，とりわけ今回のグローバル金融危機・経済危機の中で米欧・日本等の従来の先進国地域に対し存在感を増して，今後世界的な政治経済システムの主要プレーヤーとなる可能性の高い，中国，アジアNIEs，ASEAN，インドなどのアジア新興経済地域，さらにはメキシコ，ブラジル，その他の新興経済地域について，

グローバリゼーション・インパクトとその基本ロジックがどのように作用し，それに対して各国・各地域がどのように対応しているのか，その結果どのような変化と新制度群やシステム形成が進行しているのか，「ハイブリタイゼーション」プロセスの実態を，企業システム，金融制度，労使関係・労働市場，流通，さらに政府の政策的対応（中央政府と省・州の地方政府レベル―福祉や租税・財政構造を含む）の主要側面について，経済統合の進展のロジックと実態の解明とを合わせて明らかにする。

とくに，主な研究課題として，以下の点を焦点として解明し，その総合として，グローバリゼーションとその転換が，アジア経済およびその他新興諸国，周辺諸国の開発問題や地域経済統合の動向に与える影響を実態的に解明する。

1）グローバリゼーションと中心部―周辺部経済の転換，2）周辺部・途上国経済と持続可能な開発，3）最貧国地域・崩壊国家とそのメカニズム，4）地域連携・統合と競合（アジア，中南米，その他，個別FTA，EPA等の意義と限界），5）各国の競争戦略・開発戦略と工業発展の実態，6）経済格差の拡大，貧困問題・環境問題などの実態。

(11)「サスティナブルな国際的循環型社会形成の可能性の研究
　　――理論・実証・政策側面からの政治経済学的解明」

本研究は，以下のような現状認識に基づいて，国際循環型社会形成の可能性について，理論的，実証的に分析する。

グローバリゼーションの進展と地球規模の環境問題の重要性の増大という状況の中で，1990年代以降，わが国や西欧諸国は廃棄物管理政策上の法制度の整備を進め，再生資源回収の仕組みを整えてきた。しかし，再生資源は国内だけで循環が完結せず，回収された再生資源は中国を中心としたアジア地域に大量流入している。また，リサイクルシステムに乗らず使用済み製品が「中古品」として発展途上国に輸出されるケースも多い。循環資源が有効利用される側面もあるとはいえ，途上国における廃棄物の不適正処理や環境

汚染の問題も生じつつある。いまや，循環型社会形成は国内問題であるというよりむしろ，国際問題として認識すべき概念となっている。

とくに本研究テーマに関連しては，これまで，経済理論的見地において，廃棄物リサイクルの効果，ゼロエミッション技術，リサイクルが経済成長にもたらす効果，廃棄物の地域間移動等についての分析の蓄積があるものの，いずれも，暗黙に国内問題として循環資源の問題を捉えており，越境的な循環資源や廃棄物移動に関して把握する研究視野，政策手法等が欠けている嫌いがある。こうした研究状況に対し，本研究は，理論的分析と同時に求められる実証的分析の強化，および，国際問題としての循環資源移動や廃棄物移動の問題の把握さらに，国際循環型社会形成に関わる経済・社会システムにおける諸問題の解明を進める。そのことを通じて，本研究プロジェクト全体の中で，環境サステイナビリティについて，「グループ1」の政治経済システムの面からの解明と，「グループ3」における社会学・工学的観点の解明との研究連携と総合化の視座を確立する意義を担う。

(12)「グローバリゼーションの理論的解明およびその総括的研究」

本研究は，国際経済・世界経済，各国経済，開発経済，企業・産業組織，国際金融・金融制度，ファイナンス，経済地理，制度・組織，情報などの各分野の諸理論によるグローバリゼーションとその転換について，主として理論面から解明する。あわせてそのためのモデル構築を行い，実際に分析モデルを適用した実態分析を行う。具体的には，以下の4点を焦点として研究する。

1) EUの安定成長協定（SGP）における集権・分権と状態依存ガバナンスをゲーム理論や契約理論を使って解明するとともに，その状態依存ガバナンスの仕組みが，最近のG20 + IMFのグローバル・ガバナンス構築にどう生かされているかを考察する。関連して，世界的な金融システムの「システミックリスク」への対処として，監視と制裁の仕組みをどう設計するかということも，情報の経済学やゲーム理論によって

追究する。

2）グローバリゼーションによる相互依存の中で重要性を増している，民間セクターの企業統治の国際比較の理論分析を，契約理論や企業理論，および実証分析との相互フイードバックの中で進める。とりわけ，今回の世界的経済危機の原因の一つである，アメリカにおける行き過ぎた株主主権の下で，経営者の過剰なリスクテーキング（個人合理性）が，結局のところ資産バブルの崩壊による社会全体の非効率に繁がったという「囚人のジレンマ」的な構造について，ミクロ，マクロ，ゲーム理論，組織の経済学など，現代経済理論を総合的に結集して解明する。

3）21世紀の主要プレーヤーである中国に関して，直接投資や多国籍企業の諸問題を，契約理論やミクロ経済学の理論を使つて解明し，また実証的に解明する。また，政府セクターのガバナンス問題について，中国における中央・地方政府間財政ガバナンスの集権・分権問題の分析，地球環境問題を適切にコントロールする制度の設計の問題，政府組織に関する経済理論による基礎的な研究を進める。

4）マクロの動学理論の進展を使つて，グローバリゼーションに関わる現実のマクロ経済現象をより深く解明する，マクロの動学的契約理論を用いて，途上国政府の契約履行問題を分析し，金融システムの脆弱性などを検証する。

(13)「グローバリゼーションと経済学のパラダイム転換の研究」

本研究は，グローバリゼーションの進展による政治経済システムの変容と転換に関し，経済学のパラダイム転換について，政治・経済思想面から解明する。とりわけ，理論家や研究者の研究動向の変化のなかだけで，そうしたパラダイム転換を読み取るのではなく，政策立案者や企業家や勤労者や経済学者が当面の諸問題と取り組むなかで，どのように経済学のロジックとレトリックを受け入れていったか，逆にどのように反発したかというプロセスを

明らかにすることを重視して解明する。そのためには，旧来の知識社会学やグラムシのヘゲモニー理論の成果を理論的に参照するだけでなく，最近のエスノメソドロジーなどの方法論を援用しつつ，in-depthな面接調査を大きな規模で実施する。

とりわけ，本研究では，活字媒体の情報（各種出版物論文，審議会議事録，成文法，判例等）に限定することなく，さまざまに設計された各種アンケート調査や，フリー・デスカッションによる面接調査手法を軸に据え，経済理論の形成およびその受容/拒否過程を追跡することを通じ，現実の経済政策や経済行動が決定され，あるいは変容しゆくかを具体的に解明する。面接対象は，日本，英国，ドイツ，フランスなどの各国の政策策定に直接間接にかかわった者（政治家，官僚，有力な研究所の研究員など），労働運動や社会運動の担い手たち，さまざまな産業の企業家や勤労者，経済学および隣接領域の各分野（純粋理論，金融論，労働経済学，労働社会学，産業組織論，医療経済学，福祉国家論等）の研究者・教育者などを想定して進める。まずわが国のケースから調査を開始し，順次，主要地域に拡大して研究を進める。

（14）「重層的公共圏が生み出す，サステイナビリティを支える規範的諸原則の研究」

本研究は，グローバリゼーションとシステム・サステイナビリティ問題の総合的な解明において，サステイナビリティを確保するための社会制御の可能性の研究でとりわけ重要性をもつ，意図的，組織的な制御のための制度，さらには，それ自体が無意識的ないし非組織的制御であるとともに制度的制御システムが稼働するための基盤ともなる社会的合意の仕組みなどの基本的あり方を，とりわけ，制度と社会的合意が稼働する場として「公共圏」としてとらえ，そこにおける基礎的な規範的諸原則とあわせて探求する。

学際的研究という性格が強い本研究の特徴から，「公共圏」をひとまず地域的なレベルで区分し，そのそれぞれの側面からの研究を，全体的に集約する手法をとり，とりわけグローバルエシックス論，コモンズ論，市民社会論，

規範的正義論，公共性論などの近年の研究成果を積極的に摂取し活用していくことに留意し，また，国際比較的視点を重視しつつ，制度や運動，営みの現場へのフイールド調査の手法をも組み込む。それを通じて，重層的な「公共圏」の構造と，そのサステイナビリティを支える規範原則を総合的に解明し，以上のグループ1，および続くグループ2，グループ3の各分野の研究課題に対し，幅広く社会規範的側面，合意形成・政治プロセスの側面からの総合的な視角を提供する意義を担う。

<グループ2>
「グローバリゼーションによる社会・文化・地域・コミュニティ変容とサステイナビリティの総合研究」

　グローバリゼーションの進展は，世界各地の巨大都市から農村の地域社会に至るまで大きなインパクトを与え，流通経済システム，生活環境，ライフスタイル，そしてコミュニティや人間関係を大きく変容させつつある。同時に，グローバル・レベルのインパクトと既存の社会・伝統文化等との間に軋轢やコンフリクトが生まれ，その相互作用を通じて新たな制度の形成とシステム転換もまた進行している。こうしたグローバリゼーションのダイナミズムをもった現実的な動きが展開する場として都市や地域を位置づけ，そこにおける多層なレベルでの社会・文化・思想の変容と制度・システム形成の実態と変容に関し，各国・地域ごとの多様性をも含めて解明するとが重要である。同時にまた，グローバリゼーションの進行によって，それぞれの都市や地域に育まれてきた文化的アイデンティティを喪失し，地域社会のポテンシャリティが弱体化する危惧が強まる状況にあって，グローバリゼーションの流れの中でも逞しく，自律性をもって，各都市やローカル社会の独自の論理を据えた発展を探る必要性が高まっている。こうした視点から，とりわけ本研究領域では，都市や地域の社会が基底部分にもつ長い歴史の経験の中で育まれた（眠っている）資産，技術・知恵の蓄積を発掘し，見えるかたちに

可視化し，繋ぎ合わせ，ローカルな価値を逆にグローバルな状況に対して発信する道筋，方法を探究することを研究の核とする。それを通じて，本研究の全体テーマである，「グローバリゼーションとシステム・サステイナビリティの総合研究」の重要な研究領域として，政治・経済システムのサステイナビリティ，環境サステイナビリティ問題に対し，サステイナブルな社会経済システムの総合的再生の社会・文化・思想面のベースとなる基本関係を解明する意義を担う。

(15)「グローバル・シティの発展実態・都市間ネットワーク形成と地域力を基軸とした都市再生に関する研究」

本研究は，グローバル化による新たな経済発展構造の問題として最も重要な側面といってよい「グローバル・シティ」の発展とその問題点の実態について解明する。とくに，「グローバル・シティ」機能と世界主要都市の変容・相互作用，都市間ネットワークの重層的連関の発展と国民経済，経済のサービス化，経済成長との関係などの面から，とりわけ，グローバリゼーションが都市空間や居住環境，地域社会等の在り方に与えているインパクトをポジティブ，ネガティブの両面から検証し，文化的アイデンティティの探究，環境再生，ローカル・コミュニティ再生等を目指す新たな都市づくりの実態を焦点として，調査研究する。対象としては，可能な限り，世界の主要な「グローバル・シティ」および周辺的な「グローバル・シティ」の実態について，以下の都市・地域を調査・研究する。また，比較の視点からグローバル・シティとしての東京の都市変容を分析する。

アメリカではニューヨーク市，サンフランシスコ・シリコンバレー，ロサンゼルスなど。ヨーロッパでは，ロンドンやフランクルフルト，ブリュッセル，ミラノ，バルセロナなど。また，主なグローバル企業が地域本社・営業拠点やアウトソーシング先の現地企業等が立地する周辺的な中心都市（中国の上海，深圳1・広州，大連，北京など。韓国のソウル。タイのバンコク。シンガポール。インドのデリー，ムンバイ，プネー，バンガロールなど。メ

キシコのメキシコシティー，ティファナなど。ブラジルのリオ・デ・ジャネイロ，サンパウロなど）や，その他途上国の中心都市について，現地企業調査と組み合わせて可能な限り実態調査する。

（16）「水辺空間を活かした地域再生の研究」

　本研究は，高度成長期の乱開発，工業化の時代が終焉し，1970年代以後，世界各地の都市で環境への意識が高まり，また歴史・文化の掘り起しが進むなか，近代化において最も大きく環境の変化を受けた水辺空間の再生を研究の焦点とし，とくに，グローバル・シティの一つとして重要な東京を主たる対象とする。とりわけ，東京が本来持つていた「水の都市」としての性格に光を当てながら，グローバル化の状況において，国際競争力を高めるための魅力ある都市空間の形成の必要を一方で意識し，他方，成熟社会を迎える今日に相応しい地域の資産を活かした個性豊かで質の高い生活の場を築き直すための理論と方法を研究する。

　研究の方法としては，第1に，グローバル・シティ・東京の都市空間が歴史の中で築き上げ，その基底部分に今なお保持している豊かな資産，誇るべき特質，ポテンシャリティを水の視点から検証する。そのために，歴史と環境の立場から水辺空間の形成と変容の過程を解明することを通じて，それぞれの地域に眠っている歴史・自然環境，生活文化・伝統技術・人材などの資産を掘り起こし可視化する。第2に，こうしたローカルな資産を繋ぎ，創造的に活かしながら都市，地域を再生するための具体的な空間イメージとそれを実現する筋道を提示する。同時に，第3に，欧州とアジアの諸都市との比較研究も推進し，日本的な地域再生の方法を世界の一つのモデルとして提示することを目指す。とくに，東京の中では，次の3つのエリアを重点的に調査研究する。

1）都心地区：世界にも稀な東京都心の歴史のある外濠，日本橋川等を対象に水循環の改善を検討する一方，新たな土地利用，景観形成による水辺を活かした魅力ある都心再生への方法を探究する。

2）墨田・江東地区：グローバル化から取り残され，逆に下町の社会・文化・環境を受継いできた地域を対象に，河川・掘割を活かす舟運復活の可能性を検討すると同時に，自然・歴史・文化資産を掘り起こし地域再生に繋ぐ方法を研究する。

3）武蔵野・多摩地区：東京の西郊地域を対象に，地形・水・緑などの自然条件，農業とともに成立した生活環境などの過去と現状を調査し，「水」を活かし農地を含めた「緑」を継承する「水の郷」の地域づくりの方法を探り，地域の将来ビジョンを構想する。

（17）「東アジアにおけるグローバル・シティの起源・成長と社会文化的伝承に関する国際比較研究」

本研究は，東アジアにおけるグローバル・シティの都市化と工業化，社会文化的伝承の実態を，歴史学，地理学，経済学といった広域的観点からとらえ，近代から現代といった時間軸を基準に，グローバル・シティの起源・成長・継承プロセスを明らかにする。とくに，東アジアのグローバル・シティにおける近代と現代の継承を一つのパスとしてとらえ，分析することは非常に重要であり，今後，新興工業国家（NIEs）におけるグローバル・シティの近代化論の真実を究明する先行的研究となる。分析に際しては，戦前，日本の勢力圏（いわゆる「大東亜共栄圏」）であった朝鮮・台湾・満州・中国における「重要産業統制令」による工業化と「市街地計画令」による都市化を対象に研究を行う。また，移植された植民都市が，戦後，世界冷戦体制下，アメリカの極東アジア政策のなかで，どのようにグローバル都市として変形されてきたのかを検討する。世界資本主義の一般性と日本資本主義の特殊性が東アジア，朝鮮・台湾・中国でどのように実現されたのかを分析する。

(18)「東アジアにおける地方都市間ネットワークとクリエイティブ産業に関する学際的研究」

　本研究は，都市間ネットワークとクリエイティブ産業に関し，東アジアにおける地方都市について，次の問題を焦点として，地方都市間ネットワークとクリエイティブ産業の発展を解明する。それを通じて，新しい市場創造や価値の創造に基づき地域振興の新しい方向性を探求する。とりわけこの間，国家財政の緊縮とともに，国家事業の「選択と集中」が進んでおり，国土計画（輸送計画）に典型的に現れているように，国家と地方の利害が齟齬する局面が増している。こうした構造は，民間企業の活動でも同様であり，本社機能の東京一極集中と支社（工場）機能の地方展開で，大都市（東京）と地方都市の利害は合致しない。しかし，地方都市は，系列取引と一線を画した独立系の企業を中心として高付加価値の次世代産業に積極的に取り組むことが必要であり，実際にも，地方都市による高付加価値次世代産業の誘致・育成が急務とされている。そこでは他の地方都市や大都市と差別化を図る必要がある。そうした点から，注目を集めている例として，都市間連携の先行実績がある環黄海地域がある。地方都市にとって，東アジアの今後の経済統合の深化を見据えた場合，その都市版ともいいうる都市間連携スキームの発展が重要であり，とくに，日本という枠組みを超えた環黄海地域（東アジア地域）の地域間連携に基づく生産活動の最適化の可能性という点が大きな意義を持つといいうる。

　こうした都市間連携に基づく新産業の育成という面の解明においては，近年，英国で盛んになっている創造産業（スポーツ，アート，メディア）の概念が参考になる。そこでは，既存産業であっても，これまでに交流の薄かった産業間を組み合わせることによって，新しい相乗効果が生じる可能性がある。例えば，スポーツ，アート，メディアの融合，その製造業や観光業との融合，さらには，製造業・物流業・観光業の融合といった，いうならばポスト創造産業を打ち出すことが重要である。本研究は，とくに，既存のハードインフラをいかに効率良く活用するか，また，人材育成や人材交流を循環さ

せるためのソフトインフラをいかにして構築していくのか（居住環境の向上による知識人材の誘引），またそうした点を「まちづくり（都市計画）」と関連させて分析し，創造産業とまちづくりのあり方について，具体的な方策の提示を試みる。

（19）「ヒューマン・エンパワメントによるサステイナブルな社会開発システムと新たな公共圏の創出の研究」

　本研究は，近年の急激な少子高齢化や格差社会の進展にともなう深刻な問題の多発化とともに，社会保障・社会福祉システムのサステイナビリティを確保する社会的合意形成に基づく制御可能なシステムの構築が求められていることを踏まえ，超高齢化や貧困，雇用問題，社会的排除の拡大に対応するサステイナブルな社会システムを形成する際に，当事者である地域住民や若者，障害者，貧困に陥っている人々などが，いかに問題を自覚化し，自己決定する力や周囲の支援をモビライズする力を得るというエンパワメントを形成するプロセスとその支援方法に焦点をあて，サステイナビリティを実現する包括的な社会開発システムと実践方法のあり方について，学際的かつ実証的な研究を行う。とくに，国内外の社会・経済問題の危機に対応するサステイナブルな社会システムについての理論的な検討を行うとともに，これまで十分に活用されていない地域の社会資源や人材群に着目し，それらをエンパワメントすることによって，新たな公共圏を創出する包括的な社会開発アプローチのあり方やそれらをガバナンスする方法を研究する。

（20）「地域自治の継続性を確保するための制度と運用の実証的研究」

　本研究は，地域自治の継続性を確保するための制度と運用に関する研究であるが，「地域自治」とは，自治体（地方公共団体）を政治単位とする「地方自治」とは異なり，一定の政治的あるいは経済的，あるいは社会的なまとまりを有する地域を単位とする自治を研究対象として解明する。とくに，市

町村という自治体の単位のみならず，市町村内の小さな地域を単位とする自治も対象とし，さらには市町村の枠を超える大きな地域を単位とする自治をも対象とする。

こうした地域自治の制度としては，従来から存在したものが政令指定都市における行政区の制度であり，最近では分権推進の受け皿として推進された合併に伴う合併特例区や一般制度としての地域自治区がある。すでに制度として導入され，一部の地域で実施されているが，制度の基本は条例に委ねられているため，地域ごとに多様な制度が形成されてきた。こうした実態を把握することが第一に必要であるが，本研究はこうした地域自治の継続性を確保することに研究の主眼を置く。地域自治の継続性という観点からどのような要素が重要であるかについて，複数の地域において複数の分野を実証的に研究する。その際，地方自治，地域文化，歴史環境といった様々な問題を地域の視点からとらえ直し，共同研究者が専門とするそれぞれの学問分野にもとづいた視点を緊密に関係づけながら実証的・多角的・総体的に明らかにする。

本研究の推進にあたっては，すでに研究されてきた地域社会に関する個別重点的研究を有機的に統合し，地域自治の実態を実証的・比較的に解明すると同時に，サステイナブルな地域形成に向けた政策提言を行う。こうした研究目的を達成する方法として，地域自治の歴史と制度形成過程，地域自治の実態，地域自治とコミュニティの関係，地域自治の運用形態と運用資源（人・もの・金・情報・固有文化），地域自治の障害と課題，地域自治の評価と考え方，地域自治の展望を個別研究として進める。

(21)「サステイナブルな国家の形成に向けた社会政策のあり方――フィンランドにおける雇用・労働・生活，環境・産業・企業経営，医療・福祉の統合政策システムに関する研究」

本研究は，サステイナブルな国家における社会政策のあり方の研究を主な目的とする。具体的には，グローバルな社会経済システムにおけるサステイナブルな国家に関する分析を行った上で，先進事例としてフィンランド

を主たる事例として,「雇用・労働・生活」「環境・産業・企業」「医療・福祉」の各分野における諸政策について分析し,サステイナブルな国家における統合的な社会政策のあり方について考察する。さらに,フィンランドの事例を基にして日本におけるサステイナブル国家の方向性と統合的な社会政策のあり方についても解明を図る。破綻国家寸前とまでいわれたフィンランドが1990年代後半から回復したことは,「フィンランド・モデル」として広く知られているが,これは福祉国家を目指し,社会政策と経済政策を統合的に進めたことによる成果であることが,これまでの研究によって明らかにされている。しかし近年におけるグローバルな経済危機は,フィンランドにも大きな影響を与えており,本研究では,こうしたグローバル社会の変化や経済危機以降における「フィンランド・モデル」の変容を加味しつつ,行政機関,企業,労働組合,経済団体,NPO・市民団体,医療・福祉機関などに対してヒアリング調査を行い,その実態を明らかにする。

(22)「グローバリゼーション下における生存基盤としての農村のサステイナビリティの研究」

本研究は,グローバル化のもとで,急速に変容する農村地域及び都市農村連関を動的に捉えながら,農村地域の人々が,環境及び人間に対し地域間・世代間の収奪を招かない形で生計を維持でき,地域としての暮らしの構築力を持てるための要件を研究する。グローバル化のもと,世界の各地で,農村から都市への人口の流出,農村の疲弊が進行している。農村や農が持つ多様な価値は,換金的な価値以外を捨象され,小規模な家族経営の農業は,"食べていけない"ものとされてきた。グローバル化の圧力は,途上国政府の地方分権化を促し,市場の開放を促し,市民の生活や地方自治の向上を期待させる一方,生産財や富の分配の問題から,かえって農村地域の疲弊をもたらしている。

グローバル企業は,地域間の経済格差を利用し拡大してきたが,途上国が潜在的な市場として認識されるにつれ,地元企業では実現できない高賃金や

社会的弱者への配慮など，農村地域に対し貢献するようにもなってきた。このようにグローバル経済は，農村に正負双方の多大なる影響を与えているが，正の影響力を実現させるには，地域自らが将来を構想し，地域を取り巻く多様な主体への対抗力をもつことが必要となる。とりわけ，グローバル化に伴って進行している，生存の基盤である農業からの遊離と都市への集中，グローバル企業による地域資源の囲い込み，そして市場拡大を前提とするグローバル経済本来の特質は，短期的な利潤は創出できたとしても，資源および環境負荷の収容力の有限性を考えると，サステイナビリティを欠いているといってよい。農村，都市双方のサステイナビリティにとって，農村地域の資源の有効利用をとおし生産及び生活が安定的に維持され，人々が農村および農の持つ多様な価値を享受できるようになることが肝要である。

　こうした視点から，本研究は，具体的には，次の三つの異なる視点から分析する。1）地域住民自らが地域に賦存する多様な価値を評価し，保全・活用するための諸要件，2）グローバル経済の恩恵にあずかるべく農村－都市間を移動する農村の人々が求めるもの，3）農村地域の暮らしを支える行政システムや社会運動体に求められるもの。

(23)「島嶼世界における環境適応，国家形成，文化成熟に関する研究」

　本研究は，島嶼世界という特殊な環境の中で，琉球・沖縄の歩んできた独自の歴史を考慮し，以下の四つの課題を設定し，解決することを目的として研究する。1）どのようにして琉球列島の先史時代人が環境適応に成功し，人口を増加させることができたのか，2）どのようにして島嶼世界での文化変容は起きるのか，3）なぜ，琉球国という国家形成が可能になったのか，4）どのようにして琉球国形成後，大国の間に挟まれながらも，独自の社会，文化を成熟させることができたのか。

　琉球・沖縄の歴史は，島嶼世界という環境を考えた場合，世界史的に稀有な経験をしてきた。第1に，後期旧石器時代に港川人（1万8000年前頃）などのヒト集団が存在したことである。島という環境にあっては，航海技術の

ほか，食料の獲得や人口維持など，環境への適応の問題があり，世界的にみて一握りの島しか達成しなかった。第2に，琉球列島の島々には先史時代を通じて，採集狩猟民が継続して存在したことである。多くの島ではじめて定着が可能になるのは，農耕民の植民によってである。第3に，沖縄のように採集狩猟民から農耕民への変遷を経験した島は確認されないことである。第4に，採集狩猟民の社会組織であるバンドから「国家」のレベルまで社会組織が進化したことである。このような例はほかにない。こうした点を考慮すると，上記の1）の問題は，持続可能な社会の形成に関する課題，2）は文化変容に際して島嶼世界という特殊性がどのように作用したかという課題であり，3）および4）の課題は，東シナ海・南シナ海世界が，国家の枠組みを超えて交流・交易の場となった時の琉球あるいは琉球国が，どのように戦略的に対応，適応したかという経験に関する課題である。2）および4）については，言語という根本的な表現方法から，沖縄古典音楽，祭記，織物（絣など）の技術・文様などに至るまでの多くの側面に顕著に表現されている。こうした文化の成熟は，自然発生的なものではなく，海洋を超えた異文化との接触の中での葛藤の中で生み出されてきたものと考えられる。その意味で，本研究は，今日のグローバリゼーションの中の地域・文化変容を解明する上で，非常に重要なダイナミズムを具体的に解明する意義を担うことになる。

(24)「グローバリゼーションと文化・社会変容の研究」

本研究は，グローバリゼーションとその転換のインパクトによる変容や変化について，国内・海外における実態調査と合同，連携しながら，各国・各地域における文化，社会，言語活動などの各側面から研究者ネットワークを活用して，総合的に研究する。とくに，本研究は多様な理論的背景をもっ研究者との共同研究として遂行するため，それぞれの研究テーマと方法に応じた研究および個別研究を総合化する形で，研究を進める。具体的には，グローバリゼーションのインパクトが，世界的に社会，文化，思想，歴史，法

体系，価値体系，象徴体系などにどのような変容を及ぼし，従来の概念としての主体あるいはアイデンティティがどのような概念として新たに把握されることになったのかを最大の焦点として，歴史学，法学，人類学，哲学，思想史，言語学，芸術学，文学，カルチュラルスタディーズなど，それぞれ依拠する理論を応用しながら総合的に探求される個々の研究課題を総合し，グローバリゼーションのインパクトによる社会・文化変容の大きな構図を描き出すことを最大の目的とする。それを通じて，本研究プロジェクト全体の個々の研究課題の研究に対し，幅広く，文化・社会変容に関するガイドラインを提供する意義を担う。

〈グループ3〉
「環境サステイナビリティと制御可能性の総合研究」

　グローバリゼーションに伴う経済・社会システムの変容の中でも，環境サステイナビリティ問題の重大化と環境サステイナビリティの確保の見地から制御可能性の増大は，21世紀社会にとっての喫緊の課題である。とりわけ，福島原発震災は，現代社会における科学技術に立脚した経済成長政策と環境サステイナビリティとの両立という課題をもっとも切迫した形で提起している。今日の社会における制御能力の不足は環境サステイナビリティをめぐってとくに顕著に露呈しているが，それは単純な「合理性の不足」が原因ではなく，個々の組織や制度や国家に準拠した局所的，短期的な合理性（rationality）探究の努力にもかかわらず，それらが広域的に相互作用し，長期的な連鎖的効果を発揮するにつれて，さまざまな非合理的な事態や格差や逆連動や悪循環と閉塞が生み出されているためである（負の創発的メカニズム）。グローバリゼーションそれ自体は制御困難性の増大と制御可能性の増大という両義的な可能性を有しているが，重層的な制御システムに対応するそれぞれの水準の「公共圏の豊富化」こそが，制御可能性を高め，とりわけ道理性（reasonability）の実現による「負の創発的メカニズム」克服のため

の鍵である。

　本領域では，社会制御過程を把握する包括的で重層的な社会学的な理論枠組を基礎に置きながら，環境サステイナビリティの確保のために必要とされる社会制御の仕組みと社会制御の原則を実証的，規範理論的に探求する。さまざまな環境問題の個別的検討の上に，公共圏論と独自の理論的視点である「制御システムの階層性論」とを結合し，環境サステイナビリティの実現のための制御可能性をいかにして高めるかを，環境科学を中心とする理工系研究と総合して，総合的に探求する。それを通じ，喫緊の課題として現れている社会経済システムのサステイナブルな再建の方途を，各種社会理論から重点解明する方法的な面からの解明モデルを明らかにする意義を担う。

(25)「公共圏を基盤にしてのサステイナブルな社会の形成の研究」

　本研究は，現代社会において，いかにして公共圏の豊富化を実現するか，そして，それを基盤にして，いかにして適切な政策形成と制度形成を行い，サステイナブルな社会を可能にするのかという課題を，社会学を基本にしながら，他のディシプリンとも協働しつつ，探求する。「公共圏の豊富化」「公共圏を基盤にした制度形成と問題解決」のために要請される社会的な討議と意志決定手続き，必要な規範的原則を，問題分野の知見に立脚して総括するとともに，それに立脚して公共圏の豊富化によるサステイナブルな社会の形成という課題についての理論的枠組みの構築と洗練を進める。とくに，以下の3点を中心に研究する。

1) 社会制御過程の総体的把握。複数の制御システムの重層的組み合わせとしての現代の世界を把握する理論枠組みの提出。すなわち原理論としての存立構造論に立脚した，基礎理論としての「経営システムと支配システムの両義性論」並びに「制御システムの階層性論」によって社会問題の解決/未解決過程を把握する。そのさい，「勢力関係」モデ

ルと「理性的制御」モデルの併用によって，現実の多様性を把握するようにする。
2）個別の問題領域における社会問題の解決過程の実証的解明をとおしての公共圏論と熟議民主主義論の展開。公共圏の豊富化のためにどういう意志決定手続きや主体形成が必要か，熟議民主主義の多様な手法をどのように具体化し，組み合わせていくことが効果的かを検討する。
3）各種の社会問題を解決するためには各水準の制御中枢圏における制御能力の高度化が必要であるが，そのためには各水準の制御中枢圏をとりまく公共圏において適切な規範的原則を発見することが鍵になる。「合理性」のみならず，「道理性」を焦点にした規範的原則の探求が必要であり，具体的問題文脈において，道理性をめぐる概念解釈をどのように行うことによって合意形成が可能になるのかを探求する。

(26)「サステイナビリティをめぐるメディア公共圏と公共性の創出に関する研究」

本研究は，メディア・テクノロジー，情報テクノロジーの革新とともに，公共圏の耕作者としてのメディアとジャーナリズムが社会問題をめぐる論争と政策課題の形成においていかなる役割を果たしてきたのか，いかなる役割を果たすべきなのかを，実証的かつ理論的に探求する。とくに，メディアの公共性を担保するために，いかなる規範的原則をメディアおよびメディア・プロフェッショナルとしてのジャーナリストが尊重すべきかを明らかにする。

サステイナビリティをめぐる公共圏を豊富化し，直面するさまざまな社会問題を解決して政策課題を形成していくための熟議民主主義の推進には，メディア・テクノロジーの進展を不可避的にともなう公共圏において，メディアの果たす作用の変容の批判的分析と，メディアおよびジャーナリズムのあり方をめぐる規範的原則の再確立が必要である。そうした視点から，本研究では，広義のサステイナビリティをめぐる国内外の重要な政策課題，社会問題に注目し，その報道における争点形成，論議の展開の構造的特徴と変容を

具体的に検証する。そのために，全研究期間をとおして，活字系メディアにおける当該の記事，論評の収集と分析を，所属機関の図書館，資料室などを利用して進める。また，放送メディアによる報道は，第1次的にはフローな状態となっているため，ニュース番組，情報番組，ドキュメンタリー番組のアーカイブ化を進める。

この作業を系統的，かつ遺漏なく進めるために，1週間分の全テレビ放送を自動的に録画し，必要なシーンの検索，クリッピング，DVD化，基本的なメタデータの作成までを可能にするシステム，SPIDERProを導入する。これによって収集した放送番組を詳細に分析したメタデータを作成し，DVD化した番組とともに大容量ハードディスクに保存してアーカイブを構築していく作業を推進する。

(27)「環境経営の強化を課題とした大学におけるサステイナビリティ教育の研究」

本研究は，以下の3つの研究課題に取り組む。
1) 自然科学，工学，経済学，経営学，社会学などの諸領域における教育を通じ，大学が，社会システムのセルフコントロール能力に対してどのように影響を与えるかに関する理論的フレームワークの構築。
2) CSR志向の企業経営の探究という一般的方向性のもと，サステイナビリティを焦点にした環境経営の成功事例の系統的な調査，並びに，そこから得られる経験則と教訓の，大学におけるサステイナビリティ教育への導入。
3) 日本の代表的な大学における従来型の教育カリキュラムに組み込まれたサステイナビリティ教育と，別個のカリキュラムとして実施されるサステイナビリティ教育の効果の評価，および，サステイナビリティへの貢献を強化するための大学に対する提言。

こうした本研究の研究課題は，とりわけ，次のような研究の意義と需要の高さの認識にたつものである。すなわち，経済システムの基幹的単位である

企業経営にいかにサステイナビリティの原則を取り入れるかを探究する環境経営論は，今日，「CSR（企業の社会的責任）論」一般への関心の高まりを背景に活発化し，かつ，CSR論の一つの重要な柱を構成している。環境経営への関心は，グローバリゼーションの進展のなか，従来の受動的な社会貢献ではなく，より積極的な経営戦略としてのCSRの探究によって，ますます強まりつつある。そうした環境経営を現実に拡げていくためには，企業経営の中心的担い手である幹部社員層を対象にしたサステイナビリティ教育が重要である。この課題の研究は，学際的かつ国際的な形で急速に発展しつつありわが国においては，東京大学や京都大学，西欧においてはスイス工科大学チューリッヒ校やマサチューセッツ工科大学のようなリーディング大学において，問題解決思考を重視したサステイナビリティ教育が展開されるに至っている。

(28)「『世界環境年表』による環境問題史の国際比較研究」

本研究は，全世界の環境問題を，以下の四部構成の包括的年表を英語で作成することを通じて総合的に把握するとともに，世界各国の環境問題と環境政策の歴史を，国際比較を通して把握することによって，現代社会の直面する環境問題の全貌を解明することを目指す。

第1部：東アジア4カ国・地域（日本，中国，韓国，台湾）の詳細年表の作成と環境問題史の論文作成．
第2部：産業化から現在までを対象とする世界の環境問題の重要事項統合年表
第3部：世界各国・地域別年表，約100カ国を対象とする。
第4部：トピック別年表20点

こうした総合的年表の作成という方法は，世界の学界を見渡しても，日本の環境研究が独自に生み出したものであり，また，そのような方法の重視は，中国，韓国，台湾という東アジア諸国・地域にも共有されているものである。そこで，本研究においては，中国，韓国，台湾の研究者とも連携

しながら,「世界環境年表国際編集委員会」を設置し,英語による年表,A World Environmental Chronology を作成し,東アジアから世界に情報発信をしていくことを目指す。その基本資料として,日本の研究者約200人の協力で,2010年11月に公刊された日本語版『環境総合年表――日本と世界』(すいれん舎)を使用する。取り組み態勢として,「世界環境年表国際編集委員会」を日本,中国,韓国,台湾より環境社会学研究者の参加により構成する。

(29)「温暖化問題とエネルギー政策の研究」

本研究は,温暖化問題への対応として,主として,1) 再生可能エネルギーをいかに日本社会に導入し定着させることができるのか,2) 原子力政策に依拠する場合の問題点という2点を,制度形成と変革過程,社会的合意形成の視点から研究する。

1) 再生可能エネルギー導入については,以下のサブテーマを研究する。
   a. 再生可能エネルギーの積極的普及を可能にするマクロ的な制度的枠組を,国際比較を通じて探求する。
   b. 日本における再生可能エネルギーの積極的普及政策として,「地域間連携」に注目し,「地域間連携」を支える事業モデルを探求する。
   c. 各地域社会における再生可能エネルギー事業を,各地域社会内部の金融力によって支える金融モデルを探求する。

      研究方法としては,東京都が,東北各県と協力して進めている「地域間連携」政策に,アクションリサーチの方法をもって協力する。主要な調査フィールドとして,青森県と秋田県を選び,両県において現在進行中の自治体単位での再生可能エネルギー事業の立ち上げ過程に参画する。その際,環境金融を推進するための諸条件を明確にする。全体をとおして,東京都環境局,ならびに,NPO法人・環境エネルギー政策研究所と連携しながら研究を行う。

2) 原子力政策については,以下のサブテーマに取り組む。
   a. わが国の原子力政策の柱である核燃料サイクル施設の建設が,青森

県においてどのように展開し，現在どのような状況に立ち至っているのかを歴史的に解明する。そのために，これまでに収集した資料に基づいて資料集を作成する。
　b．高レベル放射性廃棄物問題をどのように解決するべきかを，リスク論と熟議民主主義論の視点を取り入れ，国際比較のもとに探究する。とりわけ日本における合意形成の可能性を高める条件を探る。

(30)「温暖化問題と再生可能エネルギー政策の研究」

　——本研究は，地域社会の諸側面に及ぼす温暖化影響を総合的に分析することにより，地域スケールの定量的な影響評価および脆弱性評価に係る手法を確立し，地域実態に即した体系的な適応方策のあり方を探求する。

　わが国全体への温暖化に伴う影響については「地球温暖化」「日本への影響」「長期的な気候安定化レベルと影響リスク評価」（環境省地球環境研究総合推進費「温暖化影響総合予測プロジェクト」）等の研究成果により，洪水，土砂災害，稲作，健康（熱ストレス）等の分野における温暖化影響の定量的評価と被害予測が実施されている。こうした研究成果を受けて，今日，地域社会では，温暖化の進行に伴う地域の自然や社会経済活動への被害に関する懸念が次第に高まり，温暖化影響に対して社会システムの調整等の対応を講じていく「適応」への関心が広がっている。

　こうした動向に対応し，この間，地域の政策主体となる地方自治体では，地球温暖化対策推進法の改正（2008年）により新実行計画の規定が整備されるなど，温室効果ガス排出削減対策を柱とする温暖化対策計画等の制度面の強化が図られてきた。地域レベルでは，住民や事業者の身近な局面で緩和策（排出削減）を推進する「低炭素社会」に向けて諸制度の構築が急がれている。しかし，同時に，今後相当程度の排出削減が実現できたとしても，温暖化は一定程度進行し，社会への影響は不可避であることを示唆する上記の研究結果等を踏まえると，住民生活等の基盤となる地域では適応の視点を社会システムに総合的に組み入れた「温暖化適応社会」をめざしていくことが

喫緊の課題となっている。こうした課題に対し，本研究は，国内では先導的位置を占める研究であり，研究テーマおよび課題の革新性を内包する。また，研究成果を広く地域社会及び国際社会に還元することにより，地方自治体，政府，国際機関の地球環境政策の新たな対策分野の改善に寄与することができ，政策的貢献を担う社会的意義も有している。

(31)「ゼロエミッション社会の構築をめざした環境低負荷材料合成プロセスの開発」

本研究は，さまざまな環境問題を，物質循環の制御された円滑な進行によりゼロエミッション社会を実現することによって解決することをめざす。その実現のためには，人間活動による排出物の再資源化，材料化を開発することが重要な課題となる。本研究では，とくに，環境低負荷な材料合成手法の開発，環境機能材料の具体的な応用分野の開拓をめざす。

具体的な研究は，次の4つの研究の共同研究の総合として推進する。

1) 高次元の再資源化・材料化をめざすプロセス開発。環境にやさしい水環境で局所高密度エネルギー反応場を供するレーザーあるいは超音波，熱水中を活用し，環境負荷のかかる排出物の量を低減した材料合成プロセスを開発する。また，資源戦略上からも有利な，希少元素でないありふれた元素を用いて，新機能・高機能をもつナノ構造材料の創製をめざす。

2) エネルギー再生型発電デバイスである太陽電池への実用化を目指した有機―無機ハイブリッド超薄膜を合成する。局所構造と電子デバイス機能の関連性を総合的に解明し，有機―無機ハイブリッド型太陽電池のエネルギー変換効率を向上させるデバイス設計指針を明らかにする。

3) ガソリン車と比較して燃費に優れ，CO_2の排出量が少ないディーゼル車用粒子状物質除去フィルターに用いる高寿命酸化触媒の開発。

4) 高分子ポリマーの分子配向を制御し，自然エネルギーを最大限に利用して，環境負荷がなく温度や湿度の平衡状態を保つ環境応答性インテ

リジェント・マテリアルの創製。

(32)「サステイナブル・ケミストリーの研究」

本研究は，次の点を主な研究課題として，研究を遂行する。

1) 東アジア地域，特に中国を中心とする地域は経済発展が著しくエネルギー使用量が将来に渡り大きく増加することが予想されている。これに伴い硫黄酸化物を主とする大気汚染物質の放出量も急増して，その日本への影響が懸念されるところである。このため越境大気汚染に関しては大気汚染物質の地上観測等による，科学的に裏付けされた定量的なデータが必要とされている。秋季から冬季に大陸から大気汚染物質が大量に飛来する長崎県五島列島福江において，10点グローバルサンプラーによりエアロゾルを高時間分解能で連続捕集してエアロゾル中の硝酸塩，硫酸塩，アンモニウム塩，カルシウム塩等の観測を複数回行う。さらに1次排出の指標であるブラックカーボンの測定を行い，大気汚染の把握と同時に特性化を行う。

2) 環境化学工学，共生化学工学を駆使したグリーンサステイナブルケミストリー手法の確立。人間活動から発生する排出物の再資源化，および環境低負荷な資源を用いた有用物質の合成をめざす。有害フロンを光照射により分解し，エーテルを主成分とする生成物を有用な熱媒体として用いる高純度化技術を開発する（「水には溶け，エタノールと2液相を形成するイオン液体」の液液平衡の測定と，その相平衡を利用したバイオエタノール脱水分離プロセスへの適用）。

3) 省エネ・省CO_2を可能とする家庭用燃料電池システムから生成される水素と副生する余分な二酸化炭素を再利用するシステムの確立と，木材の長寿命化による木材の省資源化を可能にした住宅（施設）システムを検討する。前者では水素の有する抗酸化力と生体への浸透性を利用して水道水に水素を溶解させることにより，水素水が日常的に飲用できることになり，さらには皮膚血流量を増加させるCO_2を合わせて

溶解させた浴槽水の製造と検証を行う。そのための効率的な溶解システムの確立と，アンチエージング効果の検証を水素水飲料を含めて行う。また，後者では抗菌・抗カビ，防藻さらには防蟻効果を有する天然鉱物由来の焼成コレマナイトを開発したことから，それらを木材へ含浸させ，木材の腐朽菌や白蟻に対する効果の検証を行う。

(33)「里地里山における炭素循環的サステイナビリティの定量的解析」

本研究は，里地里山を研究対象として，炭素循環的な視点から人と自然のサステイナブルな関係を築くための研究を行う。サステイナブルな社会システムのあり方を考えるとき，人と自然の共存空間において営まれる循環的関係に着目した研究は，重要な意義がある。本研究を通じて，里地里山を森林・草原（萱場，湿地）・人間居住地からなる複合生態系として認識した上でこれらが炭素循環的な生態系間のネットワークを形成し，全体としては循環的サステイナビリティが持続されることを実証する。得られた成果から，人と自然のサステイナブルな関係の構築のための提言を行う。

とくに，法政大学多摩校舎近隣に広がる自然と居住地を里地里山モデルとして，本研究課題を遂行するフィールドとする。本研究は，次の2つのサブテーマに分かれる。第1に，"里地里山の空間構造が歴史的にどのように維持されてきたのか"を明らかにする，「里地里山の歴史的背景と空間構造に関する研究」。その研究成果を受けて，第2に，"里地里山の空間構造が維持される合理的な理由は何であるのか"を明らかにする，「里地里山を構成する生態系の炭素循環機能とそれに基づく生態系間ネットワークの解明」。ここで"合理的な理由"を得るということは，里地里山が，それを構成する生態系（森林・萱場・湿地・居住地）が全体としてみれば炭素循環的に釣り合った複合生態系であることを実証することを意味している。すなわち，里地里山は炭素循環的には自給自足を行うことのできる閉じたシステムであることを実証する。それには，それぞれの生態系の炭素循環機能を継続的に調査する必要がある。実際に行う調査では，生産者（植物），消費者（動物），分

解者（微生物）に分けて，それぞれが担う炭素循環機能を定量的に把握することになる。さらに，生態系間には炭素の移動があり，その移動量または移動速度を実測し，得られたデータを解析して，炭素循環的にネットワークが形成されていることを明らかにする。このネットワーク機構が有効に機能することによって，里地里山では炭素収支の釣り合いが維持されていることを示す。こうした研究を通じて，人と自然の共生的・循環的関係を築くための提言をまとめる。

　里地里山は国連のミレニアム生態系評価でも取り上げられ，そのサステイナビリティは世界にも知られているところである。本研究では，高いサステイナビリティが存在する大きな理由の一つは，「里地里山は多様な生態系から構成され，それらが炭素を含む物質の循環系として閉じたシステムを構築している」とする結論を導きたいと考えている。これが本研究の主たる成果となる。また，この結論を導く際には，長期にわたるフィールド調査が必要となるが，それによって学術的にも多くの成果が得られるものと期待される。

(34)「都市農業のサステイナビリティと社会的ネットワークの再構築に関する学際的研究」

　本研究は，「農業体験・労働」や「循環」という視点から農業者と市民の関係性やつながりの現況を明らかにし，さらに「環境と福祉」の統合を考えるべく，社会福祉と都市農業の接点を捉えながら，都市農業の「持続可能性」のための社会的ネットワークの成立条件や継続要因を解明することを通じ，都市農業のサステイナビリティ（持続可能性）のための方策を模索し，制度や政策を立案する。

　「都市農業」は，食料供給だけでなく，ヒートアイランド現象の緩和・雨水涵養・災害時の避難場所・余暇活動の場・環境教育・潤いのある景観など，都市において多面的な機能を果たしているが，実際の農業現場では，WTO体制下での農産物の貿易自由化が加速するなか，農業従事者の高齢化や担い手不足，高額な相続税や固定資産税の負担を背景に営農継続が危ぶまれてい

る。都市農業を維持していくためには、今後は個々の農業者の経営努力に依存するだけでなく、周りの住民のサポート協力や市民活動——具体的には市民農園（体験型農園）や援農ボランティアなど——も必要である。つまり農業者（農家）と市民（非農家）という両者の"つながり"や"関係（性）"のなかで、都市農業が果たす意味や「持続可能性」を考察していかなければならない。

　しかしながら、都市農業についての先行研究では、「農業経済学・農村計画」や「建築学・都市計画」などの分野で扱われ、個々の先進的な取り組み事例について経緯や農業者の意識あるいは土地（農地）の利用制度のあり方について論じられる傾向にあった。都市農業を支える農業者の営農環境（家族構成、農業後継者の有無、農業所得・農外所得など）や、今後の営農意向（継続あるいは縮小など）、あるいはそうした取り組みに参加する市民や消費者の具体的な意識や考えに踏み込んだ分析が十分でなく、農業者と市民それぞれの都市農業に対する思惑や期待の一致点ならびに相違点についても十分明らかになっていない。さらに、最近、都市において障がい者や高齢者が農業現場に参加する取り組みが見られるが、都市農業の「サステイナビリティ（持続可能性）」を社会福祉との関係で論じる研究もほとんどない。このように現在、都市農業とつながる可能性のある取り組みが見られるものの、これらをつなぎ合わせるリンクができていない状況である。そうした点にたちいった解明を進めることに、本研究の大きな意義がある。

(35)「食・農と包摂的コミュニティ形成の研究」

　本研究は、1）地域の福祉、教育、農業諸団体のコミュニティビジネスとしての展開可能性、2）大学を結び目とした、それら諸団体のネットワーク化に基づくコミュニティ形成、3）それら諸団体および当該事業を通しての、弱者の社会的包摂や移行的労働市場の形成といった社会的価値の追求、という主に3点について、地域社会学、福祉社会学、労働社会学、農業経済学、教育学等の学融合的視点から調査・研究し、研究拠点である東京都多摩地域

をはじめとする具体的なフィールドでの知見に立脚しながら「地域における食・農に関するコミュニティ形成」のあり方を探る。

　サスティナブルな社会を形成する上で核となる領域の1つは食と農のあり方，およびそれを基盤とする包摂的なコミュニティの形成である。それは，人間と環境の「いのち」の共同的な育成と活用に関わる領域だからである。地域社会の中，あるいは多くの地域社会をつないで，農業生産，農産物流通，食品加工，消費生活といった場面で，いわゆる社会的弱者を含めた多様な主体を包摂し，エンパワーするようなコミュニティ形成が可能であり，またサステイナブルな社会的価値を生み出す上で効果的である。そこには安全と健康，生産者と消費者のネットワーク，流通のあり方，農業の多面的機能などの問題群が存在する。そうした点を主として解明する。とくに，本研究の研究拠点である法政大学多摩キャンパスとその地元である東京都町田市，八王子市，神奈川県相模原市の行政機関や民間団体と連携し，ワークショップやシンポジウムなど農業・食育に関わる啓発活動を展開する。さらに，中核的研究対象であるキャンパス内の学生食堂施設については，この研究成果を反映した新しい運営スタイルを学校法人や事業受託団体に提案し，コミュニティ形成のモデルとする。

(36)「食料生産を通じてのサステイナビリティへの貢献の研究」

　サステイナビリティとは人がその生存のために食料をとることであり，その質的・量的向上は重要であるが，現状は農業生産の現場において，食料となるまでに40%近くが病害虫によって損なわれる。そうした現状に対し，病害虫の被害の軽減を図る研究として，本研究は，以下の2つの課題について研究する。

1）課題1では，食糧生産を損なう様々な病害虫による被害のなかでもとくに被害の多い，ウイルス病への対応策を，根本的なウイルス増殖機構の解明を通じて，探求する。具体的には，植物ウイルスでも，最近初めて無細胞系でのウイルスの複製が示されたのでこれを中心に展開

する。また，ウイルス抑制に関する植物側の因子解明の目処が，申請者らの研究から明らかになりつつあるので，これを具体化に繋げる。更に，身近にあって広範な被害がある菌類病も対象にするが，班員の得意な課題で取り組む。これらの研究には組換えDNAの手法を駆使することになる。

2）課題2では，多く日本にも輸入されている組換えDNAの結果作られた形質転換（GMO）作物は，国内では栽培されていない。そうした現実は，推進派と反対派の対立をもたらすが，それは世界的視野で考えるべき社会学的研究対象となるものである。その内包する問題点を洗い出し，解決策を見い出すことを目指す。

本研究は，従来からの蓄積を受けて研究を展開している本学大学院のGMOの社会学的研究グループおよび植物病研究グループと連携し，文理融合による新展開を図る。また，サステイナビリティに見識のある外国人研究者としてDirkInze教授（ゲント大学，ベルギー）とSirPeterCrane教授・学部長（エール大学，アメリカ）との共同研究として進める。

(37)「放射能時代の農業・農山村の持続可能性の探求」

福島第一原発事故による放射性物質の国土的拡散は，大気・土壌・水質を汚染し，生活空間を介した「外部被曝」，食品を介した「内部被曝」により生活者の健康を脅かすだけでなく，コミュニティや生業を疲弊させ，地域の存続をも脅かす。昨今セシウム134・137を主とした放射性物質除染や，食品の放射性物質の管理が社会的課題となったが，本研究では，文理協働による学際的視点から，以下の4点について研究を進め，放射能時代の食と農および農山村地域の持続可能性を探求する。

1）放射性物質の吸収を抑止する「栽培方法」の探究——作物への放射性物質の吸収を抑止する「栽培方法」の研究を福島県二本松市で実施する。

2）植物体への放射性物質の「移行メカニズム」の探究——セシウム移行

係数の高いケイトウ類などを用い，植物生理学的視点からセシウムの吸収メカニズムに関する究験を遂行。
3） 放射能時代の「食の安全性」「地域の持続可能性」をめぐる社会調査——食の安全性，生産と流通をめぐる諸々の問題群について，生産者，消費者及びそれを繋ぐ業界への実態調査を行い，地域の持続可能性とともに今後の展望を模索する。
4） 放射能問題に関わる市民実践との共同実践・研究——「ガンマ線スペクトロメーター」の利用を，公共性の高い市民実践にも開放し，市民との共同実践・研究を展開する。

(38)「『原子力総合年表・資料集』の作成による福島原発震災の社会的発生原因の解明」

　福島原発震災は，その発生に先立つ数十年間にわたる原発の建設・操業過程における安全対策の不備と，発生後の適切な災害抑制努力の失敗という二重の意味において人災である。レベル7の深刻な原発事故の発生は，技術的多重防護システムの破綻の帰結であると同時に，その背後には，社会的多重防護システムの破綻が存在している。そうした観点から，本研究は，これまでの原子力政策の批判的解明と，原子力政策の転換の道筋の探究を，原子力総合年表の作成と公刊，原子力資料集の作成と公刊，政策決定過程の社会学的解明という三段階の作業によって推進することを目的とする。

　第1に，本研究は，福島原発震災を焦点にしながら，原子力問題，原子力政策に関わる文書資料と映像資料を体系的に収集した上で，原子力政策についての詳細な年表を作成する。その際，個別原子力施設ごとに，また，世界各国の主要な原子力利用国ごとに，合計50点の年表を作成する。

　第2に，年表で確定された重要事項に即して，政策資料，裁判資料，運動組織側の資料などの諸資料のうちから，重要な意義を有するものを選んで，『資料集』を作成・公刊する。

　第3に，年表と資料集の作成という基盤の上に，原子力政策の意思決定過

程における欠陥と無責任性を社会学的に解明し，制度改革の方向を探究する。その際，組織社会学の有力なアプローチである「戦略分析」学派の方法を援用するとともに，政策決定の欠陥や偏りを，社会制御過程における制御中枢圏と公共圏の相互作用という視点から解明する。

本研究プロジェクトの研究協力・研究連携の国際ネットワーク

　本研究の研究ネットワークとして，直接の先行共同研究プロジェクトによって，本研究プロジェクトの各問題領域および全体の研究目的を共有し，共同研究を進める準備を行っている海外の大学・研究機関（一部国内）は多数あるが，とくに以下について，すでに，本研究が公式に開始されれば，法政大学との機関間の公式関係，ないしは本プロジェクト参加研究者およびその他を通じ，主力研究者レベルでの共同研究や研究連携が予定されている。研究の進行に伴い，その他，内外の大学・研究機関とも共同研究・研究連携を構築する（可能な限り公式の協定等を結ぶ）。

■アメリカ合衆国
　　コロンビア大学 Department of Sociology and Committee on Global Thought
　　カリフォルニア大学リバーサイド校 Department of Economics/ 同バークレイ校 Haas School of Business
　　マサチューセッツ大学・アマースト校
■イギリス・ヨーロッパ
　　イギリス：ロンドン大学東洋アフリカ研究所（SOAS）
　　リーズ大学環境学部地理学科 School of Geography, Universityof Leeds）
■イタリア
　　ヴェネツィア水都国際センター International Centre of Cities on Water
　　アマルフィ文化歴史研究センター Centro di Culturae Storia Amalfitana
　　ヴェネツィア建築大学建築学科 Istituto Universitartio di Architettura di Venezia Facolta di Architettura

ローマ大学建築学部都市計画学科 Universit di Roma, Facolla di Urbanistica
イタリア歴史芸術都市保存協会 ANCSA, Associazione Nazionale Centli Storici-Artistici

■フランス

CEPREMAP（Centre Pourla Recherche EconoMique et ses Applications）
ナント建築大学セルマ研究所 Laboratoire de CERMA, Ecole d'Architecture de Nantes

■チェコ共和国

マサリュク大学地理情報学科・地図学研究所 Laboratory on Geoinformatics and Cartography, Faculty of Science, Masaryk University

■中国

同済大学国家歴史文化名城研究センター
清華大学21世紀世界発展研究院
社会科学院企業経済研究所。
その他,「グループ1」の中国チームを中心に南開大学,復旦大学,人民大学などと連携を協議中。

■インド

RIS（Research and Information System for Developing Countrlies）
Jamia Millia Islamia（Academy of Third World Studies）
TATA Research Institute, Department of Policy Studies（Dr. Surender Kumar）
──協議中。

■東南アジア

タイ：チュラロンコン大学建築学部・カセサート大学建築学部/同経済学部。
シンガポール：シンガポール国立大学 Centre for Sustainable Asian Cities, Schoolof Design and Environment
ベトナム・ホーチミン経済大学観光学部-商学部

■中南米

ブラジル：リオ・デ・ジャネイロ連邦大学

メキシコ：北方国境大学院大学（El Colegio de la FronteraNorte）・ソノラ大学（Universidad de Sonora）

※国内ではとくに国連大学高等研究所の ProSPER.Net（The network for the Promotion of Sustainability in Postgraduate Education and Research）プロジェクトには，すでに公式に参加済みである。

〔人名・地名・重要事項索引〕(注:頻出する地名は除く)

(あ行)

IMF　34, 36, 42, 45, 46
IMFプログラム　36
アート・フェスティバル　71
アーバン・レジスタンス　118
アウレリオ・ペッチェイ　94
字・大字　21, 27
アセンブラージ　36, 37
アマルティア・セン　77
アムステルダム憲章　93, 101
アムパワ　81, 82
アルビノ・プロジェクト　102
安全保障体制　18
アンチ・スペクタクル　116
アントニオ・セルデナ　100
アンポワ　168
イーユー(EU)　221
イタリア　203
イタリア・ノストラ　100
ウォルフガング・ザックス　77
失われた20年　12
エコ・サスティナビリティ　123
エコシステム　74
エコミュージアム　72
エコロジー　117
エスノメソドロジー　247
江戸時代　68
エネルギー政策　263
エルゴールド公理　59
エルゴディック　59
オールタナティブ・モデル　24
沖縄　256

沖縄問題　20
オットー・L. K. シュリューター　91
オランダ　202
温暖化問題　263, 264

(か行)

カーター　89
カール・ポランニー　57
カール・ポランニー　177
外部被曝　271
核技術　12
確率分布プロセス　59
河川　67
過疎化　18
ガバナンス　190
貨幣の商品化　178
カルヴィーノ　108
環境サステイナビリティ　259
環境問題史　262
神田川　68
官僚国家　22
ギー・ドゥボール　114
危機　131
気候変動問題　9
技術的多重防護の破綻　134
規範的正義論　248
京都議定書　195
ギリシャ　202
ギリシャ危機　221
近代国民国家　25, 253
近代国家システム　172
金融危機　209

273

空間人類学　103
空洞化　65, 67
グラムシ　249
クリエイティブ産業　254
グローカル・ガバナンス機構　225
グローバリゼーション　5, 7, 13, 33, 35, 66, 67, 73, 79, 81, 83, 193, 215, 216, 218, 228, 232, 240, 242, 245, 255, 257
グローバリゼーションの制度インフラ　51
グローバル　42, 117
グローバル・アセンブリッジ　223
グローバル・インパクト　151
グローバル・インバランス　9
グローバル・ガバナンス　237
グローバル・シティ　8, 17, 19, 23, 172, 173, 218, 247
グローバル・シティ連関　14
グローバル・ネットワーク　40, 217
グローバルエシックス論　247
グローバル化　151, 165
グローバル金融危機　11
グローバル経済　57, 73
グローバル市場　61
グローバル資本主義化　14
グローバル市民社会　40
グローバル成長連関　6, 8, 9, 14, 17, 23, 222, 231, 243
グローバル都市　166
クロスボーダー　36
クロスボーダーなシステム　37
鍬形薫斎　67
軍産複合構造　13
軍事と結合した巨大技術　12
経済グローバル化　6
経済政策　255

経済成長政策　258
経済成長の連関　217, 218
ケインズ経済　13
決定権・発言権の公正　146
権威　35
限界集落　222
原子力委員会　138
原子力総合年表　272
原子力発電　12
原子力発電所　141
原子力複合体　135
原子力ムラ　20
原子炉安全専門審査会　138
原発危機　20
公共圏　142, 144, 146, 247, 253, 259
公共圏の拡大　172
公共圏の豊富化　142, 229, 259
公共性　260
公共性論　248
構造主義派　57
構造調整プログラム（SAPs）　48
合理性　77
効率的市場　58
高齢化　18, 65, 222
コーンゼン　91, 92
国際社会制御システム　131, 132
国際保存センター（ICCROM）　85
国策・民営　12
国民国家　26, 36
国連人間環境会議　94
ゴダード　97
国家　10
国家装置　36
国家体制制御システム　131, 132
コペンハーゲン　195
コミットメントモデル　61

人名・地名・重要事項索引

コミュニティ　11, 58, 69, 73, 168, 228
コミュニティ・カフェ　69
コミュニティ・サロン　71
コミュニティビジネス　269
コモンズ論　247

(さ行)

最集合化　42
再生可能エネルギー政策　264
財政問題　12
債務管理政策　47
再ローカリゼーション　176
先渡し契約(フォワード)　61
サステイナビリティ　247, 260, 261, 268, 270
サステイナビリティ教育　261
サステイナブル　113, 117
サステイナブル・ケミストリー　266
サステイナブルな国家　254
サステイナブルな社会　259
サステイナブルな社会開発システム　253
サッチャリズム　113
里地・里山　267
サブ・ナショナル　41
サブプライム・ローン問題　16
サムトソンクラム州　79
産業空洞化　6
ザング　92
CRS　企業の社会責任論　264
GDP　47, 60
ジェイン・ジェイコブズ　125
ジェントリフィケーション　101, 120
事業システム　131
ジグメ・ティンレー　78
自己免疫　77

市場対国民国家　26
市場対コミュニティ　11
市場の危機　10
市場の失敗　10
市場の不確実性　58
システム・サステイナビリティ　6, 9, 10, 215, 218, 220, 223, 227, 236
持続可能　106
持続可能性　10, 57, 169, 271
持続可能な開発　9, 106, 218
持続可能な再生　7
持続可能な生活　78
持続可能な成長　9, 218
持続可能は発展　73, 74
持続的未来の再生　7
シマ　92
市民社会論　247
社会経済・国家システム　12
社会資本　77
社会制御システム　131, 132
社会制御能力　131
社会制御の四水準　131
社会政策　254, 255
社会的多重防護の破綻　134
社会的ネットワーク　268
社会文化伝承　251
社会保障　202
シャッター商店街　224
ジャンフランコ・カニッジア　85, 91, 94
集合化　36, 37, 38, 39, 40, 41
重債務貧困諸国(HIPCs)　44, 46
自由市場　57
重層的公共圏　247
住民運動　136
主体形成　135

シュリンキング・シティ　65
貞観地震　21, 139
ジョーンズ　108
食・農・包摂的コミュニティ形成　269
食料生産　270
諸権利　35
除染問題　12
人権の尊重　146
人口減少　65
新集合化（グローバル・アセンブリッジ）　173
新自由主義　8, 14
新自由主義政策　46
新自由主義的都市　116
新自由主義転換　216
ストックホルム会議　96
スペース・シンタックス（空間の統辞論）　92
スペクタクル　114, 126
隅田川　68
隅田江東　68
制御ステムの階層性論　232
制御中枢圏　146
生存基盤　255
成長の限界　95
成長連関　218
制度的枠組み形成　135
正負の財の公平な分配　146
世界環境年表　262
世界都市仮説　113
世界の成長センター　9, 218
セコア（SECOA）　87, 105, 106
セシウム　272
節制　76
節度　177
セルマ（SELMA）プロジェクト　103

ゼロエミッション社会　265
戦後パックス・アメリカーナ　13, 151
創造的破壊　122

（た行）
タイ　209
大地震　20
多角的債務軽減構想　46
脱集合化　42, 173
脱ナショナル化　33, 37, 196
足るを知る経済　74, 75, 76, 81
炭素循環的サステイナビリティ　267
弾力性　77
地域コミュニティ　24
地域再生　250
チェルノブイリ　11
地球温暖化　9
地球温暖化問題　23, 218
地球環境問題　9
地球サミット　96
地球人手当　146
知のあり方　59
地方都市間ネットワーク　252
中央集権国家システム　22
津波　20, 166
低炭素社会　264
デリバティブ証券　61
デレウェット　97
伝統　193
東京　65, 66, 99, 251
島嶼世界　256
統治　168
トービン税　146
都市形態学的ゾーン　91
都市再生　249
都市農業　268

人名・地名・重要事項索引

都市のサイクル理論　97
トスカーナ　199, 200
ドバイショック　221
ドミネーション　190
トムヤムクン　209

(な行)

内部被曝　271
ナショナル　36
ナショナルな国家　33, 37, 38, 41, 173, 174
ナショナルな諸制度　35
ナショナルな領土　35
二重運動　59, 60
二重の危機　6, 7, 12, 131, 133, 146, 177
日本型福祉国家　237
日本橋川　68
ニュー・ケイジアン経済学　59
人間と生物圏　94
人間らしい生活　78
ネイション　33
農業　271
農山村　271
農村のサスティナビリティ　255

(は行)

バートレット　89
ハーバマス　142
排除　52
排除された人々　34
ハイブリダイゼーション　244
ハイブリダイゼーション・ダイナミズム　25
ハブリダイゼーション　7
パラダイム転換　8
パラダイム転換　246

バリー・コモナー　95
バンコク　79
バンドワゴン効果　60
ピーグス (PIIGS) 諸国　221
東アジア　251, 252
東日本大震災　135
被爆労働　136
ヒューマン・エンパワメント　253
ファイナンシャライゼーション　16, 33, 60
ファワード (先渡し契約)　58
フィンランド　254
フィンランド・モデル　255
ブータン王国　78
不確実性　59
複合能力機能　173
複雑性　169, 170
福祉国家　13, 169, 170, 237, 255
福島原発　20
福島原発危機　222
福島原発事故　136
福島原発震災　145, 258, 272
福島第一原発事故　137
復興戦略　23
プミポン・アドゥンヤデード　74, 75, 78
プランテーション　80
フリードマン　113
ブリックス (BRICs)　215
不良資産救済プログラム (TARP)　62
フレームワークプログラム7 (FP7)　87
文化・社会変容　257
ブンタム　119
米国再生・再投資法　62
ヘーゲル　88

277

ヘゲモニー論　247
ベリー　97, 108
ベルグ　98
ヘルシンキファイナル法　93
変動幅（ボラティリティ）　58
放射性廃棄物　136
放射性物質汚染　271
放射線汚染地域　12
放射能汚染　20, 222
放射能時代　271
ポスト・ケイジアン　57
掘割　67

(ま行)
マリビルノン・プロジェクト　124, 127
マルチ・スケール　122
ミクロ対策　176
水の都市　250
水の都　70
水辺空間　250
ミニ・グローバル・シティ化　18
未来の衝撃　95
メガシティ　168
メコン川　80
メディア公共圏　260
メルトダウン　12

(や行)
谷中　191
ユーロ・クライシス　202
ユーロ危機　221

(ら行)
ラーマ二世　79
ラディカル・リアリズム　119
リーマンショック　5, 9, 219
リオ・デ・ジャネイロ　96
リストラクチャリング　47
リスボン戦略　87
琉球　256
領土　35
領土・権威・諸権利　37, 174, 195
領土権　38, 41
ルフェーヴル　114, 116, 118
ルレ（RURE）プロジェクト　103, 104
レーガノミクス　113
レーガノミックス　14
労働フレキシビリティ　61
ローカライズ　39
ローカライズ　171
ローカル　193
ローカル・コミュニティ　26, 191
ローカル・コミュニティの疲弊　222
ローマクラブ　94, 95
ロングホーン　89

(わ行)
ワールド・エコノミー・クライシス　201
ワールド・クラス　114

著者・訳者紹介
（＊印は編者）詳しい紹介は，第2部冒頭に掲載）

著者
1章　河村哲二＊（法政大学経済学部教授）
2章　サスキア・サッセン（コロンビア大学社会学部教授）
3章　スナンダ・セン（インド社会科学院ナショナル-フェロー）
4章　陣内秀信＊（法政大学デザイン工学部建築学科教授）
5章　スワタナ・タダニティ（カセサート大学建築学部准教授）
6章　アルマンド・モンタナーリ（ローマ・ラ・サピエンツァ大学人文学部教授）
7章　ダルコ・ラドヴィッチ（慶應義塾大学理工学部教授）
8章　舩橋晴俊（法政大学社会学部教授）

訳者紹介
2章　赤石秀之（あかいし　ひでゆき）
　1978年生まれ。専門分野：環境経済学。法政大学大学院経済学研究科博士後期課程修了。経済学（博士）。現在，法政大学経済学部助教。

3章　加藤真妃子（かとう　まきこ）
　1984年生まれ。専門分野：国際経済論・中国経済論，企業経営論。オーストラリア国立大学経営学修士号取得。法政大学大学院経済学研究科経済学専攻博士後期課程在籍。法政大学大学院グローバルサステイナビリティ研究所特任研究員。

5章　呉　世雄（お　せうん）
　1980年生まれ。法政大学大学院人間社会研究科博士後期課程（韓国政府国費留学）。専門分野：高齢者福祉及び地域福祉。常磐大学コミュニティ振興学部助教。主な論文に，「介護施設における組織管理要因が職員の職務満足及びサービスの自己評価に及ぼす影響」（日本社会福祉学会，2013年）ほか。

6章　仁科伸子＊（にしな　のぶこ）
　1965年生まれ。専門分野：社会福祉学。法政大学大学院人間社会研究科人間福祉専攻博士後期課程修了。人間福祉博士。現在東京福祉大学社会福祉学部講師。主な著書に『包括的コミュニティ開発―現代アメリカにおけるコミュニティ・アプローチ―』（御茶の水書房，2013年）。

7章　井上直子（いのうえ　なおこ）
　1974年生まれ。専門分野；西洋経済史，EU地域政策。東京大学大学院経済学研究科単位取得退学。トリエステ大学博士号取得（国境地域政策）。現在東京国際大学非常勤講師他。主な著書に，「国境を挟む協力：イタリア・スロヴェニア国境の町ゴリツィアの事例」，『ヨーロッパ統合と国際関係』（日本経済評論社，2005年，共著）。

編著者

河村哲二（かわむら・てつじ）

陣内秀信（じんない・ひでのぶ）

仁科伸子（にしな・のぶこ）

持続可能な未来の探求：「3.11」を超えて
――グローバリゼーションによる社会経済システム・文化変容とシステム・サステイナビリティ――

2014年3月27日　第1版第1刷発行

編著者	河村哲二
	陣内秀信
	仁科伸子
発行者	橋本盛作
発行所	株式会社 御茶の水書房

〒113-0033　東京都文京区本郷5-30-20
電話 03-5684-0751

組版・印刷／製本：タスプ

Printed in Japan

ISBN978-4-275-01068-1　C3033

長谷部俊治・舩橋晴俊 編著
持続可能性の危機
地震・津波・原発事故災害に向き合って　　　　菊判・300頁・本体4200円

| 序 | 「持続可能性の危機」を問うこと | 長谷部俊治・舩橋晴俊 |

〈持続可能性の問い直し〉

第1章	ポスト3.11と「持続可能性」のコペルニクス的転換	牧野英二
	——危機の時代に「人間らしく生きるための条件」を求めて——	
第2章	持続可能性をめぐる制御不能性と制御可能性	舩橋晴俊
第3章	制度的なリスク制御の破綻	長谷部俊治
	——原発事故の制度問題——	

〈被災地から見えるもの〉

第4章	被災地支援から見る地域の持続可能性と課題	宮城　孝
	——被災住民のエンパワメント形成による地域再生に向けて——	
コラム1	歴史の記録・記憶をどう守るのか	金慶南
	——公文書レスキュー——	
第5章	震災津波：地理的環境から，三陸の漁村集落のあり方を見つめ直す	岡本哲志
	——小さな集落の復興・再生に向けて——	
第6章	3.11ボランティアの「停滞」問題を再考する	仁平典宏
	——1995年のパラダイムを超えて——	

〈原発事故災害との格闘〉

第7章	原発・県外避難者の困難と「支援」のゆくえ	西城戸誠・原田　峻
	——埼玉県における避難者と自治体調査の知見から——	
第8章	原子力災害下における福島・東日本の農業の課題と展望	石井秀樹
	——危機的状況の中でも制御可能な対策を求めて——	
コラム2	消費社会における「食の安全」の限界	吉野馨子
第9章	電気事業としての再生可能エネルギー政策	大平佳男
	——福島県いわき市における持続可能なエネルギー事業に向けて——	

河村哲二・岡本哲志・吉野馨子 編著
「3.11」からの再生
三陸の港町・漁村の価値と可能性　　　　菊判・360頁・本体5600円

序論	グローバリゼーション・ダイナミズムと日本の「二重の危機」からの再生	河村哲二
	——「3.11」東北震災被災地の視点から——	
序章	三陸の港町・漁村の価値と可能性に向けて	岡本哲志

〈第1部　三陸の港町と産業都市に焦点をあてて〉

はじめに		岡本哲志
第1章	近世から近代への転回	岡本哲志
第2章	釜石・大槌	石渡雄士
第3章	大槌町	吉野馨子・西山直輝
第4章	港町・石巻と舟運	岡本哲志

〈第2部　三陸の漁村集落の地域システムと空間構成〉

はじめに——プリミティブな漁村集落を訪れて		岡本哲志
第1章	牡鹿半島の漁村集落	岡本哲志
第2章	雄勝半島の漁村集落	岡本哲志
第3章	広田半島の漁村集落	長谷川真司・古地友美
第4章	漁村集落の再生・振興へ向けて	岡本哲志

〈第3部　地域の生業・暮らしを紡ぎだす〉

はじめに——3つの半島の漁村の生業と暮らしとその変容		吉野馨子
第1章	牡鹿半島の生業とコミュニティ	吉野馨子・洞口文人
第2章	雄勝半島の生業とコミュニティ	吉野馨子
第3章	広田半島の生業とコミュニティ	仁科伸子
第4章	暮らしから見つめ直す	吉野馨子
終章	危機に直面する技術	長谷部俊治
	——被災した三陸海岸集落に学ぶ制度的な課題——	